미래와 통하는 책

동양북스 외국어 베스트 도서

700만 독자의 선택!

새로운 도서,
다양한 자료
동양북스
홈페이지에서
만나보세요!

www.dongyangbooks.com
m.dongyangbooks.com

※ 학습자료 및 MP3 제공 여부는 도서마다 상이하므로 확인 후 이용 바랍니다.

홈페이지 도서 자료실에서 학습자료 및 MP3 무료 다운로드

PC

❶ 홈페이지 접속 후 도서 자료실 클릭
❷ 하단 검색 창에 검색어 입력
❸ MP3, 정답과 해설, 부가자료 등 첨부파일 다운로드
* 원하는 자료가 없는 경우 '요청하기' 클릭!

MOBILE

* 반드시 '인터넷, Safari, Chrome' App을 이용하여 홈페이지에 접속해주세요. (네이버, 다음 App 이용 시 첨부파일의 확장자명이 변경되어 저장되는 오류가 발생할 수 있습니다.)

❶ 홈페이지 접속 후 ☰ 터치

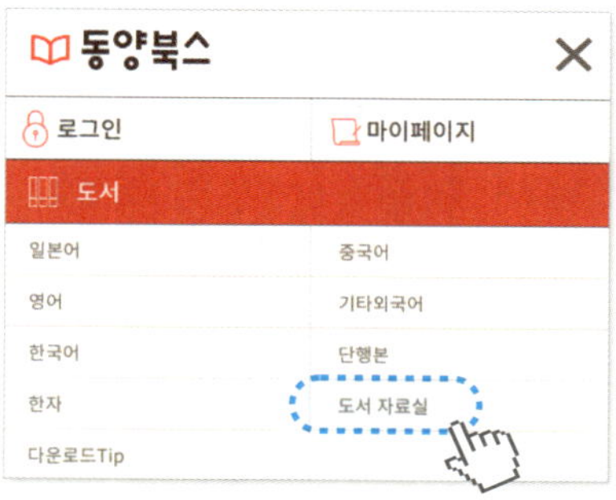

❷ 도서 자료실 터치

❸ 하단 검색창에 검색어 입력
❹ MP3, 정답과 해설, 부가자료 등 첨부파일 다운로드
* 압축 해제 방법은 '다운로드 Tip' 참고

일본어뱅크 테마로 배울 수 있는

New스타일 일본어 한자 1

채경희, 이시이 나오미 지음

동양북스

일본어뱅크 쉽게 배울 수 있는

New 스타일 일본어 한자 1

초판 10쇄 | 2024년 4월 5일

지은이 | 채경희, 이시이 나오미
발행인 | 김태웅
편 집 | 길혜진, 이서인
일러스트 | 배현혜
디자인 | 남은혜, 김지혜
마케팅 총괄 | 김철영
온라인 마케팅 | 김은진
제 작 | 현대순

발행처 | ㈜동양북스
등 록 | 제 2014-000055호
주 소 | 서울시 마포구 동교로22길 14 (04030)
구입 문의 | 전화 (02)337-1737 팩스 (02)334-6624
내용 문의 | 전화 (02)337-1762 dybooks2@gmail.com

ISBN 978-89-98914-44-8 14730
ISBN 978-89-98914-43-1 14730(세트)

이 도서의 국립중앙도서관 출판시도서목록(CIP)은 서지정보유통지원시스템 홈페이지(http://seoji.go.kr)와
국가자료공동목록시스템(http://www.nl.go.kr/kolisnet)에서 이용하실 수 있습니다.
(CIP제어번호:CIP2013018836)

머리말

일본에서 주로 사용되고 있는 문자에는 「히라가나, 가타카나, 한자, 로마자」 등이 있으며, 일본어 문자교육 분야에서는 한자교육을 특히 중요시 하고 있습니다.

일본어 학습자를 대상으로 한 일본어 학습의식 조사에 따르면 한국인이 가장 어려워하는 부분은 한자이며, 그 중 가장 어려워하는 부분은 한자읽기로 나타났습니다.

일반적으로 한국인이 일본어를 학습할 때 유리한 점은 문법구조가 같으며 양국이 동일 한자문화권에 속한다는 것입니다. 일본어 학습자는 자신의 한자지식 수준을 높지 않게 평가하고 있으나, 한자지식이 일본어 학습에 도움이 된다는 사실에 대해서 긍정적으로 평가하고 있습니다. 그렇지만 난해한 일본어 한자 읽기에 부닥치면 낙담하거나 학습의욕이 저하되는 것 또한 사실입니다. 흔히 일본어 학습은 '웃으면서 들어가서 울면서 나온다'라는 비유도 이러한 사실에 기인합니다.

본 교재의 집필목적은 한자의 형(形) · 음(音) · 의(義)에 대한 종합적인 이해와 운용능력을 배양하는 데 있습니다. 이를 위해 일본어 학습자가 한자를 학습할 때 유의해야할 자체(字体)의 상이점, 한자읽기, 동형이의어의 오용 등에 대하여 한국인 학습자가 쉽게 습득할 수 있는 부분과 그렇지 못한 부분을 명확하게 파악하여 일본어 학습자에게 적합하도록 학습내용과 학습방법을 고안하였으며, 이를 통해 학습효과가 극대화되도록 하였습니다. 또한 본 교재의 가장 큰 특징으로 지금까지의 한자교재들과는 달리 **'JF일본어교육스탠다드'** 체재를 도입하여 교재를 구성하였다는 사실입니다.

일본의 경우, 초등학교 과정에서 배우는 한자 수가 1006자인데 이를 '교육한자'라고 합니다. 교육한자는 사회에서 사용되는 빈도가 매우 높은 한자로서 신문이나 잡지의 경우 90% 이상 적용되고 있습니다. 따라서 교육한자를 잘 학습하면 인쇄매체 이해력이 높아집니다. 이에 본 교재에서는 학습 1단계로서 일본 교육한자 1006자 중 초등학교 1학년, 2학년, 3학년을 학습대상으로 한 교육한자를 포함한 447자를 학습대상 한자로 선정하였습니다.

본 저자들은 일본어 학습자들이 일본어 한자에 대해 부담감을 내려놓고 좀 더 쉽고 재미있게 배울 수 있는 교재를 개발하고자 심혈을 기울였습니다. 일본어 한자를 익히고자 하는 여러분들께 본 교재가 많은 도움이 되기를 바랍니다.

저자　채경희, 이시이 나오미

이 책의 구성

워밍업

각 과의 시작에는 학습 목표를 설정하고 학습 한자에 관련되는 주제로 워밍업 활동을 할 수 있도록 준비했습니다.

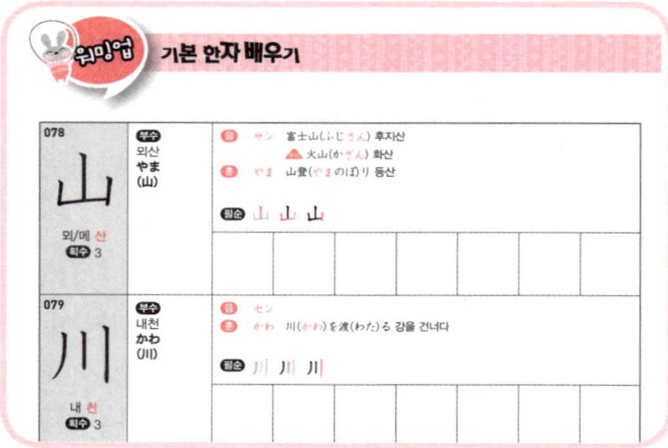
워밍업 기본 한자 배우기

078 山 외/메 산 획수 3	부수 외산 やま (山)	음 サン 富士山(ふじさん) 후지산 / 火山(かざん) 화산 / 훈 やま 山登(やまのぼ)り 등산 / 필순 山 山 山
079 川 내 천 획수 3	부수 내천 かわ (川)	음 セン / 훈 かわ 川(かわ)を渡(わた)る 강을 건너다 / 필순 川 川 川

학습 한자

각 과에서 배울 학습 한자에는 부수, 한국 한자와의 비교 음·훈 읽기, 총획수 및 필순을 정리했습니다. 한자를 낱자 단위로 쓸 수 있는 연습 공간도 있습니다. 또한, 출현 빈도수가 높은 어휘 및 관용구를 제시함으로써 어휘 및 표현의 확장을 시도했습니다.

가볍게 한자 기초력 up

1 다음 한자를 어떻게 읽는지 밑줄 아래에 히라가나로 써 보세요.

1 石 2 羊 3 麦 4 花火
5 金魚 6 火山 7 台風 8 田畑(はた)
9 石油 10 青空 11 牛乳 12 白鳥

한자 정리

본격적인 한자 연습을 시작하기 전에 알아두면 도움이 되는 한자 표현, 복습이 되는 한자 표현을 연습 문제와 함께 정리했습니다.

한자 기초력 UP

각 과에서 배운 한자를 읽기, 쓰기로 나눠서 기본 연습 문제를 구성했습니다. 문제를 풀기 전에 각 학습 한자와 같이 나왔던 한자 단어를 연습해 두면 더 효과적입니다.

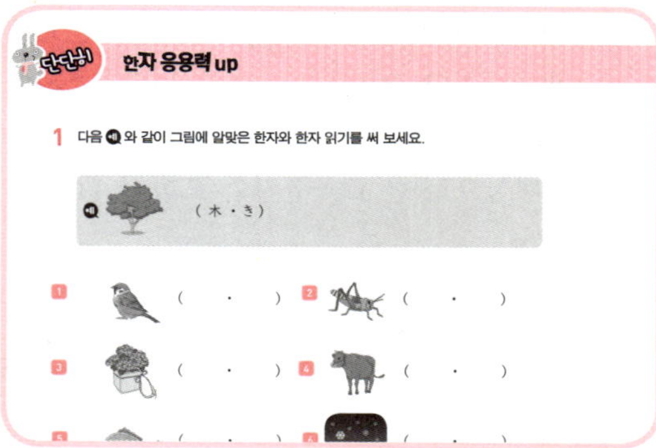
단단히 한자 응용력 up

1 다음 보와 같이 그림에 알맞은 한자와 한자 읽기를 써 보세요.

보 (木・き)

1 (・) 2 (・)
3 (・) 4 (・)

한자 응용력 UP

한자의 응용력을 키울 수 있는 다양한 연습 문제로 한자 실력을 한층 더 업그레이드할 수 있습니다.

한자 이모저모

일본어 한자의 쓰임, 표현, 역사 등을 정리하여 한자에 대한 많은 정보와 흥미를 가질 수 있도록 구성했습니다.

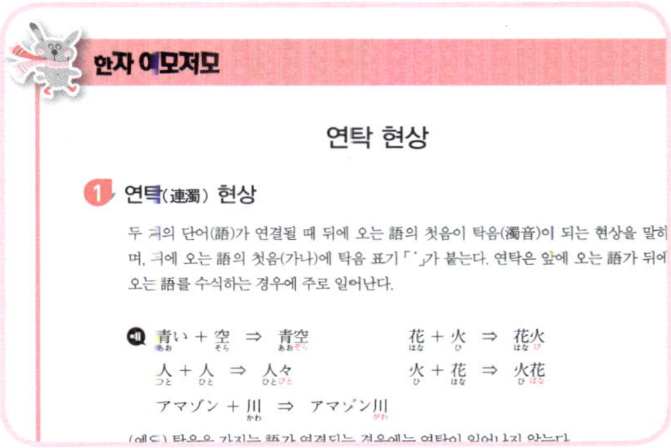

한자 이모저모

연탁 현상

1 연탁(連濁) 현상

두 개의 단어(語)가 연결될 때 뒤에 오는 語의 첫음이 탁음(濁音)이 되는 현상을 말하며, 뒤에 오는 語의 첫음(가나)에 탁음 표기「゛」가 붙는다. 연탁은 앞에 오는 語가 뒤에 오는 語를 수식하는 경우에 주로 일어난다.

青い + 空 ⇒ 青空　　花 + 火 ⇒ 花火

人 + 人 ⇒ 人々　　火 + 花 ⇒ 火花

アマゾン + 川 ⇒ アマゾン川

미니 칼럼

각 과의 내용과 관련해서 알면 도움이 되는 알찬 내용을 담았습니다.

도전! 한자 QUIZ

퀴즈를 통해 학습 한자의 확장을 시도하며 한자 실력을 한단계 더 업그레이드 할 수 있습니다.

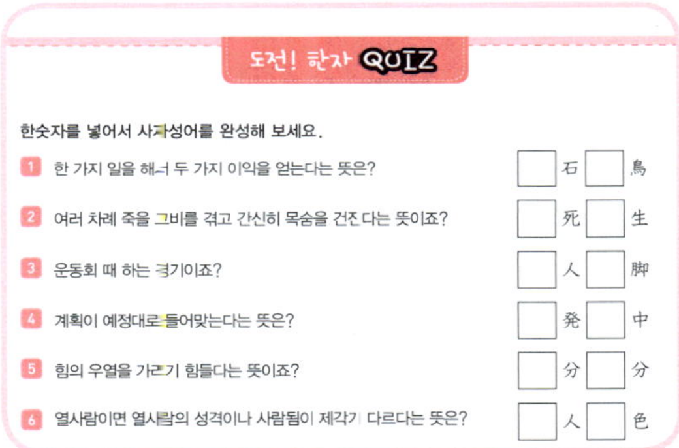

도전! 한자 QUIZ

한숫자를 넣어서 사자성어를 완성해 보세요.

1 한 가지 일을 해서 두 가지 이익을 얻는다는 뜻은? □石□鳥

2 여러 차례 죽을 고비를 겪고 간신히 목숨을 건진다는 뜻이죠? □死□生

3 운동회 때 하는 경기이죠? □人□脚

4 계획이 예정대로 들어맞는다는 뜻은? □発□中

5 힘의 우열을 가리기 힘들다는 뜻이죠? □分□分

6 열사람이면 열사람의 성격이나 사람됨이 제각기 다르다는 뜻은? □人□色

〈부록〉 정답 노트

각 과의 연습 문제 정답과 학습 한자를 한 눈에 확인할 수 있는 일람으로 구성되어 있습니다. 또 휴대하면서 학습이 가능하도록 본 책과 분리해서 사용할 수 있습니다.

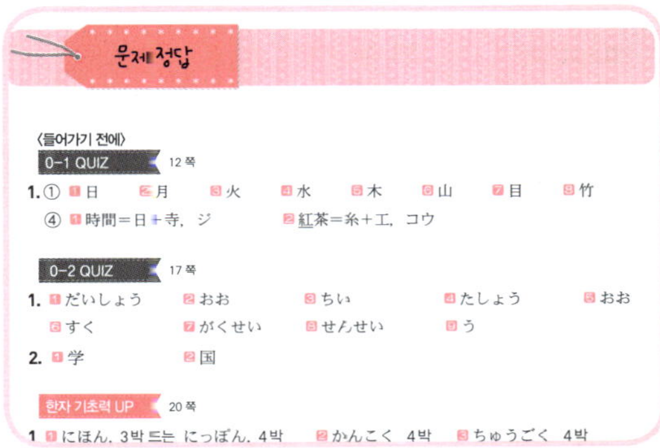

문제정답

〈들어가기 전에〉

0-1 QUIZ 12쪽

1. ① 1 日　2 月　3 火　4 水　5 木　6 山　7 目　8 竹

④ 1 時間＝日＋寺，ジ　2 紅茶＝糸＋工，コウ

0-2 QUIZ 17쪽

1. 1 だいしょう　2 おお　3 ちい　4 たしょう　5 おお　6 すく　7 がくせい　8 せんせい　9 う

2. 1 学　2 国

한자 기초력 UP 20쪽

차례

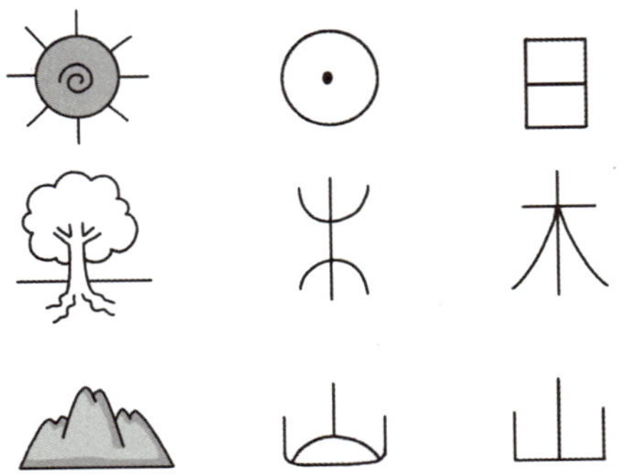

C o n t e n t s

이 책의 학습 구성표

과	학습 목표	학습 한자	
들어가기 전에 일본어와 한자 0-1 한자의 성립 0-2 한자의 읽기와 표기	한자 학습을 위한 기초 지식을 이해할 수 있다.	001~016	日, 本, 犬, 太, 校, 時, 韓, 大, 中, 小, 少, 多, 先, 生, 学, 国
chapter 01 학교와 교육 1-1 달력 1-2 학교	학교 생활에서 자주 쓰는 한자를 구사할 수 있다.	017~045	月, 火, 水, 木, 金, 土, 何, 曜, 年, 週, 毎, 今, 明, 来, 去, 図, 書, 館, 教, 室, 科, 語, 男, 女, 子, 立, 食, 知, 休
chapter 02 쇼핑 2-1 얼마입니까? 2-2 시간과 위치	쇼핑할 때 필요한 한자를 구사할 수 있다.	046~077	一, 二, 三, 四, 五, 六, 七, 八, 九, 十, 百, 千, 万, 円, 台, 正, 午, 前, 後, 朝, 昼, 夜, 夕, 半, 分, 間, 上, 下, 左, 右, 内, 外
chapter 03 자연 환경 3-1 자연 속에 보이는 한자 3-2 한자의 덧셈	자연과 연관된 한자를 구사할 수 있다.	078~107	山, 川, 田, 花, 石, 空, 雨, 風, 虫, 光, 鳥, 魚, 牛, 羊, 麦, 春, 夏, 秋, 冬, 林, 森, 岩, 谷, 星, 雪, 畑, 美, 早, 古, 暗
chapter 04 부수 4-1 부수 이야기 ① 4-2 부수 이야기 ②	한자 부수에 대하여 이해할 수 있다.	108~142	人, 作, 汽, 池, 活, 言, 計, 記, 糸, 絵, 紙, 線, 力, 動, 勉, 晴, 竹, 算, 答, 雲, 電, 心, 思, 点, 黒, 広, 店, 道, 近, 回, 園, 門, 聞, 草, 茶
chapter 05 가정 환경 5-1 가족 5-2 형용사를 만드는 한자	가정 환경에 관련된 한자를 구사할 수 있다.	143~178	父, 母, 兄, 弟, 姉, 妹, 両, 親, 息, 家, 族, 私, 自, 友, 名, 字, 才, 新, 遠, 強, 弱, 長, 短, 高, 安, 細, 寒, 暑, 軽, 重, 丸, 白, 赤, 青, 黄, 色
chapter 06 생활과 인생 6-1 동사를 만드는 한자 ① 6-2 건강	생활과 인생에 관련된 한자를 구사할 수 있다.	179~214	行, 帰, 出, 入, 見, 飲, 読, 話, 住, 歩, 走, 会, 持, 売, 買, 起, 目, 口, 耳, 鼻, 手, 足, 頭, 顔, 首, 声, 体, 病, 院, 医, 者, 元, 気, 薬, 待, 合
chapter 07 주의합시다 7-1 필순과 방향 7-2 모양이 비슷한 한자	한자의 형태를 의식하면서 학습을 진행할 수 있다.	215~248	文, 車, 当, 米, 弓, 里, 昔, 馬, 度, 身, 羽, 肉, 形, 戸, 刀, 貝, 毛, 方, 同, 申, 由, 王, 玉, 氷, 矢, 島, 角, 用, 央, 委, 第, 向, 皿, 血

과	학습 목표		학습 한자
chapter 08 지도 8-1 우리 집 주변 8-2 일본의 행정 구획	지도와 관련된 한자를 구사할 수 있다.	243~282	所, 階, 号, 工, 場, 公, 社, 駅, 地, 鉄, 銀, 橋, 船, 港, 寺, 神, 都, 府, 県, 市, 町, 村, 区, 京, 海, 州, 全, 丁, 東, 西, 南, 北, 原, 宿
chapter 09 취미와 여행 9-1 취미 9-2 여행	취미생활과 여행에 관련된 한자를 구사할 수 있다.	283~312	音, 楽, 歌, 曲, 画, 写, 真, 泳, 野, 球, 登, 練, 習, 料, 理, 酒, 番, 組, 旅, 世, 界, 有, 発, 交, 通, 運, 転, 乗, 客, 天
chapter 10 한자의 모양 10-1 공통 부분 찾기 10-2 한자 분해	한자의 형태에 주목한 한자 학습 전략을 알 수 있다.	313~340	油, 笛, 相, 想, 箱, 反, 坂, 板, 返, 詩, 等, 主, 注, 柱, 化, 倍, 童, 章, 昭, 温, 指, 打, 拾, 横, 切, 始, 終, 調
chapter 11 풍경 11-1 풍경 11 -2 동사를 만드는 한자 ②	풍경과 연관된 한자를 구사할 수 있다.	34 ~374	陽, 緑, 葉, 根, 植, 物, 庭, 豆, 炭, 岸, 波, 湖, 湯, 開, 決, 考, 急, 落, 負, 使, 死, 消, 送, 守, 受, 勝, 遊, 育, 助, 止, 集, 着, 取, 投
chapter 12 숙어 만들기 12-1 배운 한자와 같이 읽어 봅시다 12-2 단어의 확장	배운 한자의 지식을 정리하여 숙어 지식을 확장할 수 있다.	375~404	感, 庫, 局, 期, 対, 放, 部, 事, 速, 式, 深, 列, 員, 流, 引, 整, 直, 秒, 他, 級, 具, 談, 代, 路, 面, 商, 実, 進, 表, 筆
chapter 13 숙어 이야기 13-1 한국에서도 사용하는 용어 13-2 한국에서 사용하지 않는 용어	일본어 숙어를 확장할 수 있다.	405~437	意, 味, 平, 和, 研, 究, 予, 定, 幸, 福, 洋, 服, 農, 業, 命, 令, 問, 題, 悲, 鳴, 関, 係, 仕, 品, 屋, 祭, 荷, 帳, 配, 苦, 労, 役, 様
chapter 14 약자와 形 14-1 약자 14-2 한자의 모양	한자의 形에 대한 지식을 복습, 정리할 수 있다.	438~447	礼, 悪, 漢, 数, 歯, 宮, 君, 次, 追, 皮

이 책을 사용하는 선생님께

★이책을 이용한 수업의 흐름 예시

1. 각 과에서 배우는 한자의 배경, 정보, 그림 등을 시작 페이지를 이용해서 워밍업하며 흥미를 유도합니다.
2. 학습 한자를 낱자 단위로 설명합니다. 한국 한자와 비교할 수 있는 한자, 예외 발음으로 표기된 한자는 따로 설명하도록 합니다.
3. 학습 한자를 낱자 단위로 쓰기 연습을 하도록 유도합니다.
4. 학습 한자를 어휘 단위로 쓰기 연습을 하도록 유도합니다.
5. '한자 기초력 up' 문제를 풀게 합니다.
6. '한자 응용력 up' 문제를 풀게 합니다.
7. 시간적인 여유가 있으면, '미니칼럼'이나 '한자 이모저모'를 이용해서 한자에 대한 추가 정보를 제공하며 수업의 마무리를 합니다.

★이책을 이용한 한자 연습과 과제

이 책에는 낱자 단위로 7칸씩 쓰기 연습을 할 수 있는 공간을 준비했습니다. 하지만 이어지는 '한자 기초력 up'이나 '한자 응용력 up'을 풀기 위해서는 낱자 연습뿐만 아니라 어휘 단위의 연습이 필요하기 때문에 따로 공책을 준비해서 기본 한자와 같이 나오는 한자 어휘를 쓰게 하는 연습이 반드시 필요합니다. 이 한자 어휘 연습을 과제로 내서 충분히 연습을 시킨 후, 다음 단계인 '한자 기초력 up'이나 '한자 응용력 up'을 진행시켜 주시기 바랍니다.

기본 한자(표) 기호 설명

083① 空 빌 공② ③ 획수 8	부수 ④ 구멍혈 あな (穴)	음 ⑤クウ 空港(くうこう) 공항, 空気(くうき) 공기 훈 ⑥そら 青(あお)い空(そら) 푸른 하늘 ⑦ 주의 青空(あおぞら) 푸른 하늘 あ(く) 時間(じかん)が空(あ)く 시간이 비다 あ(ける)/から
086 虫 벌레 충 획수 6	부수 벌레충 むし (虫) ⑨ 蟲	음 チュウ 昆虫(こんちゅう) 곤충 훈 むし 虫(むし) 벌레, 虫歯(むしば) 충치 필순 ⑧ 虫 虫 虫 虫 虫 虫

① 한자 일련 번호
② 한국어 음훈 읽기
③ 총획수
④ 부수
⑤ 음(音) 읽기
⑥ 훈(訓) 읽기
⑦ 한자 읽기의 변화 및 특수 발음
⑧ 필순
⑨ 한국어 한자

* 예문이 없는 한자 읽기는 빈도수가 낮은 것입니다.

들어가기 전에

일본어와 한자

학습 목표 : 한자 학습을 위한 기초 지식을 이해할 수 있다.

0-1 한자의 성립

• 한자의 특징

한자는 글자 모양(字形)이 복잡해서 배우기 어렵다는 인식이 일반적이나, 글자마다 그 뜻(字意)과 음(字音)을 표시하는 부수(部首)가 조합되어 있으므로, 몇 가지 원리만 이해하면 재미있고 쉽게 배울 수 있다.

미니 컬럼

한자

한자는 중국 고대 기원을 가지는 문자로 「形 · 音 · 義(意味)」의 3가지 요소를 가지고 있다. 말하자면, '天'이라는 한자는 그 자형으로서의 '天'이 있고(形), '천'이라는 발음을 가지며(音), '하늘'이라는 의미를 가지고 있다(義).

1. 漢字의 성립(구성법)

① 상형 象形(しょうけい) : 사물의 모양을 본뜬 그림 문자

❶  □ ❷  □ ❸  □ ❹  □

❺  □ ❻  □ ❼  □ ❽  □

② 지사 指事(しじ) : 추상적인 사항을 점과 선, 기호로 나타낸 문자

예 上, 下, 本, 末, 凹, 凸, 刃

③ 회의 会意(かいい) : 2개 이상의 한자를 합친 문자

木 ＋ 木 ＝ 林

예 林, 森, 信, 休

④ 형성 形声(けいせい) : 形(意味＝部首)와 声(音声＝音기호)을 합쳐서 만든 문자

★ 한자의 90퍼센트 이상이 형성 문자임 예 紅, 河, 頭

형성 문자는 ①意味를 나타내는 부분과 ②音을 나타내는 부분을 합쳐서 만든 문자

단어		① 부수(部首)		② 음기호(音記号)	음 읽기(音読み)
예 学校	=	木	+	交	コウ
❶ 時間					
❷ 紅茶					

2. 筆順(필순)

筆順의 규칙

1. 左 → 右 : 예 一, 二, 三
2. 上 → 下 : 예 川, 十, 中, 八, 人, 大
3. 左 → 右, 그리고 下 : 예 口, 日, 国
4. 上 → 下, 그리고 右 : 예 七, 山, 見
5. 세가지의 획 긋는 법 : とめる(내리긋기) : 예 木, 土
   はらう(내리빼기) : 예 人, 火, 大
   はねる(삐치기) : 예 九, 水, 手

◆ 筆順에 주의하며 쓰면서 연습해 보세요.

1 日							
2 本							
3 犬							
4 太							
5 韓							

워밍업 기본 한자 배우기

001	부수	
日 날 일 획수 4	날일 ひ (日)	음 ニチ 毎日(まいにち) 매일 ジツ 平日(へいじつ) 평일, 先日(せんじつ) 며칠 전 훈 ひ 月日(つきひ) 세월 주의 曜日(ようび) 요일 か 十日(とおか) 10일, 二十日(はつか) 20일 주의 今日(きょう) 오늘, 昨日(きのう/さくじつ) 어제 필순 日 日 日 日

002	부수	
本 근본 본 획수 5	나무목 き (木)	음 ホン 本(ほん) 책, 本人(ほんにん) 본인 주의 日本(にほん/にっぽん) 일본 훈 もと 필순 本 本 本 本 本

003	부수	
犬 개 견 획수 4	개견 いぬ (犬)	음 ケン 番犬(ばんけん) 경찰견 훈 いぬ 子犬(こいぬ) 강아지, 小犬(こいぬ) 작은 개 필순 犬 犬 犬 犬

004	부수	
太 클 태 획수 4	큰대 だい (大)	음 タイ 太陽(たいよう) 태양 タ 훈 ふと(い) 太(ふと)い 굵다 ふと(る) 3キロ太(ふと)る 3킬로그램 살이 찌다 필순 太 太 太 太

005	부수	
校 학교 교 획수 10	나무목변 きへん (木)	음 コウ 小学校(しょうがっこう) 초등학교 中学校(ちゅうがっこう) 중학교, 校長(こうちょう) 교장 필순 校 校 校 校 校 校 校 校 校 校

006	부수	음 ジ 時間(じかん) 시간, 何時(なんじ) 몇 시, 五時(ごじ) 5시 훈 とき 時々(ときどき) 때때로, こどもの時(とき) 어렸을 때 주의 時計(とけい) 시계 필순 時 時 時 時 時 時 時 時 時 時
時 때 시 획수 10	날일변 **ひへん** **(日)**	
007	부수	음 カン 韓国(かんこく) 한국, 大韓民国(だいかんみんこく) 대한민국 필순 韓 韓 韓 韓 韓 韓 韓 韓 韓 韓 韓 韓 韓 韓 韓 韓 韓 韓
韓 나라이름 한 획수 18	다룸가죽위 **なめしがわ** **(韋)**	

미니 컬럼

통용자체(通用字体)

통용자체란, '당용한자자체표'에 채택된 字体로 '상용한자표', '인명용한자별표'에도 채용된 字体이다. 통용자체에는 약자가 많고 1946년에 발표된 '당용한자표'의 1850字 중 131字의 간략 자체가 채택되었다. 1947년에는 '활자자체정비안'을 발표, 1850字 중 774字의 明朝体 자체가 정해졌다. '당용한자자체표(1949)'는 이 둘을 받아들여 인쇄자체와 필사체의 일치를 지향한 것으로 이것이 '상용한자표(1981)'에도 그대로 이어진다.

일본의 상용한자는 2136字(2010. 10. 30 개정, 新상용한자 지정안)이며, 여기에 포함된 초등학교 과정에서 배우게 되는 1006字의 한자를 교육한자라고 한다.

한자 이모저모

六書란

許慎의 『説文解字』: 중국에서 가장 오래된 사전(후한, 기원전 1세기말경)
9353字의 한자를 상형(象形), 지사(指事), 회의(会意), 형성(形声), 가차(仮借), 전주(転注)의 6 종류로 분류하나, 형성문자가 전체 한자의 8, 9할을 차지하며 한자의 구조와 용자법 설명했다.

〈한자의 구성법과 운용법〉

● 글자의 構成法

① 象形(しょうけい) : 사물의 모양을 본뜬 것(그림 문자, 部首字)
예 日, 月, 山, 川, 目, 木, 竹

② 指事(しじ) : 모양을 본뜰 수 없는 것을 점과 선의 부호로 나타낸 것
예 上, 下, 本, 末, 凹, 凸, 刃

③ 会意(かいい) : 象形, 指事만으로 의사소통이 어려운 두 가지 이상의 글자를 합쳐서 새로운 뜻을 나타낸 방법
예 林, 森, 信, 休

④ 形声(けいせい) : 形(意味 = 部首)와 声(音声 = 音기호)과를 합쳐서 만든 문자
예 紅, 河, 頭

● 글자의 運用法

⑤ 転注(てんちゅう) :본래의 의미를 관련된 다른 의미로 전용한 문자(의미의 확대, 발전
예 楽(풍류 악 → 즐길 락 / 좋아할 요), 更(고칠 경 → 다시 갱), 説(말씀 설 → 기쁠 열 / 달랠 세), 降(내릴 강 → 항복할 항)

⑥ 假借(かしゃ) : 기성 문자의 音만을 빌려서, 다른 의미로 전용한 문자
예 印度(인도), 亜細亜(아세아), 仏蘭西(불란서)

0-2 한자의 읽기와 표기

1. 音 읽기와 訓 읽기

1 大小		2 大きい		3 小さい	
4 多少		5 多い		6 少ない	
7 学生		8 先生		9 生む	

〈漢字 읽기〉

일본의 한자 읽기에는 음 읽기와 훈 읽기가 있다.

음 읽기는 본고장인 중국의 발음을 모방한 것이며, 훈 읽기는 그 한자와 같은 의미를 가지는 고유일본어를 적용시킨 것이다.

예 「山」: 음 읽기 「さん」, 훈 읽기 「やま」

★ 日本一の山(やま)は富士山(さん) = 富士の山(やま)

2. 略字(약자)표기

1 [ ] 은 배울 학(學)의 약자 표기　2 [ ] 은 나라 국(國)의 약자 표기

미니 컬럼

略字(약자)와 異体字(이체자)

이체자 중에서 正字보다 점획이 적은 것을 略字라고 한다.

異体字의 대부분은 속사 등의 목적으로 생겨났기 때문에 正字보다 간략한 字形을 가진다. 당나라 때 출간된 『干禄字書(774)』에서는 이들 字体를 正(저술 문장 비문 등에 사용된 字体)·俗(장부 문안 계약서 등에 사용된 字体)·通(문서나 서간 등에 사용된 字体)의 三体로 분류하였으며, 이들 字体 중 俗体, 通体에는 略字로 볼 수 있는 것이 많이 포함된다.

지금까지 사용되어 온 많은 異体字 중 현재 正字(正体)로 여겨지는 것은 康熙字典体로, 清代에 만들어진 『康熙字典(1716)』 표제자의 字体가 표준 자체로 존중되었다.

008

大

큰 대
획수 3

부수 큰대 **だい (大)**

음	タイ	大使館(たいしかん) 대사관
	ダイ	大学(だいがく) 대학, 大体(だいたい) 대체
훈	おお	大雨(おおあめ) 많은 비
	おお(きい)	大(おお)きい 크다
	おお(いに)	

필순 大 大 大

009

中

가운데 중
획수 4

부수 뚫을곤 **ぼう, たいぼう (丨)**

음	チュウ	中学校(ちゅうがっこう) 중학교, 中国(ちゅうごく) 중국
		주의 一日中(いちにちじゅう) 온종일
훈	なか	海(うみ)の中(なか) 바닷속, 夜中(よなか) 한밤중

필순 中 中 中 中

010

小

작을 소
획수 3

부수 작을소 **しょう (小)**

음	ショウ	小学生(しょうがくせい) 초등학생, 小説(しょうせつ) 소설
훈	ちい(さい)	小(ちい)さい 작다
	こ	小鳥(ことり) 작은 새, 小包(こづつ)み 소포
	お	小川(おがわ) 작은 시내

필순 小 小 小

011

少

적을 소
획수 4

부수 적을소 **しょう (少)**

음	ショウ	少女(しょうじょ) 소녀
훈	すく(ない)	少(すく)ない 적다
	すこ(し)	少(すこ)し 조금

필순 少 少 少 少

012

多

많을 다
획수 6

부수 저녁석 **た, ゆうべ(夕)**

음	タ	多少(たしょう) 다소
훈	おお(い)	多(おお)い 많다

필순 多 多 多 多 多 多

013	부수	
先 먼저 선 획수 6	어진사람인발 **ひとあし, にんにょう (儿)**	음 セン 先生(せんせい) 선생님, 先月(せんげつ) 지난달 훈 さき 行(い)き先(さき) 행선지, 指先(ゆびさき) 손끝 필순 先 先 先 先 先 先

014	부수	
生 날 생 획수 5	날생 **うまれる (生)**	음 セイ 学生(がくせい) 학생 ショウ 一生懸命(いっしょうけんめい) 열심히 함 훈 い(きる) 人生(じんせい)を生(い)きる 인생을 살다 い(かす)/い(ける) う(む) 子供(こども)を生(う)む 아기를 낳다 う(まれる) ひよこが生(う)まれる 병아리가 태어나다 は(える)/は(やす) なま 生(なま)ビール 생맥주 필순 生 生 生 生 生

015	부수	
学 배울 학 획수 8	아들자 **こ (子)** 學	음 ガク 大学生(だいがくせい) 대학생, 주의 学校(がっこう) 학교 科学(かがく) 과학, 入学(にゅうがく) 입학 훈 まな(ぶ) 日本語(にほんご)を学(まな)ぶ 일본어를 배우다 필순 学 学 学 学 学 学 学 学

016	부수	
国 나라 국 획수 8	큰입구몸 **くにがまえ (口)** 國	음 コク 韓国(かんこく) 한국, 国語(こくご) 국어 주의 中国(ちゅうごく) 중국 주의 国家(こっか) 국가 훈 くに 日本(にほん)の国(くに) 일본 주의 雪国(ゆきぐに) 설국 필순 国 国 国 国 国 国 国 国

가볍게 한자 기초력 up

1 다음 한자 읽기를 □ 에 쓰고 몇 박인지 확인해 보세요.

1 日本 □□□□□□□ □ 박

2 韓国 □□□□□□□ □ 박

3 中国 □□□□□□□ □ 박

2 다음 단어를 읽고 몇 박인지 확인해 보세요.

1 おばあさん □ 박

2 おばさん □ 박

★ 장단음은 일본어에서 의미의 차이를 동반한다.

도전! 한자 QUIZ

1 한자 [人]에 하나의 횡선을 추가하면 어떤 한자가 될까요?

☐

2 한자 [大]에 하나의 점 혹은 선을 추가하면 어떤 한자가 될까요?

☐ ☐ ☐ ☐ ☐

3 한자 [口]에 두 개의 선을 추가하면 어떤 한자가 될까요?

☐ ☐ ☐ ☐ ☐ ☐

한자 이모저모

1 音読과 訓読

중국에서 사용되는 모든 한자는 단음절이다.

한국의 한자음은 一字 한자에 하나의 한자음을 가지는 경우가 대부분이다. 그러나 일본어는 한자 읽기가 상당히 복잡한 양상을 띄고 있다. 일본 한자 읽기는 크게 音読과 訓読으로 구분되며, 音読을 세분화하면 呉音, 漢音, 唐音으로 나눌 수 있고, 또한 여러 개의 訓読이 사용되어지는 등 학습자들을 곤혹스럽게 한다.

> **예** 下 : 아래 하
> **음** カ, ゲ
> **훈** した, しも, もと, さ(げる), さ(がる)
> く(だる), く(だす), くだ(さる), お(ろす), お(りる)

2 한자의 拍

일본의 상용한자 1,945字(新상용한자 2,136字, 2010. 10. 30 개정)가 가지는 字音의 종류는 296종이다. 이중 1음절(拍)을 가지는 것이 67종, 2음절(拍)은 229종이다. 즉, 일본어에서 字音 읽기는 1음절(拍) 혹은 2음절(拍)을 가지는 것을 알 수 있으며, 2음절에 올 수 있는 音은「い・う・き・く・ち・つ・ん」의 7종류로 제한된다.

> **예** 耳 じ(1음절)
> 目 もく(2음절, 둘째 음절에「く」를 가짐)

chapter 01

학교와 교육

학습 목표 : 학교 생활에서 자주 쓰는 한자를 구사할 수 있다.

1-1 달력

Quiz 「火」, 「木」은 어떻게 만들어졌을까요 ? □ 안에 그림을 그려 봅시다.

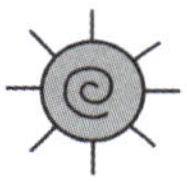		火		木		
	1	2	3	4	5	6
7	8	9	10	11	12	13
14	15	16	17	18	19	20
21	22	23	24	25	26	27
28	29	30				

□ □

미니 컬럼

상형 문자

상형문자(象形文字)는 '형상을 본뜬 문자'라는 뜻으로, 중국의 초기 일부 한자와 고대 이집트 문자를 말한다.

 日  月  火  水  木  山 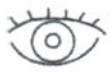 目  竹

워밍업 기본 한자 배우기

	부수	
017 月 달 월 획수 4	부수 달월 **つき** **(月)**	음 ゲツ 月曜日(げつようび) 월요일, 先月(せんげつ) 지난달 ガツ 2月(にがつ) 2월, 9月(くがつ) 9월 주의 生年月日(せいねんがっぴ) 생년월일 훈 つき 月日(つきひ) 세월, お月見(つきみ) 달구경 필순 月 月 月 月
018 火 불 화 획수 4	부수 불화 **ひ** **(火)**	음 カ 火曜日(かようび) 화요일, 火災(かさい) 화재 훈 ひ 火(ひ) 불 ほ 필순 火 火 火 火
019 水 물 수 획수 4	부수 물수 **みず** **(水)**	음 スイ 水曜日(すいようび) 수요일, 水泳(すいえい) 수영 훈 みず 水(みず)の音(おと) 물소리, 氷水(こおりみず) 빙수 필순 水 水 水 水
020 木 나무 목 획수 4	부수 나무목 **き** **(木)**	음 ボク 大木(たいぼく) 큰나무 モク 木曜日(もくようび) 목요일 훈 き 木(き) 나무 필순 木 木 木 木
021 金 쇠 금 / 성 김 획수 8	부수 쇠금 **かね** **(金)**	음 キン 金曜日(きんようび) 금요일, 金(きん)メダル 금메달 コン 훈 かね お金(かね) 돈, お金持(かねも)ち 부자 필순 金 金 金 金 金 金 金 金

	부수	
022 土 흙 **토** 획수 3	흙토 **つち** **(土)**	음 ド 土曜日(どようび) 토요일 ト 土地(とち) 토지 훈 つち 土(つち) 땅 필순 土 土 土
023 何 어찌 **하** 획수 7	사람인변 **にんべん** **(亻)**	음 カ 훈 なに 何(なに)か 뭔가, 何(なに)も 아무것도 なん 何日(なんにち) 며칠, 何人(なんにん) 몇 명 필순 何 何 何 何 何 何 何
024 曜 요일 **요** 획수 18	날일변 **ひへん** **(日)** 曜	음 ヨウ 水曜日(すいようび) 수요일, 金曜日(きんようび) 금요일 필순 曜 曜 曜 曜 曜 曜 曜 曜 曜 曜 曜 曜 曜 曜 曜 曜 曜 曜
025 年 해 **년** 획수 6	방패간 **いちじゅうかん** **(干)**	음 ネン 1年(いちねん) 1년, 年月(ねんげつ) 년월 毎年(まいねん) 매년 훈 とし 年上(としうえ) 연상, 毎年(まいとし) 매년 필순 年 年 年 年 年 年
026 週 돌 **주** 획수 11	책받침 **しんにゅう** **(辶)** 週	음 シュウ 1週間(いっしゅうかん) 일주간, 毎週(まいしゅう) 매주 今週(こんしゅう) 금주, 先週(せんしゅう) 지난주 필순 週 週 週 週 週 週 週 週 週 週 週

027 每 매양 매 획수 6	부수 달월 つき (月) 毎	음 マイ 毎日(まいにち) 매일, 毎週(まいしゅう) 매주, 毎月(まいげつ/まいつき) 매월, 毎年(まいねん/まいとし) 매년 필순 毎 毎 毎 毎 毎 毎
028 今 이제 금 획수 4	부수 사람인 ひとやね (人)	음 コン 今月(こんげつ) 이번 달, 今日(こんにち) 오늘날 キン 훈 いま 今(いま)すぐ 금방, 今(いま)まで 지금까지 주의 今日(きょう) 오늘, 今年(ことし) 올해, 今朝(けさ) 오늘 아침 필순 今 今 今 今
029 明 밝을 명 획수 8	부수 날일변 ひへん (日)	음 メイ 説明(せつめい) 설명, 発明(はつめい) 발명 ミョウ 훈 あか(るい) 明(あか)るい 밝다 あ(く)／あ(かり)／あき(らか)／あ(ける)／あ(くる) 주의 明日(あした) 내일 필순 明 明 明 明 明 明 明 明
030 来 올 래 획수 7	부수 나무목 き (木) 來	음 ライ 来月(らいげつ) 다음 달, 来週(らいしゅう) 다음 주 훈 く(る) 友(とも)だちが来(く)る 친구가 오다 きた(る)／きた(す) 필순 来 来 来 来 来 来 来
031 去 갈 거 획수 5	부수 마늘모 む (厶)	음 キョ 去年(きょねん) 작년 コ 過去(かこ) 과거 훈 さ(る) 故郷(こきょう)を去(さ)る 고향을 떠나다 필순 去 去 去 去 去

잠깐! 한자 정리

빈칸에 알맞은 히라가나를 써 보세요.

1 日曜日 (　　　　)	2 月曜日 (　　　　)	3 火曜日 (　　　　)	4 水曜日 (　　　　)
5 木曜日 (　　　　)	6 金曜日 (　　　　)	7 土曜日 (　　　　)	

일	昨日 (きのう)	8 今日 (　　　　)	明日 (あした)
주	9 先週 (　　　　)	10 今週 (　　　　)	11 来週 (　　　　)
월	12 先月 (　　　　)	13 今月 (　　　　)	14 来月 (　　　　)
년	15 去年 (　　　　)	16 今年 (　　　　)	17 来年 (　　　　)

가볍게 한자 기초력 up

1 다음 한자를 어떻게 읽는지 밑줄 아래에 히라가나로 써 보세요.

1 月(달)　　2 水(물)　　3 土(흙)

4 木(나무)　　5 火(불)　　6 お金(돈)

7 お日さま(햇님)　　8 明るい　ニュース

9 今朝、ともだちが　来ました。

10 毎日、テストが　あります。

11 誕生日は、何月何日ですか。
たんじょうび

낱말과 표현

ニュース 뉴스 | ともだち 친구 | テスト 테스트 | あります 있습니다 | 誕生日(たんじょうび) 생일

2 □ 안에 들어갈 알맞은 한자를 써 보세요.

1 □地(토지)
とち

2 □泳(수영)
すいえい

3 発□(발명)
はつめい

4 □メダル
きん

5 □から テストです。
いま

6 コンサートは □□の 15□です。
らい げつ　にち

7 バイトは □□、□□□と □□□です。
まいしゅう　か よう び　もく よう び

8 □□の パーティーには □人 □ましたか。
きょ ねん　なん にん　き

낱말과 표현

メダル 메달 | コンサート 콘서트 | バイト '아르바이트'의 줄임말 | パーティー 파티

한자 이모저모

1 과거와 현재, 그리고 미래

과거 ← 현재 → 미래

과거		현재		미래
おととい	昨日(きのう)	今日(きょう)	明日(あした)	あさって
先々週(せんせんしゅう)	先週(せんしゅう)	今週(こんしゅう)	来週(らいしゅう)	再来週(さらいしゅう)
先々月(せんせんげつ)	先月(せんげつ)	今月(こんげつ)	来月(らいげつ)	再来月(さらいげつ)
おととし 一昨年(いっさくねん)	去年(きょねん) 昨年(さくねん)	今年(ことし)	来年(らいねん)	再来年(さらいねん)

2 送りがな(おくりがな)

한자 뒤에 붙는 히라가나를 送りがな(おくりがな)라고 한다.

예

通う(かよう) – 通います(かよいます) – 通って(かよって)
다니다 – 다닙니다 – 다니고, 다녀서

聞く(きく) – 聞こえる(きこえる)
듣다 – 들리다

降る(ふる) – 降りる(おりる)
(비가) 내리다 – (차에서) 내리다

1-2 학교

Quiz 무슨 내용일까요?

休講のお知らせ

10月25日(火曜日)日本語科「会話A」は、先生の都合(つごう)により、休みです。

10月22日　教務課(きょうむか)

미니 컬럼

● 달력

예	단위	1	2	3	4	5	6	7	8	9	10	11	12
월(月)	月(がつ)	いち	に	さん	し	ご	ろく	しち	はち	く	じゅう	じゅういち	じゅうに

★달력에서 숫자를 읽을 때 1일 ~ 10일은 고유 수사 읽기를 적용, 11일 ~ 31일은 한수사 읽기를 적용한다. 주의할 점은 '14일, 24일'은 '한수사+고유 수사' 읽기를 적용한 것으로, 「じゅうよっか, にじゅうよっか」라고 하며, 20일은 「はつか」이다.

	日	月	火	水	木	金	土
2013年 12月	1 ついたち	2 ふつか	3 みっか	4 よっか	5 いつか	6 むいか	7 なのか
	8 ようか	9 ここのか	10 とおか	11 じゅういちにち	12 じゅうににち	13 じゅうさんにち	14 じゅうよっか
	15 じゅうごにち	16 じゅうろくにち	17 じゅうしちにち	18 じゅうはちにち	19 じゅうくにち	20 はつか	21 にじゅういちにち
	22 にじゅうににち	23 にじゅうさんにち	24 にじゅうよっか	25 にじゅうごにち	26 にじゅうろくにち	27 にじゅうしちにち	28 にじゅうはちにち
	29 にじゅうくにち	30 さんじゅうにち	31 さんじゅういちにち				

032 図 그림 도 획수 7	부수 큰입구몸 **くにがまえ (口)**	음 ズ 図形(ずけい) 도형, 地図(ちず) 지도 ト 図書館(としょかん) 도서관 훈 はか(る) 필순 図 図 図 図 図 図 図
	圖	
033 書 글 서 획수 10	부수 가로왈 **ひらび, いわく (曰)**	음 ショ 教科書(きょうかしょ) 교과서 훈 か(く) ひらがなを書(か)く 히라가나를 쓰다 필순 書 書 書 書 書 書 書 書 書 書
034 館 집 관 획수 16	부수 밥식변 **しょくへん (食)**	음 カン 映画館(えいがかん) 영화관, 旅館(りょかん) 여관 필순 館 館 館 館 館 館 館 館 館 館 館 館 館 館 館 館
035 教 가르칠 교 획수 11	부수 등글월문방 **のぶん (攵)**	음 キョウ 教会(きょうかい) 교회, キリスト教(きょう) 기독교 훈 おし(える) 日本語(にほんご)を教(おし)える 일본어를 가르치다 おそ(わる) 필순 教 教 教 教 教 教 教 教 教 教 教
	敎	
036 室 집 실 획수 9	부수 갓머리 **うかんむり (宀)**	음 シツ 教室(きょうしつ) 교실, 図書室(としょしつ) 도서실 훈 むろ 필순 室 室 室 室 室 室 室 室 室

037

科

과목 **과**

획수 9

부수 벼화변 **のぎへん (禾)**

음 カ　学科(がっか) 학과, 科学(かがく) 과학

필순 科 科 科 科 科 科 科 科 科

038

語

말씀 **어**

획수 14

부수 말씀언변 **ごんべん (言)**

음 ゴ　日本語(にほんご) 일본어, 英語(えいご) 영어, 外国語(がいこくご) 외국어

훈 かた(る)/かた(らう)

필순 語 語 語 語 語 語 語 語 語 語 語 語 語 語

039

男

사내 **남**

획수 7

부수 밭전 **た (田)**

음 ダン　男子(だんし) 남자, 男女(だんじょ) 남여

ナン　長男(ちょうなん) 장남, 次男(じなん) 차남

훈 おとこ　男(おとこ)の子(こ) 남자아이

필순 男 男 男 男 男 男 男

040

女

계집 **녀**

획수 3

부수 계집녀 **おんな (女)**

음 ジョ　女子(じょし) 여자, 長女(ちょうじょ) 장녀, 次女(じじょ) 차녀

ニョ/ニョウ

훈 おんな　女(おんな)の子(こ) 여자아이

め　女神(めがみ) 여신

필순 女 女 女

041

子

아들 **자**

획수 3

부수 아들자 **こ (子)**

음 シ　弟子(でし) 제자, 利子(りし) 이자

ス　様子(ようす) 상태

훈 こ　子供(こども) 아이, 親子(おやこ) 부모와 자식

필순 子 子 子

042 立 설 립 획수 5	부수 설립 たつ (立)	음 リツ 私立(しりつ) 사립, 国立(こくりつ) 국립 훈 た(つ) 先頭(せんとう)に立(た)つ 선두에 서다 주의 立場(たちば) 입장 た(てる) 組(く)み立(た)てる 조립하다 필순 立 立 立 立 立
043 食 밥 식 획수 9	부수 먹을식 しょく (食)	음 ショク 食堂(しょくどう) 식당, 食事(しょくじ) 식사 ジキ 훈 た(べる) パンを食(た)べる 빵을 먹다 く(う)/く(らう) 필순 食 食 食 食 食 食 食 食 食
044 知 알 지 획수 8	부수 화살시변 やへん (矢)	음 チ 知識(ちしき) 지식, 知恵(ちえ) 지혜 훈 し(る) 知(し)る 알다, お知(し)らせ 알림 필순 知 知 知 知 知 知 知 知
045 休 쉴 휴 획수 6	부수 사람인변 にんべん (亻)	음 キュウ 休日(きゅうじつ) 휴일, 休学(きゅうがく) 휴학 훈 やす(む) アルバイトを休(やす)む 아르바이트를 쉬다 夏休(なつやす)み 여름 방학 やす(まる)/やす(める) 필순 休 休 休 休 休 休

가볍게 한자 기초력 up

1 다음 한자를 어떻게 읽는지 밑줄 아래에 히라가나로 써 보세요.

1 ＜わたしの学校＞

2 教室　　3 食堂　　4 図書館

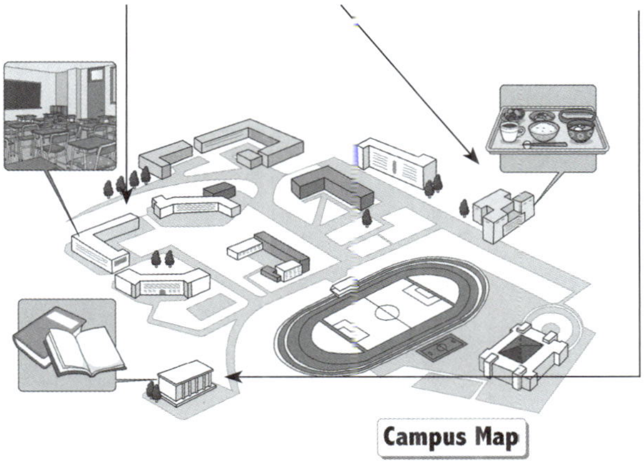

5 日本語科　　6 コンピュータ学科

7 休学　　8 知識（しき）　　9 地図（ち）

10 男女共学（きょうがく）　　11 教科書に　なまえを　書きます。

12 わたしの　大学は　国立の　女子大です。

13 先生の　けんきゅう室を　教えてください。

14 明日の　英語（えい）の　クラスは、休みです。

낱말과 표현

コンピュータ 컴퓨터 | 共学(きょうがく) 공학 | けんきゅう 연구 | ～てください ～해 주세요 | クラス 반

한자 기초력 up

2 □ 안에 들어갈 알맞은 한자를 써 보세요.

1 長□(장녀)
ちょうじょ

2 □形(도형)
ず　けい

3 読□(독서)
どくしょ

4 □の□
おとこ　こ

5 □場(입장)
たち　ば

6 □□
きゅう　じつ

7 □□□の　クラスは、101番□□です。
ちゅう　ごく　ご　　　　　ばん きょうしつ

8 夏□みの　お□らせ
なつ やす　　　し

9 □□□で、□□の　□を　読みます。
と　しょ　かん　　か　がく　　ほん　　よ

10 □堂で　スパゲッティを　□べました。
しょくどう　　　　　　　た

낱말과 표현

読(よ)みます 읽습니다 | スパゲッティ 스파게티

단단히 한자 응용력 up

1 다음 □ 안에 알맞은 히라가나를 하나씩 써 보고 남은 칸에는 ×표 하세요.

예 犬 | い | ぬ |　　　犬 | い | ぬ | × |

1. 先生 □□□□
2. 日本語 □□□□
3. 金曜日 □□□□□
4. 去年 □□□□□
5. 先週 □□□□□
6. 図書館 □□□□□□
7. 土曜日 □□□□□
8. 休日 □□□□□

2 다음 밑줄 친 한자를 어떻게 읽는지 히라가나로 써 보고 같으면 ◯표, 다르면 ×표 하세요.

예 毎日 / 毎週 (◯) まい / まい　　예 去年 / 過去 (×) きょ / こ

1. 学科 / 学生 (　　　)
2. 水曜日 / 氷水 (　　　)
3. 男女 / 女子 (　　　)
4. 図形 / 図書 (　　　)
5. 1年 / 来年 (　　　)
6. 月日 / 日曜日 (　　　)

3 다음 (　　)에 들어갈 한자를 보기에서 골라 써 보세요.

보기 休 ・ 学 ・ 教 ・ 書 ・ 来 ・ 知 ・ 立

1. 中学生に　英語を　(　　　　)えます。
2. 日本から、友だちが　(　　　　)ます。
3. 学校では、いろいろな　ことを　(　　　　)びます。
4. 本に　なまえを　(　　　　)きます。
5. かぜで、学校を　(　　　　)みます。
6. ステージに　(　　　　)ちます。

낱말과 표현

~から ~에서 | ~では ~에서는 | いろいろなこと 여러 가지 일 | なまえ 이름 | かぜ 감기 | ステージ 무대

4 다음 전단지(チラシ)를 읽어 보세요.

休講(こう)のお知らせ

10月25日(火曜日)英(えい)語Aは、
先生の都合(つごう)で、休みです。

10月22日　教務課(きょうむか)

お知らせ

来月から休日は、食堂も
お休みします。
よろしくおねがいします。

お知らせ

本日、雨(あめ)のため、休館

8月3日　山川市立(やまかわしりつ)図書館

낱말과 표현

都合(つごう)で 사정으로 | よろしく 잘 | おねがいします 부탁합니다 | ~のため ~을/를 위해서 | 市立(しりつ) 시립

5 □을 사용하여 본 과에서 학습한 한자를 써 보세요. 몇 개나 쓸 수 있을까요?

예 玉　　矢□

도전! 한자 QUIZ

다음은 促音(촉음)과 拗音(요음), 撥音(발음)을 포함한 단어입니다.
한자를 어떻게 읽는지 □에 히라가나로 쓰고 몇 박인지 알아 보세요.

1. 学科 □□□□□ □ 박
2. 学校 □□□□□ □ 박
3. 去年 □□□□□ □ 박
4. 先週 □□□□□ □ 박

chapter 02

쇼핑

학습 목표 : 쇼핑할 때 필요한 한자를 구사할 수 있다.

2-1 얼마입니까?

Quiz 무슨 간판일까요?

1

2

046 一

한 일 · 획수 1

부수: 한일 いち (一)

- 음 イチ　一年生(いちねんせい) 일학년, 一月(いちがつ) 1월, 一日(いちにち／ついたち) 하루, 일일
- イッ　一本(いっぽん) 한 자루
- 훈 ひと　一人(ひとり) 한 사람, 一月(ひとつき) 한달
- ひと(つ)　りんごが一(ひと)つ 사과가 한 개
- 필순 一

047 二

두 이 · 획수 2

부수: 두이 に (二)

- 음 ニ　二月(にがつ) 2월, 二本(にほん) 두 자루
- 훈 ふた　二人(ふたり) 두 명　ふた(つ)　りんごが二(ふた)つ 사과가 두 개
- 주의 二日(ふつか) 2일, 二十日(はつか) 20일, 二十歳(はたち) 스무 살
- 필순 二 二

048 三

석 삼 · 획수 3

부수: 한일 いち (一)

- 음 サン　三人(さんにん) 세 사람, 三本(さんぼん) 세 자루
- 훈 みっ　三月三日(さんがつみっか) 3월 3일
- みっ(つ)　あめ三(みっ)つ 사탕 세 개　み
- 필순 三 三 三

049 四

넉 사 · 획수 5

부수: 큰입구몸 くにがまえ (口)

- 음 シ　四月(しがつ) 4월
- 훈 よ　四人(よにん) 4명, 四年生(よねんせい) 4학년생
- よっ　四日(よっか) 4일　よっ(つ)　なしが四(よっ)つ 배가 네 개
- よん　四本(よんほん) 네 자루
- 필순 四 四 四 四 四

050 五

다섯 오 · 획수 4

부수: 두이 に (二)

- 음 ゴ　五本(ごほん) 다섯 자루, 五月(ごがつ) 5월
- 훈 いつ　五月五日(ごがついつか)はこどもの日(ひ) 5월 5일은 어린이날
- いつ(つ)　なしが五(いつ)つ 배가 다섯 개
- 필순 五 五 五 五

051 六 여섯 륙 획수 4	부수 여덟팔 **はち** **(八)**	음 ロク 六人(ろくにん) 6명 훈 むっ(つ) すいかが六(むっ)つ 수박이 여섯 개 むい 六月六日(ろくがつむいか) 6월 6일 む/むっ 필순 六 六 六 六
052 七 일곱 칠 획수 2	부수 한일 **いち** **(一)**	음 シチ 七月(しちがつ) 7월 훈 なな ペンが七本(ななほん) 펜이 일곱 자루 なな(つ) すいかが七(なな)つ 수박이 일곱 개 なの 七日(なのか) 7일 필순 七 七
053 八 여덟 팔 획수 2	부수 여덟팔 **はち** **(八)**	음 ハチ 八人(はちにん) 여덟 명 주의 八本(はっぽん) 여덟 개 훈 や/やつ やっ(つ) みかんが八(やっ)つ 귤이 여덟 개 よう 八月八日(はちがつようか) 8월 8일 필순 八 八
054 九 아홉 구 획수 2	부수 새을 **おつ** **(乙)**	음 キュウ 九人(きゅうにん) 아홉 명, 九十(きゅうじゅう) 90 ク 九月(くがつ) 9월 훈 ここの 九月九日(くがつここのか) 9월 9일 ここの(つ) みかんが九(ここの)つ 귤이 아홉 개 필순 九 九
055 十 열 십 획수 2	부수 열십 **じゅう** **(十)**	음 ジュウ 十人(じゅうにん) 열 명, 十円(じゅうえん) 십 엔 ジッ えんぴつ十本(じっぽん/じゅっぽん) 연필 열 자루 훈 とお 十月十日(じゅうがつとおか) 10월 10일 と 필순 十 十

056 百 일백 백 획수 6	부수 흰백 しろ (白)	음 ヒャク 百円(ひゃくえん) 백 엔, 百点(ひゃくてん) 백점 ヒャッ 필순 百 百 百 百 百 百
057 千 일천 천 획수 3	부수 열십 じゅう (十)	음 セン 千人(せんにん) 천 명, 千本(せんぼん) 천 자루 훈 ち 필순 千 千 千
058 万 일만 만 획수 3	부수 한일 いち (一) 萬	음 マン 一万円(いちまんえん) 만 엔, 万一(まんいち) 만일 バン 万国旗(ばんこくき / ばんこっき) 만국기 필순 万 万 万
059 円 둥글 원 획수 4	부수 멀경몸 どうがまえ, けいがまえ, まきがまえ (冂) 圓	음 エン 一円(いちえん) 1엔, 円(えん)をかく 원을 그리다 훈 まる(い) 円(まる)い 둥글다 필순 円 円 円 円
060 台 집 대 획수 5	부수 입구 くち (口)	음 ダイ テレビが一台(いちだい) 한 대, 台形(だいけい) 사다리꼴 タイ 台風(たいふう) 태풍 필순 台 台 台 台 台

잠깐! 한자 정리

1 한숫자

一	二	三	四	五	六	七	八
九	十	百	千	万			

2 아라비아 숫자

0	れい・ゼロ								
1	いち	11	じゅういち	10	じゅう	100	ひゃく	1000	せん
2	に	12	じゅうに	20	にじゅう	200	にひゃく	2000	にせん
3	さん	13	じゅうさん	30	さんじゅう	300	さんびゃく	3000	さんぜん
4	よん・し・よ	14	じゅうよん じゅうし	40	よんじゅう	400	よんひゃく	4000	よんせん
5	ご	15	じゅうご	50	ごじゅう	500	ごひゃく	5000	ごせん
6	ろく	16	じゅうろく	60	ろくじゅう	600	ろっぴゃく	6000	ろくせん
7	なな・しち	17	じゅうなな じゅうしち	70	ななじゅう	700	ななひゃく	7000	ななせん
8	はち	18	じゅうはち	80	はちじゅう	800	はっぴゃく	8000	はっせん
9	きゅう・く	19	じゅうきゅう じゅうく	90	きゅうじゅう	900	きゅうひゃく	9000	きゅうせん
10	じゅう	20	にじゅう	100	ひゃく	1000	せん	10000	いちまん

★ ￥10,000（いちまん）　100,000（じゅうまん）　1,000,000（ひゃくまん）
10,000,000（いっせんまん）　100,000,000（いちおく）
￥1,000 은 보통「せん」이지만,「いっせん」이라고도 한다.

★「4」,「7」,「9」는 읽는 방법이 몇 가지가 있지만, 헤아리는 단위에 의하여 어느 한쪽이 선택되는 경우가 많다.

3 빈칸에 알맞은 히라가나 또는 한자를 써 보세요.

(chapter 01 한자 31쪽을 참고로 하세요.)

요일	日 にち	月 (　　　)	(　　　) か	水 すい	木 (　　　)	(　　　) きん	土 (　　　)
날짜	一日 (　　　)	二日 (　　　)	三日 (　　　)	四日 (　　　)	五日 (　　　)	六日 (　　　)	(　　　) なのか
	八日 (　　　)	(　　　) ここのか	十日 (　　　)	十一日 (　　　)	十四日 (　　　)	十九日 (　　　)	(　　　) はつか
달	一月 (　　　)	二月 (　　　)	三月 (　　　)	四月 (　　　)	(　　　) ごがつ	(　　　) ろくがつ	七月 (　　　)
	(　　　) はちがつ	九月 (　　　)	(　　　) じゅうがつ	十一月 (　　　)	十二月 (　　　)	(　　　) なんがつ	

4 빈칸에 알맞은 히라가나를 써 보세요.

58쪽을 참고로 하세요.

예	단위	1	2	3	4	5	6	7	8	9	10	何
くるま (자동차)	台 (だい)	いち だい	に だい	さん だい	よん だい	ご だい	ろく だい	なな だい	はち だい	きゅう だい	じゅう だい	なん だい
お金 (돈)	万 (まん)											
	円 (えん)				よ えん							
えんぴつ (연필)	本 (ほん ぼん ぽん)											

★ 숫자「10」의 경우「じゅっ～」을「じっ～」이라고도 한다.

가볍게 한자 기초력 up

1 다음 한자를 어떻게 읽는지 밑줄 아래에 히라가나로 써 보세요.

1. 千円
2. 六百八十円
3. 一万三千七百円
4. 十月一日
5. 五月五日
6. 九月二十日
7. 六月六日
8. デザイン学科の　四年生です。
9. バナナ　三本と　りんご　五つ、メロンを　四つ　ください。
10. 来週は　大きい　台風(ふう)が　来ます。
11. 駐車場(ちゅうしゃじょう)には、八台の　車(くるま)が　あります。

낱말과 표현

デザイン 디자인 | バナナ 바나나 | りんご 사과 | メロン 멜론 | 駐車場(ちゅうしゃじょう) 주차장 | 車(くるま) 차

2 □ 안에 들어갈 알맞은 한자를 써 보세요.

1 □□□
なな じゅう えん

2 □□□□□
さん まん よん せん えん

3 □□□□□□
さん びゃく ろく じゅう ご にち

4 □□□□□
に せん ひゃく きゅう ねん

5 □□に コンピュータは □□しか ありません。
きょう しつ いち だい

6 □□□□の □□は、□□人です。
に ほん ご か がく せい はち じゅう にん

낱말과 표현

コンピュータ 컴퓨터 | ～しか ～밖에 | ありません 없습니다

2-2 시간과 위치

Quiz 무슨 간판 · 전단지(チラシ)일까요?

1

2

3

061 正 바를 정 획수 5	부수 그칠지 とめる (止)	음 セイ 正方形(せいほうけい) 정방형 ショウ お正月(しょうがつ) 정월, 설날 훈 ただ(しい) 正(ただ)しい 바르다 ただ(す)/まさ 필순 正 正 正 正 正
062 午 낮 오 획수 4	부수 열십 じゅう (十)	음 ゴ 午前(ごぜん) 오전, 午後(ごご) 오후, 正午(しょうご) 정오 필순 午 午 午 午
063 前 앞 전 획수 9	부수 칼도방 りっとう (刂)	음 ゼン 以前(いぜん) 이전 훈 まえ 名前(なまえ) 이름, 目(め)の前(まえ) 눈앞 필순 前 前 前 前 前 前 前 前 前
064 後 뒤 후 획수 9	부수 두인변 ぎょうにんべん (彳)	음 ゴ 前後(ぜんご) 전후 コウ 後半(こうはん) 후반, 後方(こうほう) 후방 훈 うし(ろ) 後(うし)ろへ下(さ)がる 뒤로 물러나다 あと 後(あと)で 電話(でんわ)します 나중에 전화하겠습니다 のち 後(のち)ほど 나중에 おく(れる) 필순 後 後 後 後 後 後 後 後 後
065 朝 아침 조 획수 12	부수 달월 つき (月)	음 チョウ 朝食(ちょうしょく) 조식 훈 あさ 朝(あさ)ごはん 아침밥, 毎朝(まいあさ) 매일 아침 주의 今朝(けさ) 오늘 아침 필순 朝 朝 朝 朝 朝 朝 朝 朝 朝 朝 朝 朝

066

昼

낮 주
획수 9

부수: 날일변 **ひへん (日)**

음: チュウ 昼食(ちゅうしょく) 중식
훈: ひる 昼(ひる)ごはん 점심밥, 昼休(ひるやす)み 점심시간

필순: 昼 昼 昼 昼 昼 昼 昼 昼 昼

067

夜

밤 야
획수 8

부수: 저녁석 **ゆうべ, た (夕)**

음: ヤ 今夜(こんや) 오늘 밤, 昨夜(さくや) 어젯밤
훈: よ 夜中(よなか) 한밤중
よる 夜(よる)になる 밤이 되다

필순: 夜 夜 夜 夜 夜 夜 夜 夜

068

夕

저녁 석
획수 3

부수: 저녁석 **ゆうべ, た (夕)**

음: セキ
훈: ゆう 夕日(ゆうひ) 석양 주의 七夕(たなばた) 칠석

필순: 夕 夕 夕

069

半

반 반
획수 5

부수: 열십 **じゅう (十)**

半

음: ハン 半年(はんとし) 반년, 半日(はんにち) 한나절, 前半(ぜんはん) 전반
훈: なか(ば) 四月半(しがつなか)ば 4월 중순

필순: 半 半 半 半 半

070

分

나눌 분
획수 4

부수: 칼도 **かたな (刀)**

음: ブン 自分(じぶん) 자기, 気分(きぶん) 기분
フン 十二時十五分(じゅうにじじゅうごふん) 12시 15분
ブ 五分(ごぶ) 1/2, 절반
훈: わ(ける) 半分(はんぶん)に分(わ)ける 반으로 나누다
わ(かれる) 二(ふた)つに分(わ)かれる 두 개로 나누어지다
わ(かる) 分(わ)かる 알다 わ(かつ)

필순: 分 分 分 分

071

間

사이 간
획수 12

부수
문문
もんがまえ
(門)

음 かん 夜間(やかん) 야간, 一時間目(いちじかんめ) 1교시째
二日間(ふつかかん) 이틀간
ケン 주의 人間(にんげん) 인간
훈 あいだ 休(やす)みの間(あいだ) 방학 동안, 휴가 동안
ま 昼間(ひるま) 점심때, 間(ま)に合(あ)う 시간에 대다

필순 間 間 間 間 間 間 間 間 間 間 間 間

072

上

윗 상
획수 3

부수
한일
いち
(一)

음 ジョウ 上下(じょうげ) 상하, 上司(じょうし) 상사
ショウ
훈 うえ つくえの上(うえ) 책상 위
うわ 上着(うわぎ) 상의
かみ 川上(かわかみ) 상류
あ(がる) 部屋(へや)に上(あ)がる 방으로 올라가다
あ(げる)/のぼ(る)

필순 上 上 上

073

下

아래 하
획수 3

부수
한일
いち
(一)

음 カ 地下鉄(ちかてつ) 지하철
ゲ 下品(げひん)な人(ひと) 천박한 사람
훈 した 木(き)の下(した) 나무 아래, 下着(したぎ) 속옷
さ(がる) 温度(おんど)が下(さ)がる 온도가 내려가다
くだ(る) さかを下(くだ)る 언덕을 내려가다
しも/もと/さ(げる)/くだ(す)/くだ(さる)/お(ろす)/お(りる)

필순 下 下 下

074

左

왼 좌
획수 5

부수
장인공
え, たくみ
(工)

음 サ 左右(さゆう) 좌우
훈 ひだり 左足(ひだりあし) 왼발

필순 左 左 左 左 左

075 右 오른 우 획수 5	부수 입구 くち (口)	음 ウ　右折(うせつ) 우회전 훈 みぎ　右手(みぎて) 오른손 むろ 필순 右 右 右 右 右
076 内 안 내 획수 4	부수 들입 いる (入) 内	음 ナイ　案内(あんない) 안내, 室内(しつない) 실내 ダイ 훈 うち　内(うち)と外(そと) 안과 밖 필순 内 内 内 内
077 外 바깥 외 획수 5	부수 저녁석 た, ゆうべ (夕)	음 ガイ　外国(がいこく) 외국, 内外(ないがい) 내외 ゲ 훈 そと　内(うち)と外(そと) 안과 밖 ほか/はず(す)/はず(れる) 필순 外 外 外 外 外

미니 컬럼

한수사와 고유수사

예 りんごはいくつありますか。

☞ 一, 二, 三, 四, 五, 六, 七, 八, 九, 十

☞ 一(ひと)つ, 二(ふた)つ, 三(みっ)つ, 四(よっ)つ, 五(いつ)つ, 六(むっ)つ, 七(なな)つ, 八(やっ)つ, 九(ここの)つ, 十(とお), 十一, 十二あります。

수사(数詞)란, 숫자로 수량 및 순서를 나타내는 것으로 조수사(助数詞)를 동반하기도 한다.

한수사는 숫자를 한자로 나타내는 것으로 「一, 二, 三 … 十 … 百, 千, 億, 兆」 등과 같은 것이다.

한국어 고유수사 읽기는 '하나 둘 셋 … 열 … 아흔아홉'까지이며, 일본어 고유수사 읽기는 「一(ひと)つ, 二(ふた)つ, 三(みっ)つ … 十(とお)」까지이다.

잠깐! 한자 정리

다음 그림을 보고 □ 안에는 한자를, (　　)에는 한자 읽기를 히라가나로 써 보세요.

1. 시간 • 때

12:00

2 □□
(　　　　)

AM

1 □□
(　　　　)

PM

3 □□
(　　　　)

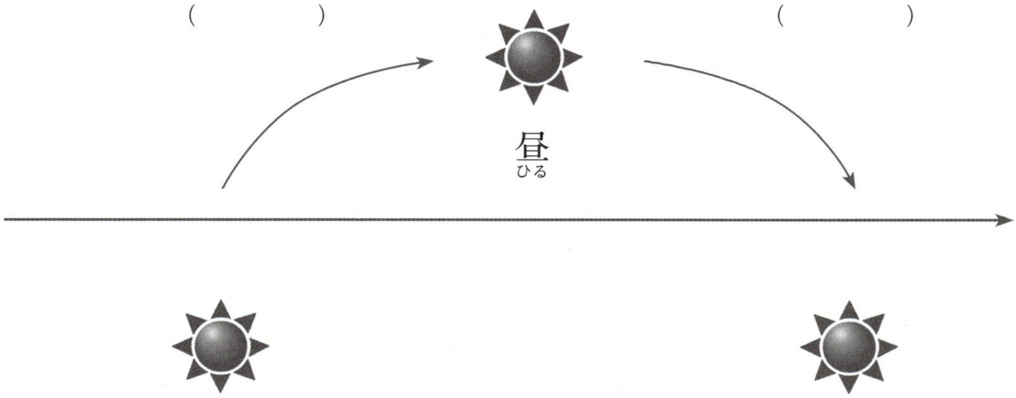

4 □
(　　)

5 □ 方(がた), □
(　　)　(　　)

2. 위치

1 □
(　　)

2 □
(　　)

3 □
(　　)

4 □
(　　)

가볍게 한자 기초력 up

1 다음 한자를 어떻게 읽는지 밑줄 아래에 히라가나로 써 보세요.

1 左右　　2 昼食　　3 毎朝　　4 後半

5 お正月　　6 午前中　　7 夜中　　8 人間

9 夕日が　きれいですね。

10 ケーキを　半分に　分けます。

11 室内は　あたたかいですが、外は　さむいです。

12 A：昼休みは、何時からですか。

B：十一時五十分から　一時五分までです。

낱말과 표현

～ですね ～네요 | ケーキ 케이크 | あたたかい 따뜻하다 | ～ですが ～합니다만 | 寒(さむ)い 춥다 | ～から ～부터 | ～まで ～까지

2 다음 □ 안에 들어갈 알맞은 한자를 써 보세요.

1 □□
じょう　げ

2 □□
じ　かん

3 案□(안내)
あんない

4 □□
はん　とし

5 □□
こん　や

6 □□
がい　こく

7 お名□は。
な　まえ

8 □は 気□が いいです。
あさ　　きぶん

미니 컬럼

何는 <なん, なに>의 두 개의 훈독을 가지고 있다?

	何	
시간	なん	何年, 何月, 何日, 何曜日, 何時, 何分
시간의 길이	なん	何年, 何ヵ月, 何週間, 何日, 何時間
수	なん	何枚, 何本, 何台, 何杯, 何週, 何人, 何匹, 何階 何回, 何円, 何歳, 何番
그 외	なに	何語, 何色

단단히 한자 응용력 up

1 다음 그림에 적합한 조수사를 보기에서 골라서 예 와 같이 써 보세요.

예  （円・せんえん）

보기 円 ・ 人 ・ 台 ・ 本

1  （ ・ ）

2  （ ・ ）

3  （ ・ ）

4  （ ・ ）

5  （ ・ ）

6  （ ・ ）

2 다음 글을 읽어 보세요.

日本のお正月を体験(たいけん)しよう！

ホームステイのお知らせ

日時： 12月30日(水) ～ 5日(火) (一週間)

一人七千五百円

説明会(せつめいかい)：12月12日(金) 午後6時から

大学図書館のロビー

希望者(きぼうしゃ)は、学科事務(じむ)室まで。

낱말과 표현

体験(たいけん)しよう 체험해 보자 | ホームステイ 홈스테이 | 説明会(せつめいかい) 설명회 | ロビー 로비 | 希望者(きぼうしゃ) 희망자 | 事務(じむ) 사무

한자 이모저모

数詞＋助数詞(세는 물건의 형태나 성질에 따라 결정)

1 연필을 세는 단위인 本(ほん, ぼん, ぽん)은 앞에 놓여지는 수사(数詞)에 따라서 각각 청음, 탁음, 반탁음의 변화를 가진다.

ⓐ 수사 뒤에 오는 조수사가 「本, 杯, 匹」과 같은 「は행」일 경우에는 「一(いち), 六(ろく), 八(はち), 十(じゅう)」의 종성인 「ち, く, ゅう」가 촉음 「っ」이 되고, 뒤에 접속되는 조수사 「は행 → ぱ행」으로 변한다.

	1	6	8	10
本(ほん→ぽん)	一本(いっぽん)	六本(ろっぽん)	八本(はっぽん)	十本(じっぽん)
杯(はい→ぱい)	一杯(いっぱい)	六杯(ろっぱい)	八杯(はっぱい)	十杯(じっぱい)
匹(ひき→ぴき)	一匹(いっぴき)	六匹(ろっぴき)	八匹(はっぴき)	十匹(じっぴき)

ⓑ 「三(さん), 何(なん)」의 경우에는 「ば행」으로 변하는 경우가 많다. (예외 : 可)

	3	何
本(ほん→ぼん)	三本(さんぼん)	何本(なんぼん)
杯(はい→ばい)	三杯(さんばい)	何杯(なんばい)
匹(ひき→びき)	三匹(さんびき)	何匹(なんびき)

2 「台(だい), 万(まん), 枚(まい), 時(じ), 名(めい)」 등과 같이 助数詞가 'h, k, s, t (は행, か행, さ행, た행)'에 속하지 않는 경우는 변화 없이 단독형을 그대로 사용한다.

chapter

03 자연 환경

학습 목표 : 자연과 연관된 한자를 구사할 수 있다.

3-1 자연 속에 보이는 한자

Quiz 한자가 몇 개나 있나요?

☐ 개

번호	한자	부수	내용
078	山 뫼/메 산 획수 3	부수 뫼산 やま (山)	음 サン 富士山(ふじさん) 후지산 주의 火山(かざん) 화산 훈 やま 山登(やまのぼ)り 등산 필순 山 山 山
079	川 내 천 획수 3	부수 내천 かわ (川)	음 セン 훈 かわ 川(かわ)を渡(わた)る 강을 건너다 필순 川 川 川
080	田 밭 전 획수 5	부수 밭전 た (田)	음 デン 水田(すいでん) 논 훈 た 田畑(たはた) 논밭 필순 田 田 田 田 田
081	花 꽃 화 획수 7	부수 초두머리 くさかんむり (艹) 花	음 カ 훈 はな 花(はな) 꽃, 花火(はなび) 불꽃놀이 주의 火花(ひばな) 불똥, 生(い)け花(ばな) 꽃꽂이 필순 花 花 花 花 花 花 花
082	石 돌 석 획수 5	부수 돌석 いし (石)	음 セキ 石油(せきゆ) 석유, 宝石(ほうせき) 보석 シャク 훈 いし 小石(こいし) 작은 돌 필순 石 石 石 石 石

083 空 빌 공 획수 8	부수 구멍혈 **あな** **(穴)**	음 クウ 空港(くうこう) 공항, 空気(くうき) 공기 훈 そら 青(あお)い空(そら) 푸른 하늘 주의 青空(あおぞら) 푸른 하늘 あ(く) 時間(じかん)が空(あ)く 시간이 비다 あ(ける)/から 필순 空 空 空 空 空 空 空 空
084 雨 비 우 획수 8	부수 비우 **あめ** **(雨)**	음 ウ 雨天中止(うてんちゅうし) 우천 중지, 비가 그침 훈 あめ 雨(あめ)が降(ふ)る 비가 오다 あま 雨水(あまみず) 빗방울, 雨雲(あまぐも) 비구름 필순 雨 雨 雨 雨 雨 雨 雨 雨
085 風 바람 풍 획수 9	부수 바람풍 **かぜ** **(風)**	음 フウ 台風(たいふう) 태풍 훈 かぜ 強(つよ)い風(かぜ) 강한 바람 かざ 風車(かざぐるま) 팔랑개비 필순 風 風 風 風 風 風 風 風 風
086 虫 벌레 충 획수 6	부수 벌레충 **むし** **(虫)** 蟲	음 チュウ 昆虫(こんちゅう) 곤충 훈 むし 虫(むし) 벌레 虫歯(むしば) 충치 필순 虫 虫 虫 虫 虫 虫
087 光 빛 광 획수 6	부수 어진사람인발 **ひとあし** **(儿)**	음 コウ 月光(げっこう) 월광, 光線(こうせん) 광선 観光旅行(かんこうりょこう) 관광 여행 훈 ひかり 月(つき)の光(ひかり) 달빛 ひか(る) 夜空(よぞら)に星(ほし)が光(ひか)る 밤하늘에 별이 반짝이다 필순 光 光 光 光 光 光

한자	부수	음 · 훈
088 鳥 새 조 획수 11	부수 새조 **とり** **(鳥)**	음 チョウ 白鳥(はくちょう) 백조 훈 とり 小鳥(ことり) 작은 새 필순 鳥 鳥 鳥 鳥 鳥 鳥 鳥 鳥 鳥 鳥 鳥
089 魚 고기잡을 어 획수 11	부수 고기어 **うお,** **うおへん** **(魚)**	음 ギョ 金魚(きんぎょ) 금붕어, 人魚姫(にんぎょひめ) 인어공주 훈 うお 魚市場(うおいちば) 어시장 さかな 魚屋(さかなや) 생선가게 필순 魚 魚 魚 魚 魚 魚 魚 魚 魚 魚 魚
090 牛 소 우 획수 4	부수 소우 **うし,** **うしへん** **(牛)**	음 ギュウ 牛乳(ぎゅうにゅう) 우유, 牛肉(ぎゅうにく) 쇠고기 훈 うし 牛(うし) 소 필순 牛 牛 牛 牛
091 羊 양 양 획수 6	부수 양양 **ひつじ** **(羊)**	음 ヨウ 羊毛(ようもう) 양모 훈 ひつじ 羊(ひつじ)の肉(にく) 양고기 필순 羊 羊 羊 羊 羊 羊
092 麦 보리 맥 획수 7	부수 보리맥 **ばくにょう** **(麦)** 麥	훈 むぎ 麦茶(むぎちゃ) 보리차, 小麦粉(こむぎこ) 밀가루 필순 麦 麦 麦 麦 麦 麦 麦

번호	한자	부수	음 / 훈	필순
093	春 봄 춘 획수 9	부수 날일 **ひ** **(日)**	음 シュン 青春時代(せいしゅんじだい) 청춘 시대 훈 はる 春休(はるやす)み 봄방학, 春風(はるかぜ) 봄바람	春 春 春 春 春 春 春 春 春
094	夏 여름 하 획수 10	부수 천천히걸을쇠 **ふゆがしら** **(夊)**	음 カ 春夏秋冬(しゅんかしゅうとう) 춘하추동 훈 なつ 夏休(なつやす)み 여름 방학	夏 夏 夏 夏 夏 夏 夏 夏 夏 夏
095	秋 가을 추 획수 9	부수 벼화변 **のぎへん** **(禾)**	음 シュウ 秋分(しゅうぶん)の日(ひ) 추분의 날 훈 あき スポーツの秋(あき) 스포츠의 가을	秋 秋 秋 秋 秋 秋 秋 秋 秋
096	冬 겨울 동 획수 5	부수 이수변 **にすい** **(冫)** 冬	음 トウ 冬季(とうき)オリンピック 동계올림픽 훈 ふゆ 冬休(ふゆやす)み 겨울 방학, 真冬(まふゆ) 한겨울	冬 冬 冬 冬 冬

미니 컬럼

ふりがな

한자 읽는 법을 표시하기 위하여 다음과 같이 한자 위에 히라가나를 적은 것이다. 인쇄용어로는 'ルビ(루비)'라고도 한다.

예 行く(い) 가다　　行う(おこな) 행하다

가볍게 한자 기초력 up

1 다음 한자를 어떻게 읽는지 밑줄 아래에 히라가나로 써 보세요.

1 石　　2 羊　　3 麦　　4 花火

5 金魚　　6 火山　　7 台風　　8 田畑(はた)

9 石油(ゆ)　　10 青空(あお)　　11 牛乳(にゅう)　　12 白鳥(はく)

13 秋分の日は　休みです。

14 虫歯(ば)が、三本　あります。

15 来週から　夏休みです。

16 月の　光が　きれいな　夜です。

17 ピョンチャンで　冬季(き)オリンピックが　ありました。

낱말과 표현

きれいな 예쁜 | ピョンチャン 평창 | オリンピック 올림픽

2 다음 □ 안에 들어갈 알맞은 한자를 써 보세요.

1. □ (とり)
2. □ (うし)
3. □□ (すい でん)
4. □□ (こ いし)
5. □毛 (ようもう)
6. □港 (くうこう)
7. □□ (げっ こう)
8. 昆□ (こんちゅう)
9. □茶 (むぎちゃ)
10. □が　吹きます。 (かぜ　ふ)
11. □が　咲きます。 (はな　さ)
12. □が　降ります。 (あめ　ふ)
13. □が　泳ぎます。 (さかな　およ)
14. □に　登ります。 (やま　のぼ)
15. □を　渡ります。 (かわ　わた)
16. 日本には　□、□、□、□の　四つの　季節が　あります。 (はる　なつ　あき　ふゆ　きせつ)

낱말과 표현

吹(ふ)きます 붑니다 | 咲(さ)きます 핍니다 | 降(ふ)ります 내립니다 | 泳(およ)ぎます 헤엄칩니다 | 登(のぼ)ります 오릅니다 | 渡(わた)ります 건넙니다 | 季節(きせつ) 계절

한자 이모저모

연탁 현상

1 연탁(連濁) 현상

두 개의 단어(語)가 연결될 때 뒤에 오는 語의 첫음이 탁음(濁音)이 되는 현상을 말하며, 뒤에 오는 語의 첫음(가나)에 탁음 표기「゛」가 붙는다. 연탁은 앞에 오는 語가 뒤에 오는 語를 수식하는 경우에 주로 일어난다.

예
青い(あお) ＋ 空(そら) ⇒ 青空(あおぞら)　　花(はな) ＋ 火(ひ) ⇒ 花火(はなび)
人(ひと) ＋ 人(ひと) ⇒ 人々(ひとびと)　　火(ひ) ＋ 花(はな) ⇒ 火花(ひばな)
アマゾン ＋ 川(かわ) ⇒ アマゾン川(がわ)

(예외) 탁음을 가지는 語가 연결되는 경우에는 연탁이 일어나지 않는다.

大(おお) ＋ 風(かぜ) ⇒ 大風(おおかぜ)

2 字音 읽기

「か행, さ행, た행, は행」으로 시작하는 한자의 음이「う, ん」으로 끝나는 한자의 음 뒤에서 탁음으로 변한다.

예 平等 びょうどう (평등),　問答 もんどう (문답)

「は행」으로 시작하는 한자의 음이「つ, ん」으로 끝나는 한자의 음 뒤에서 반탁음으로 변한다.

예 出発 しゅっぱつ (출발),　反発 はんぱつ (반발)

3-2 한자의 덧셈

Quiz 한자를 더하면 어떤 한자가 될까요?

예 日 + 月 = 明

1 木 + 一 = ☐

2 言 + 五 + 口 = ☐

3 三 + 人 + 日 = ☐

4 木 + 木 = ☐

097 林 수풀 림 획수 8	부수 나무목 きへん (木)	음 リン 山林(さんりん) 산림 훈 はやし 주의 雑木林(ぞうきばやし) 잡목림 필순 林 林 林 林 林 林 林 林
098 森 수풀 삼 획수 12	부수 나무목 きへん (木)	음 シン 森林(しんりん) 삼림, 숲 훈 もり 森(もり) 숲 필순 森 森 森 森 森 森 森 森 森 森 森 森
099 岩 바위 암 획수 8	부수 뫼산 やま (山)	음 ガン 岩石(がんせき) 암석, 火山岩(かざんがん) 화산암 훈 いわ 岩(いわ) 바위 필순 岩 岩 岩 岩 岩 岩 岩 岩
100 谷 골 곡 획수 7	부수 골곡 たに (谷)	음 コク 渓谷(けいこく) 계곡 훈 たに 谷川(たにがわ) 골짜기로 흐르는 시내 필순 谷 谷 谷 谷 谷 谷 谷
101 星 별 성 획수 9	부수 날일변 ひへん (日)	음 セイ 星座(せいざ) 성좌, 별자리 ショウ 훈 ほし 星空(ほしぞら) 별이 총총한 하늘, 星占(ほしうらな)い 별점 필순 星 星 星 星 星 星 星 星 星

102 雪 눈 설 획수 11	부수 비우 **あめ** **(雨)**	음 セツ 훈 ゆき 雪国(ゆきぐに) 설국, 雪(ゆき)だるま 눈사람 大雪(おおゆき) 대설 필순 雪 雪 雪 雪 雪 雪 雪 雪 雪 雪 雪
	雪	

103 畑 밭 전 획수 9	부수 밭전 **た** **(田)**	훈 はた 田畑(たはた) 논밭, 畑作(はたさく) 밭농작 はたけ 畑仕事(はたけしごと) 밭일 주의 花畑(はなばたけ) 꽃밭, 麦畑(むぎばたけ) 보리밭 필순 畑 畑 畑 畑 畑 畑 畑 畑 畑

104 美 아름다울 미 획수 9	부수 양양 **ひつじ** **(羊)**	음 ビ 美女(びじょ) 미녀, 美人(びじん) 미인 美術館(びじゅつかん) 미술관, 美容院(びよういん) 미용실 훈 うつく(しい) 美(うつく)しい 아름답다 필순 美 美 美 美 美 美 美 美 美

105 早 일찍 조 획수 6	부수 날일 **ひ** **(日)**	음 ソウ 早朝(そうちょう) 조조, 이른 아침 サッ 早速(さっそく) 즉시 훈 はや(い) 早(はや)い 빠르다, 이르다, 早口(はやくち) 말이 빠름 はや(まる)/はや(める) 필순 早 早 早 早 早 早

106 古 옛 고 획수 5	부수 입구 **くち** **(口)**	음 コ 中古(ちゅうこ) 중고, 古代(こだい) 고대 훈 ふる(い) 古(ふる)い 낡다, 오래되다, 古本(ふるほん) 고서 필순 古 古 古 古 古

107 暗 어두울 암 획수 13	부수 날일변 ひへん (日)	음 アン　暗記(あんき) 암기, 明暗(めいあん) 명암 훈 くら(い)　暗(くら)い 어둡다 필순 暗 暗 暗 暗 暗 暗 暗 暗 暗 暗 暗 暗 暗

도전! 한자 QUIZ

한숫자를 넣어서 사자성어를 완성해 보세요.

1. 한 가지 일을 해서 두 가지 이익을 얻는다는 뜻은? □石□鳥
2. 여러 차례 죽을 고비를 겪고 간신히 목숨을 건진다는 뜻이죠? □死□生
3. 운동회 때 하는 경기이죠? □人□脚
4. 계획이 예정대로 들어맞는다는 뜻은? □発□中
5. 힘의 우열을 가리기 힘들다는 뜻이죠? □分□分
6. 열사람이면 열사람의 성격이나 사람됨이 제각기 다르다는 뜻은? □人□色
7. 거의 예외없이 그러할 것이라는 추측의 뜻은? □中□□

가볍게 한자 기초력 up

1 다음 한자를 어떻게 읽는지 밑줄 아래에 히라가나로 써 보세요.

1 森　　2 雪　　3 岩　　4 谷川

5 山林　　6 星占(うらな)い　　7 花畑　　8 古い　本

9 朝　早い　時間　　10 外は　暗いです。

11 美しい　国

2 한자를 더해서 만들어지는 한자를 □ 안에, 뜻과 한자 읽기를 (　　)에 써 보세요.

1 [山] (뫼산, やま) + [石] (돌석, いし) = □ (　　　,　　　)

2 [日] (날일, ひ) + [十] (열십, じゅう) = □ (　　　,　　　い)

3 [木] (나무목, き) + [木] (나무목, き) = □ (　　　,　　　)

4 [雨] (비우, あめ) + [ヨ] (튼가로왈) = □ (　　　,　　　)

5 [亽] + [口] (입구, くち) = □ (　　　,　　　)

낱말과 표현

占(うらな)い 점

단단히 한자 응용력 up

1 다음 예 와 같이 그림에 알맞은 한자와 한자 읽기를 써 보세요.

예  (木 · き)

1  (　　·　　)

2  (　　·　　)

3  (　　·　　)

4  (　　·　　)

5  (　　·　　)

6  (　　·　　)

2 다음 명사와 동사를 알맞게 연결해 보세요.

1 花が	·	· A およぐ
2 風が	·	· B ふく
3 鳥・虫が	·	· C のぼる
4 雪・雨が	·	· D さく
5 魚が	·	· E なく
6 山に	·	· F ふる

3 한자를 더해서 만들어지는 한자를 □ 안에, 뜻과 한자 읽기를 (　　)에 써 보세요.

1. [日] (날일, ひ) ＋ [生](날생, なま) ＝ □ (　　,　　)

2. [十](열십, じゅう) ＋ [口] (입구, くち) ＝ □ (　　,　　い)

3. □ (　　,　　) ＋ □ (　　,　　) ＝ 畑(밭전, はたけ)

4. [木](　　,　　) ＋ [林] (　　,　　) ＝ □ (　　,　　)

5. □ (　　,　　) ＋ □ (　　,　　つ) ＋ □ (날일, ひ)
＝ 暗 (　　,　　い)

4 다음 같은 한자를 넣어서 2자 숙어를 완성해 보세요.

보기　火 ・ 人 ・ 身 ・ 学 ・ 和 ・ 国

1. 여름 축제에서 흔히 볼 수 있는 것은?　□ 花 ― 花 □
2. 이름이 난 사람이죠?　名 □ ― □ 名
3. 사이언스는?　科 □ ― □ 科
4. 키가 큰 사람도 있고 작은 사람도 있겠죠?　□ 長 ― 長 □
5. 모두가 바라는 것은?　平 □ ― □ 平
6. 나라의 임금이죠?　□ 王 ― 王 □

한자 이모저모

1 촉음화 현상

촉음화란, 「き, く, ち, つ」로 끝나는 한자음이 「か행, さ행, た행, は행」으로 시작하는 한자음 앞에서 촉음(は행 → ぱ행)으로 변하는 현상을 말한다.

① 촉음화 현상1

[き, く, ち, つ] : 「っ」+「か행, さ행, た행」

石 [せき] + 器 [き] = せっき　석기

学 [がく] + 校 [こう] = がっこう　학교

日 [にち] + 記 [き] = にっき　일기

出 [しゅつ] + 席 [せき] = しゅっせき　출석

② 촉음화 현상2

[つ] : 「っ」+「は행 → ぱ행」

出 [しゅつ] + 発 [はつ] = しゅっぱつ

2 踊(おど)り字(じ)(畳字(じょうじ))

같은 字 혹은 語를 겹쳐 사용하지 않고 생략할 때 사용하는 부호이다. 이것은 送(おく)り字(じ), 重(かさ)ね字(じ), 繰(く)り返(かえ)し 부호라고도 한다. 현재는 「日々, 半々, 点々, 個々, 洋々, 清々, 我々」 등 한자를 겹쳐서 사용할 때만 「々」를 사용하게 되어 있다.

chapter

04 부수

학습 목표 : 한자 부수에 대하여 이해할 수 있다.

4-1 부수 이야기 ①

Quiz 다음 ○부분은 무엇을 나타내는 것일까요?

1 休 · · 

2 汽 · · 

3 花 · · 

4 語 · · 

5 動 · · 

6 曜 · · 

미니 컬럼

부수(部首)

대부분의 한자는 몇 개의 부분으로 나눌 수가 있다.

좌우나 상하로 나누는 변(偏), 방(旁), 머리(冠), 발(脚), 엄호(垂れ), 받침(繞), 에운담(構え)의 7종류의 형(部)이 있다. 이 형에 따라서 한자를 분류 정리한 각각의 형(部)의 공통요소를 '부수'라고 한다.

108 人 사람 인 획수 2	부수 사람인 **ひと** **(人)**	음 ジン 外国人(がいこくじん) 외국인, ご主人(しゅじん) 남편 ニン 人間(にんげん) 사람, 인간, 人気(にんき) 인기 二人前(ににんまえ) 2인분 훈 ひと 女(おんな)の人(ひと) 여자, 男(おとこ)の人(ひと) 남자 필순 人 人
109 作 지을 작 획수 7	부수 사람인변 **にんべん** **(亻)**	음 サク 作文(さくぶん) 작문, 作品(さくひん) 작품 주의 作曲家(さっきょくか) 작곡가 サ 動作(どうさ) 동작 훈 つく(る) ケーキを作(つく)る 케이크를 만들다 필순 作 作 作 作 作 作 作
110 汽 김 기 획수 7	부수 삼수변 **さんずい** **(氵)**	음 キ 汽車(きしゃ) 기차 필순 汽 汽 汽 汽 汽 汽 汽
111 池 못 지 획수 6	부수 삼수변 **さんずい** **(氵)**	음 チ 電池(でんち) 전지 훈 いけ 池(いけ)の魚(さかな) 못에 있는 물고기 필순 池 池 池 池 池 池
112 活 살 활 획수 9	부수 삼수변 **さんずい** **(氵)**	음 カツ 活動(かつどう) 활동, 生活(せいかつ) 생활 주의 活火山(かっかざん) 활화산 필순 活 活 活 活 活 活 活 活 活

113	言 말씀 언 획수 7	부수 말씀언 ごんべん (言)	음 ゲン 言語(げんご) 언어, 方言(ほうげん) 방언 ゴン 伝言(でんごん) 전언 훈 い(う) ジョークを言(い)う 농담을 하다 こと 一言(ひとこと) 한마디, 言葉(ことば) 말 필순
114	計 셈 계 획수 9	부수 말씀언변 ごんべん (言)	음 ケイ 計算(けいさん) 계산, 時計(とけい) 시계 훈 はか(る) 時間(じかん)を計(はか)る 시간을 재다 はか(らう) 필순
115	記 적을 기 획수 10	부수 말씀언변 ごんべん (言)	음 キ 日記(にっき) 일기, 記事(きじ) 기사, 記号(きごう) 기호 훈 しる(す) 氏名(しめい)を記(しる)す 성명을 적다 필순
116	糸 실 사 획수 6	부수 실사 いと (糸) 絲	음 シ 훈 いと 毛糸(けいと) 털실 필순
117	絵 그림 회 획수 12	부수 실사변 いとへん (糸) 繪	음 カイ 絵画(かいが) 회화 훈 え 絵(え)を描(か)く 그림을 그리다, 絵本(えほん) 그림책 필순

118 紙 종이 지 획수 10	부수 실사변 **いとへん** **(糸)**	음 シ 用紙(ようし) 용지, 新聞紙(しんぶんし) 신문지 훈 かみ 紙(かみ)コップ 종이컵 필순 紙 紙 紙 紙 紙 紙 紙 紙 紙 紙
119 線 줄 선 획수 15	부수 실사변 **いとへん** **(糸)**	음 セン 電線(でんせん) 전선, 直線(ちょくせん) 직선 線(せん)をひく 선을 긋다 필순 線 線 線 線 線 線 線 線 線 線 線 線 線 線 線
120 力 힘 력 획수 2	부수 힘력 **ちから** **(力)**	음 リョク 努力(どりょく) 노력, 水力(すいりょく) 수력 リキ 力作(りきさく) 역작 훈 ちから 力(ちから)いっぱい 힘껏 필순 力 力
121 動 움직일 동 획수 11	부수 힘력 **ちから** **(力)**	음 ドウ 動力(どうりょく) 동력, 活動(かつどう) 활동 動物園(どうぶつえん) 동물원, 運動(うんどう) 운동 훈 うご(く) 電車(でんしゃ)が動(うご)く 전철이 움직이다 うご(かす) つくえを動(うご)かす 책상을 움직이다 필순 動 動 動 動 動 動 動 動 動 動 動
122 勉 힘쓸 면 획수 10	부수 힘력 **ちから** **(力)** 勉	음 べん 勉強(べんきょう) 공부 필순 勉 勉 勉 勉 勉 勉 勉 勉 勉 勉

123

晴

갤 청

획수 12

부수 날일 ひ (日)

음 セイ 快晴(かいせい) 괘청

훈 は(れる) 明日(あした)は晴(は)れるでしょう 내일은 맑겠습니다

晴(は)れの天気(てんき) 맑은 날씨, 晴(は)れ着(ぎ) 나들이옷

주의 秋晴(あきば)れ 맑게 갠 가을 날씨

は(らす)

필순 晴

晴							

가볍게 **한자 기초력 up**

1 다음 한자를 어떻게 읽는지 밑줄 아래에 히라가나로 써 보세요.

1 糸　　2 力　　3 人　　4 池

5 紙　　6 絵　　7 日記　　8 汽車 (しゃ)

9 作文 (ぶん)　　10 計算 (さん)　　11 伝言 (でん)　　12 動物園 (ぶつえん)

13 カルビ、二人前　おねがいします。

14 毎日の　生活を　記します。

15 今日は　一日　晴れです。

16 エレベーターが　動きます。

17 イタリアで　絵画(が)の　勉強(きょう)を　します。

18 むずかしい　言葉(ば)に　線を　引(ひ)いて　ください。

낱말과 표현

カルビ 갈비 | エレベーター 엘리베이터 | イタリア 이탈리아 | むずかしい 어렵다 | 引(ひ)いてください 그어 주세요

2 다음 □ 안에 들어갈 알맞은 한자를 써 보세요.

1 □□
げん　ご

2 □□
と　けい

3 □強
べんきょう

4 努□
どりょく

5 □□□
がい　こく　じん

6 新聞□事
しんぶん　き　じ

7 □の　□を　描きます。
ひつじ　　え　　か

8 スパゲッティを　□ります。
つく

9 A4の　コピー用□は　どこですか。
ようし

10 わたしの　□□の　サークル□□を　しょうかいします。
だい　がく　　　　　かつ　どう

낱말과 표현

新聞(しんぶん) 신문 | 描(か)きます 그립니다 | スパゲッティ 스파게티 | コピー 복사 | どこですか 어디입니까 | サークル 동호회 | しょうかいします 소개합니다

한자 이모저모

부수(部首)의 7종류

ぶしゅ

○ **左右로 나뉜 字**

① 偏(변, へん) : 부수가 글자 왼쪽에 있는 것

亻 사람인변 (にんべん)	仕	体	何	付	糸 실사변 (いとへん)	紙	終	線
		몸 체						

② 旁(방, つくり) : 부수가 글자 오른쪽에 있는 것

阝 언덕부 (おおざと)	都	郡	部	郵	力 힘력 (ちから)	動	勉

○ **上下로 나뉜 字**

③ 冠(머리, かんむり) : 부수가 글자 위에 있는 것

宀 갓머리 (うかんむり)	安	字	実	家	艹 초두머리 (くさかんむり)	草	花	英
								꽃부리 영

④ 脚(발, あし) : 부수가 글자 밑에 있는 것

儿 어진사람인발 (ひとあし)	先	見	元	兄	心 마음심 (こころ)	急	念	悪

○ **中과 外側 둘레로 나뉜 字**

⑤ 垂れ(엄, たれ) : 부수가 위와 왼쪽을 덮고 있는 것

广 엄호 (まだれ)	広	店	府	度	疒 병질엄 (やまいだれ)	病	痛

⑥ 繞(받침, にょう) : 부수가 왼쪽과 밑을 싸고 있는 것

辶 책받침 (しんにょう, しんにゅう)	近	週	返	送

⑦ 構え(몸, かまえ) : 부수가 글자를 에워싸고 있는 것

門 문문 (もんがまえ)	門	聞	閉	間	口 큰입구몸 (くにがまえ)	回	国	図

♠ 이외에 한 글자가 그대로 부수인 것이 있다. 제부수 : 金, 馬, 鳥

4-2 부수 이야기 ②

Quiz 다음 한자를 사전에서 찾아보세요. 무엇을 실마리로 찾을 수 있을까요?

1 竹

2 門

3 雲

4 思

5 近

6 園

워밍업 기본 한자 배우기

124 竹 대 죽 획수 6	부수 대죽 **たけ** **(竹)**	음 チク 竹林(ちくりん) 죽림 竹馬(ちくば)の友(とも) 죽마고우 훈 たけ 竹(たけ) 대나무, 竹(たけ)の子(こ) 죽순 竹林(たけばやし) 죽림 필순
125 算 셈할 산 획수 14	부수 대죽머리 **たけかんむり** **(⺮)**	음 サン 計算(けいさん) 계산 주의 暗算(あんざん) 암산 필순
126 答 대답할 답 획수 12	부수 대죽머리 **たけかんむり** **(⺮)**	음 トウ 答案用紙(とうあんようし) 답안용지 훈 こた(える) 問題(もんだい)に答(こた)える 문제에 답하다 こた(え) 答(こた)えを書(か)く 답을 쓰다 필순
127 雲 구름 운 획수 12	부수 비우 **あめかんむり** **(雨)**	음 ウン 훈 くも 雲(くも) 구름 주의 雨雲(あまぐも) 비구름 필순
128 電 전기 전 획수 13	부수 비우 **あめかんむり** **(雨)**	음 デン 電線(でんせん) 전선, 電気(でんき) 전기 電話(でんわ) 전화 필순

129	心 마음 심 획수 4	부수 마음심 **こころ** **(心)**	음 シン 本心(ほんしん) 본심, 安心(あんしん) 안심 中心(ちゅうしん) 중심 훈 こころ やさしい心(こころ) 상냥한 마음 필순 心 心 心 心
130	思 생각할 사 획수 9	부수 마음심 **こころ** **(心)**	음 シ 思案(しあん) 사안 훈 おも(う) 日本語(にほんご)はやさしいと思(おも)う 일본어는 쉽다고 생각한다 思(おも)い出(で) 추억 필순 思 思 思 思 思 思 思 思 思
131	点 점 점 획수 9	부수 불화 **れんか,** **れんが** **(火)** 點	음 テン 点線(てんせん) 점선, 100点(てん)をとる 100점을 맞다 필순 点 点 点 点 点 点 点 点 点
132	黒 검을 흑 획수 11	부수 검을흑 **くろ** **(黒)** 黑	음 コク 黒板(こくばん) 흑판 훈 くろ(い) 黒(くろ)い 검다 필순 黒 黒 黒 黒 黒 黒 黒 黒 黒 黒 黒
133	広 넓은 광 획수 5	부수 엄호 **まだれ** **(广)** 廣	음 コウ 広大(こうだい) 광대, 넓고 큼 훈 ひろ(い) 広(ひろ)い 넓다 ひろ(まる)/ひろ(める)/ひろ(がる)/ひろ(げる) 필순 広 広 広 広 広

134

店

점포 **점**

획수 8

부수 엄호 **まだれ (广)**

음 テン 店員(てんいん) 점원, 書店(しょてん) 서점

훈 みせ 小(ちい)さい店(みせ) 작은 가게

필순 店 店 店 店 店 店 店 店

135

道

길 **도**

획수 12

부수 책받침 **しんにゅう, しんにょう (辶)**

道

음 ドウ 道具(どうぐ) 도구, 道路(どうろ) 도로
　 トウ

훈 みち 大(おお)きい道(みち) 큰길

필순 道 道 道 道 道 道 道 道 道 道 道 道

136

近

가까울 **근**

획수 7

부수 책받침 **しんにゅう, しんにょう (辶)**

近

음 キン 近所(きんじょ) 근처, 이웃

훈 ちか(い) 近(ちか)い 가깝다
　 주의 身近(みぢか)な人(ひと) 가까운 사람

필순 近 近 近 近 近 近 近

137

回

돌아올 **회**

획수 6

부수 큰입구몸 **くにがまえ (囗)**

음 カイ 三回(さんかい) 3회, 回転(かいてん) 회전
　 エ

훈 まわ(る) 目(め)が回(まわ)るほど忙(いそが)しい 눈이 빙빙 돌 정도로 바쁘다
　 まわ(す)

필순 回 回 回 回 回 回

138

園

동산 **원**

획수 13

부수 큰입구몸 **くにがまえ (囗)**

음 エン 公園(こうえん) 공원, 動物園(どうぶつえん) 동물원

훈 その 주의 花園(はなぞの) 화원

필순 園 園 園 園 園 園 園 園 園 園 園 園 園

139 門 문 문 획수 8	부수 문문 **もんがまえ** **(門)**	음 モン 名門(めいもん) 명문, 校門(こうもん) 교문 훈 かど 필순 門
140 聞 들을 문 획수 14	부수 문문 **もんがまえ** **(門)**	음 ブン 新聞(しんぶん) 신문 モン 훈 き(く) 話(はなし)を聞(き)く 이야기를 듣다 き(こえる) 足音(あしおと)が聞(き)こえる 발소리가 들리다 필순 聞
141 草 풀 초 획수 9	부수 초두머리 **くさかんむり** **(艹)** 草	음 ソウ 雑草(ざっそう) 잡초 훈 くさ 草花(くさばな) 들꽃, 草木(くさき) 초목 필순 草
142 茶 차 다 획수 9	부수 초두머리 **くさかんむり** **(艹)** 茶	음 チャ 紅茶(こうちゃ) 홍차, お茶(ちゃ)を入(い)れる 차를 끓이다 サ 茶道(さどう) 다도 필순 茶

가볍게 한자 기초력 up

1 다음 한자를 어떻게 읽는지 밑줄 아래에 히라가나로 써 보세요.

1 竹(대나무)　2 心(마음)　3 花園　4 雨雲

5 店員 (いん)　6 公園 (こう)　7 紅茶 (こう)　8 新聞 (しん)

9 校門　10 計算　11 電線　12 近所 (じょ)

13 円の　中心に　点を　書いて　ください。

14 答案用紙は　黒いペンで　書いて　ください。(あんよう)

15 春の　草花を　しゃしんに　とります。

16 韓国の　道路は　日本より　広いです。(ろ)

17 キムさんに　五回も　電話を　しましたが、つながりませんでした。(わ)

18 学生食堂は、図書館から　近いですか。

낱말과 표현

ペン 펜 | ～てください ～해 주세요 | しゃしんに 사진으로 | とります 찍습니다 | ～より ～보다 | しましたが 했습니다만 | つながりませんでした 연결이 안 됐습니다

2 다음 □ 안에 들어갈 알맞은 한자를 써 보세요.

1. □□
   くさ　き

2. □□
   さ　どう

3. □□
   てん　せん

4. □り□
   まわ　みち

5. □物□
   どう　ぶつ　えん

6. □さい□
   ちい　みせ

7. □□みの □い出
   なつ　やす　おも　で

8. □□な □地
   こう　だい　と　ち

9. □は □の子の 季節です。
   はる　たけ　こ　きせつ

10. MP3で 音楽を □きます。
    おんがく　き

11. □□の □□(정문)で 会います。
    だい　がく　せい　もん　あ

12. □□で □えを 出します。
    あん　ざん　こた　だ

13. □い□が 出てきました。「□□は □れる」と □きましたが……。
    くろ　くも　で　きょう　は　き

낱말과 표현

季節(きせつ) 계절 | 音楽(おんがく) 음악 | 会(あ)います 만납니다 | 出(だ)します 냅니다 | 出(で)てきました 나왔습니다 | ～ましたが ～았/었는데요

단단히 한자 응용력 up

1 다음 밑줄에 알맞은 한자를 골라서 ◯표 하세요.

1 しんぶん （門・聞）

2 けいさん （計・記）

3 ちくりん （竹・答）

4 あまぐも （雲・雪）

5 こくばん （国・黒）

6 きんじょ （広・近）

7 どうさ （勉・動）

8 でんせん （電・点）

2 다음 보기에서 한자를 골라서 숙어를 완성하고, 한국어 해석과 한자 읽기를 히라가나로 써 보세요.

보기 風・汽・絵・勉・草・晴・茶・力・線・作・記・活

	한자어		한국어	일본어		한자어		한국어	일본어
예	台	風	태풍	たいふう	6	快			
1	水				7		車		
2		道			8		動		
3		画			9	直			
4		品			10		強		
5	雑				11		事		

3 다음 예 와 같이 ○에는 한자 부수를, (   )에는 한국 한자음을 써 보세요.

예 (言)
記(기) 計(계) 話(화)

1 ( )
間( ) 聞( ) 関( )

2 ( )
近( ) 送( ) 道( )

3 ( )
池( ) 活( ) 海( )

4 다음 예 와 같이 한자에 한자를 더 하면 어떤 한자가 생기는지 □에 써 보고, 한국 한자음을 써 보세요.

예 [亻] 사람인변 + [可] = 何 어찌 하
+ [木] = 休 쉴 휴

1 [竹] 대죽 + [合] = □ □

2 [雨] 비우 + [云] = □ □

3 [心] □ + [田] = □ □

4 [灬] 연화발 + [占] =

5 [氵] 삼수변 + [也] = 못 지

6 [广] 엄호 + [占] =

7 [辶] 책받침 + [首] = 길 도

+ [周] =

8 [囗] 큰입구몸 + [玉] =

+ [口] = 돌아올 회

9 [門] 문문 + [耳] =

+ [日] =

10 [言] 말씀언 + [十] = 셈 계

11 [日] 날일 + [青] =

Hint

每・道・思・聞・点・店・週・答・回・間・計・雲・国・体・晴・池

chapter

05 가정 환경

학습 목표 : 가정 환경에 관련된 한자를 구사할 수 있다.

5-1 가족

Quiz 한자를 읽을 수 있을까요? 무슨 카드일까요?

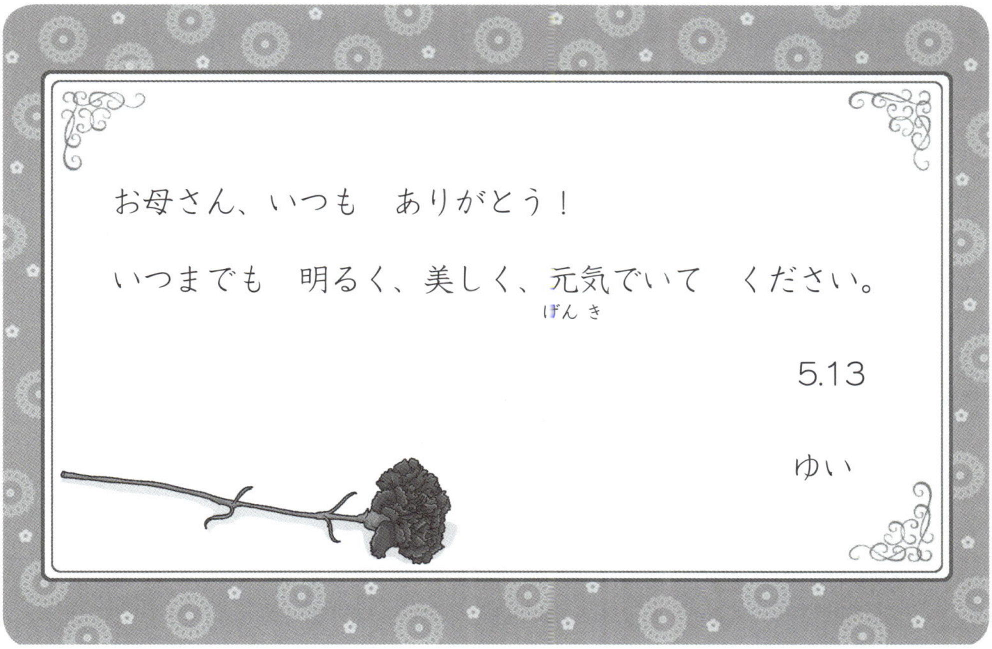

한자	부수	음·훈
143 父 아비 부 획수 4	부수 아비부 ちち (父)	음 フ 父母(ふぼ) 부모, 祖父(そふ) 조부, 할아버지 훈 ちち 父親(ちちおや) 부친, 父(ちち)の日(ひ) 아버지의 날 주의 お父(とう)さん 아버지 필순 父 父 父 父
144 母 어머니 모 획수 5	부수 어미모 はは (母)	음 ボ 母校(ぼこう) 모교, 祖母(そぼ) 조모, 할머니 훈 はは 母親(ははおや) 모친, 母(はは)の日(ひ) 어머니의 날 주의 お母(かあ)さん 어머니 필순 母 母 母 母 母
145 兄 맏 형 획수 5	부수 어진사람인발 ひとあし, にんにょう (儿)	음 キョウ 兄弟(きょうだい) 형제 ケイ 父兄(ふけい) 부형 훈 あに 兄(あに)と弟(おとうと) 형과 남동생 주의 お兄(にい)さん 형님,오빠 필순 兄 兄 兄 兄 兄
146 弟 동생 제 획수 7	부수 활궁 ゆみ (弓)	음 ダイ 兄弟(きょうだい) 형제 テイ 子弟(してい) 자제 デ 弟子(でし) 제자 훈 おとうと 兄(あに)と弟(おとうと) 형과 남동생 필순 弟 弟 弟 弟 弟 弟 弟
147 姉 누이 자 획수 8	부수 계집녀변 おんなへん (女)	음 シ 姉妹(しまい) 자매 훈 あね 姉(あね)と兄(あに) 언니(누나)와 오빠(형) 주의 お姉(ねえ)さん 누나, 언니 필순 姉 姉 姉 姉 姉 姉 姉 姉

148 妹 여동생 매 획수 8	부수 계집녀변 おんなへん (女)	음 マイ 三人姉妹(さんにんしまい) 세자매 훈 いもうと 妹(いもうと)と弟(おとうと) 여동생과 남동생 필순 妹 妹 妹 妹 妹 妹 妹 妹
149 両 두 량 획수 6	부수 한일 いち (一) 兩	음 リョウ 両親(りょうしん) 양친, 両手(りょうて) 양손 両立(りょうりつ) 양립, 両替(りょうがえ)する 환전하다 필순 両 両 両 両 両 両
150 親 친할 친 획수 16	부수 볼견 みる (見)	음 シン 両親(りょうしん) 양친, 親友(しんゆう) 친우 훈 おや 父親(ちちおや) 부친, 母親(ははおや) 모친, 親子(おやこ) 친자, 부모와 자식 した(しい) 親(した)しい友達(ともだち) 친한 친구 した(しむ) 親(した)しむ 친해지다 필순 親 親 親 親 親 親 親 親 親 親 親 親 親 親 親 親
151 息 쉴 식 획수 10	부수 마음심 こころ (心)	음 ソク 休息(きゅうそく) 휴식, 利息(りそく) 이자, 消息(しょうそく) 소식 훈 いき ため息(いき)をつく 한숨을 쉬다 주의 息子(むすこ) 아들 필순 息 息 息 息 息 息 息 息 息 息
152 家 집 가 획수 10	부수 갓머리 うかんむり (宀)	음 カ 家族(かぞく) 가족, 音楽家(おんがくか) 음악가 ケ 훈 いえ 家(いえ) 집 や 大家(おおや) 집주인 필순 家 家 家 家 家 家 家 家 家 家

153 族 겨레 족 획수 11	부수 모방변 ほうへん (方)	음 ゾク 家族(かぞく) 가족, 親族(しんぞく) 친족, 水族館(すいぞくかん) 수족관 필순 族 族 族 族 族 族 族 族 族 族 族
154 私 사사 사 획수 7	부수 벼화변 のぎへん (禾)	음 シ 私立大学(しりつだいがく) 사립대학교 훈 わたし 私(わたし) 저 わたくし 필순 私 私 私 私 私 私 私
155 自 스스로 자 획수 6	부수 스스로자 と (自)	음 ジ 自動車(じどうしゃ) 자동차, 自分(じぶん) 자기 シ 自然(しぜん) 자연 훈 みずか(ら) 필순 自 自 自 自 自 自
156 友 벗 우 획수 4	부수 또우 また (又)	음 ユウ 親友(しんゆう) 친우, 友人(ゆうじん) 친구 훈 とも 友達(ともだち) 친구 필순 友 友 友 友
157 名 이름 명 획수 6	부수 입구 くち (口)	음 メイ 有名(ゆうめい) 유명, 氏名(しめい) 이름 人名(じんめい) 인명, 地名(ちめい) 지명 ミョウ 名字(みょうじ) 성씨 훈 な 名前(なまえ) 이름, 名札(なふだ) 명찰 필순 名 名 名 名 名 名

158 字 글자 자 획수 6	부수 아들자 ジ (子)	음 ジ 漢字(かんじ) 한자, 数字(すうじ) 숫자 ローマ字(じ) 로마자 필순 字 字 字 字 字 字
159 才 재주 재 획수 3	부수 손수 て (手)	음 サイ 天才少年(てんさいしょうねん) 천재소년 百才(ひゃくさい) 백세 필순 才 才 才

잠깐! 한자 정리

다음 빈칸에 알맞은 한자와 한자 읽기를 써 보세요.

가족 호칭	남에게 자기 가족을 말할 때 わたしの～	남의 가족을 말할 때 ～さんの～
1 가족	家族 か ぞく	ご家族 か ぞく
2 아버지	父	お父さん とう
3 어머니		
4 형(오빠)		
5 누나(언니)		お姉さん
6 남동생		
7 여동생		
8 할아버지	祖父 そ ふ	おじいさん
9 할머니	祖母 そ ぼ	おばあさん
10 아이, 자식	子供 こ ども	お子さん こ
11 아들		息子さん むす こ
12 딸	娘 むすめ	娘さん むすめ

가볍게 한자 기초력 up

1 다음 한자를 어떻게 읽는지 밑줄 아래에 히라가나로 써 보세요.

1 両親　2 父母　3 兄弟　4 姉妹

5 私の 家族は、五人です。

父と母 四才上の 兄と 高校生の 妹が います。
(こう)

6 田中さんは、私の 友達です。
(だち)

六年前に 結婚して、名字が かわりました。
(けっこん)

7 パクさんは、有名な ピアニストの 弟子で、百年に 一人の
(ゆう)

天才だそうです。
(てん)

8 子供は 自然に 親しむことが 大切です。
(ども)(ぜん)(たいせつ)

9 中学の 友人の 消息が 知りたいです。
(しょう)

낱말과 표현

いります 있습니다 | 結婚(けっこん)して 결혼해서 | かわりました 바뀌었습니다 | ピアニスト 피아니스트 | ～だそうです ~다고 합니다 | ～こと ~것, 일 | 大切(たいせつ)です 중요합니다 | ～たいです ~고 싶습니다

2 다음 □ 안에 들어갈 알맞은 한자를 써 보세요.

1 □□ な まえ

2 □□ しん ゆう

3 □□ じ ぶん

4 □□ おお や

5 □□ りょう て

6 □□□ すい ぞく かん

5-2 형용사를 만드는 한자

Quiz 다음은 아파트(マンション) 모집 전단지(チラシ)입니다. 읽어 보고 1) ~ 5)의 내용이 전단지와 맞으면 ○, 틀리면 ×로 표기하세요.

明るい！　広い！

駅から　近い!!

JR線(せん)

マンション

- 品川駅(しながわえき) 7分
- 家賃(やちん)：8万円/月
- 1DK フローリング
- インターネット、エアコン
- 敷金(しききん) 1か月　礼金(れいきん) 2か月

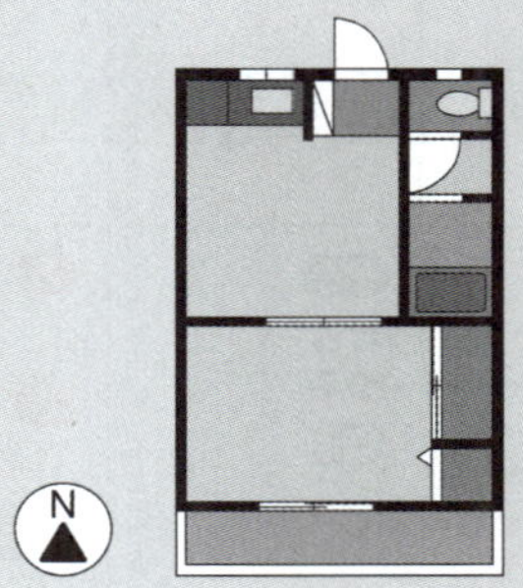

1) 部屋(へや)にエアコンがあります。　(　　)
2) 駅(えき)からマンションまで遠いです。　(　　)
3) 部屋(へや)は明るいです。　(　　)
4) せまい部屋(へや)です。　(　　)
5) 家賃(やちん)は、一月(ひとつき)8万円です。　(　　)

낱말과 표현

駅(えき) 역 | 1DK 침실 하나와 다이닝 키친 룸 | フローリング 플로링(마루를 까는 널판지) | インターネット 인터넷 | エアコン 에어컨 | 敷金(しききん) 보증금 | 礼金(れいきん) 사례금 | 部屋(へや) 방

160 新 새로울 신 획수 13	부수 도끼근 **おのづくり, きん (斤)**	음 シン　新入生(しんにゅうせい) 신입생, 新年(しんねん) 새해 훈 あたら(しい)　新(あたら)しい 새롭다　あら(た)/ にい 필순 新 新 新 新 新 新 新 新 新 新 新 新 新
161 遠 멀 원 획수 13	부수 책받침 **しんにゅう, しんにょう (辶)** 遠	음 エン　遠足(えんそく) 소풍　オン 훈 とお(い)　遠(とお)い 멀다 필순 遠 遠 遠 遠 遠 遠 遠 遠 遠 遠 遠 遠 遠
162 強 강할 강 획수 11	부수 활궁 **ゆみ (弓)**	음 キョウ　勉強(べんきょう) 공부, 強力(きょうりょく) 강력 ゴウ　強情(ごうじょう) 고집이 셈 훈 つよ(い)　強(つよ)い 강하다　주의 力強(ちからづよ)い 힘세다 つよ(まる)/つよ(める)/し(いる) 필순 強 強 強 強 強 強 強 強 強 強 強
163 弱 약할 약 획수 10	부수 활궁 **ゆみ (弓)** 弱	음 ジャク　強弱(きょうじゃく) 강약 훈 よわ(い)　弱(よわ)い 약하다, 弱虫(よわむし) 겁쟁이 寒(さむ)さに弱(よわ)い 추위에 약하다 よわ(る)/よわ(まる)/よわ(める) 필순 弱 弱 弱 弱 弱 弱 弱 弱 弱 弱
164 長 길 장 획수 8	부수 길장 **ながい (長)**	음 チョウ　校長(こうちょう) 교장, 長時間(ちょうじかん) 장시간 훈 なが(い)　長(なが)い 길다, 長(なが)さ 길이 필순 長 長 長 長 長 長 長 長

165

短

짧을 **단**
획수 12

부수: 화살시 **やへん** **(矢)**

- 음: タン 短大(たんだい) 전문대, 短所(たんしょ) 단점
- 훈: みじか(い) 短(みじか)い 짧다

필순: 短 短 短 短 短 短 短 短 短 短 短 短

166

高

높을 **고**
획수 10

부수: 높을고 **たかい** **(高)**

- 음: コウ 高校生(こうこうせい) 고등학생, 高速道路(こうそくどうろ) 고속도로
- 훈: たか(い) 高(たか)い山(やま) 높은 산, 高(たか)い店(みせ) 비싼 가게
  たか(まる) / たか(める)

필순: 高 高 高 高 高 高 高 高 高 高

167

安

편안 **안**
획수 6

부수: 갓머리 **うかんむり** **(宀)**

- 음: アン 安心(あんしん) 안심, 不安(ふあん) 불안
- 훈: やす(い) 安(やす)い 싸다

필순: 安 安 安 安 安 安

168

細

가늘 **세**
획수 11

부수: 실사변 **いとへん** **(糸)**

- 음: サイ 細心(さいしん) 세심, 細工(さいく) 세공
- 훈: ほそ(い) 細(ほそ)い糸(いと) 가는 실
  こま(かい) 細(こま)かい字(じ) 자잘한 글씨
  こま(か)/ほそ(る)

필순: 細 細 細 細 細 細 細 細 細 細 細

169

寒

찰 **한**
획수 12

부수: 갓머리 **うかんむり** **(宀)**

寒

- 음: カン 寒波(かんぱ) 한파
- 훈: さむ(い) 寒(さむ)い 춥다

필순: 寒 寒 寒 寒 寒 寒 寒 寒 寒 寒 寒 寒

170

暑

더위 **서**

획수 12

부수 날일 **ひ (日)**

음 ショ　残暑(ざんしょ) 잔서, 남은 더위

훈 あつ(い)　暑(あつ)い 덥다

필순 暑 暑 暑 暑 暑 暑 暑 暑 暑 暑 暑 暑

暑

171

軽

가벼울 **경**

획수 12

부수 수레거변 **くるまへん (車)**

음 ケイ　軽油(けいゆ) 경유, 軽食(けいしょく) 간단한 식사

훈 かる(い)　軽(かる)い 가볍다　かろ(やか)

필순 軽 軽 軽 軽 軽 軽 軽 軽 軽 軽 軽 軽

輕

172

重

무거울 **중**

획수 9

부수 마을리 **さと (里)**

음 ジュウ　体重(たいじゅう) 체중, 重要(じゅうよう) 중요

チョウ　貴重品(きちょうひん) 귀중품

훈 おも(い)　重(おも)い 무겁다, 重(おも)さ 무게

かさ(なる)　スケジュールが重(かさ)なる 스케줄이 겹치다

かさ(ねる)/え

필순 重 重 重 重 重 重 重 重 重

173

丸

알 **환**

획수 3

부수 점주 **てん (丶)**

음 ガン

훈 まる　日(ひ)の丸(まる) 일장기　まる(い)　丸(まる)い 둥글다

まる(める)

필순 丸 丸 丸

174

白

흰 **백**

획수 5

부수 흰백 **しろ (白)**

음 ハク　白紙(はくし) 백지, 白鳥(はくちょう) 백조　ビャク

훈 しろ　真(ま)っ白(しろ)な 새하얀

しろ(い)　白(しろ)い 희다　しら

필순 白 白 白 白 白

175 赤 붉을 적 획수 7	부수 붉을적 あか (赤)	음 セキ 赤道(せきどう) 적도 シャク 훈 あか 赤(あか)ちゃん 갓난아기 あか(い) 赤(あか)い 붉다 필순 赤 赤 赤 赤 赤 赤 赤
176 青 푸를 청 획수 8	부수 푸를청 あお (青) 靑	음 セイ 青少年(せいしょうねん) 청소년, 青春(せいしゅん) 청춘 ショウ 훈 あお 青空(あおぞら) 푸른 하늘 あお(い) 青(あお)い 푸르다 필순 青 青 青 青 青 青 青 青
177 黄 누를 황 획수 11	부수 누를황 き (黃) 黃	음 オウ 黄金(おうごん) 황금 コウ 黄砂(こうさ) 황사 훈 き 黄色(きいろ) 노란색 こ 필순 黄 黄 黄 黄 黄 黄 黄 黄 黄 黄 黄
178 色 색 색 획수 6	부수 색색 いろ (色)	음 ショク 十二色(じゅうにしょく) 12색 シキ 훈 いろ 色紙(いろがみ) 색지, 青色(あおいろ) 파란색 필순 色 色 色 色 色 色

잠깐! 한자 정리

1 다음 한국어를 보고 알맞은 일본어를 히라가나, 한자로 써 보세요.

1 희다	しろい(　　　)	4 검다	(　黒い　)
2 푸르다	(　　　)	5 붉다	(　　　)
3 노랗다	(　　　)	6 갈색이다	(　　　)

2 다음 반대어가 되는 い형용사를 알맞은 한자를 써서 (　　) 안에 써 보세요.

1 おおきい(　　　) ⇔ ちいさい(　　　)	8 はやい(　　　) ⇔ おそい(　遅い　)
2 かるい(　　　) ⇔ おもい(　　　)	9 つよい(　　　) ⇔ よわい(　　　)
3 たかい(　　　) ⇔ ひくい(　低い　)	10 みじかい(　　　) ⇔ ながい(　　　)
4 たかい(　　　) ⇔ やすい(　　　)	11 あつい(　　　) ⇔ さむい(　　　)
5 あたらしい(　　　) ⇔ ふるい(　　　)	12 あかるい(　　　) ⇔ くらい(　　　)
6 ふとい(　　　) ⇔ ほそい(　　　)	13 すくない(　　　) ⇔ おおい(　　　)
7 ちかい(　　　) ⇔ とおい(　　　)	14 ひろい(　　　) ⇔ せまい(　狭い　)

Hint

大・少・長・細・小・多・古・遠・寒・弱・新・高
軽・重・強・太・早・安・明・暗・広・短・近・暑

가볍게 한자 기초력 up

1 다음 밑줄 친 한자를 어떻게 읽는지 밑줄 아래에 히라가나로 써 보세요.

1. 韓国は　サッカーが　強いです。

2. ニュースを　聞いて、安心しました。

3. インドネシア、ブラジル…　赤道に　近い　国は、暑いです。

4. 新年、明けまして　おめでとうございます。

   寒い　お正月に　なりましたね。

5. 青い空に　白い雲、きれいな　湖（みずうみ）。心が　軽く　なります。

6. 十二色の　色紙で　星や　魚や　白鳥を　作りました。

7. 新しい　スーツケースは　ちょっと　重いです。

8. 妹は、高校から　短大に　進（しん）学しました。

   家から　少し　遠くて、学費（ひ）も　高いです。

낱말과 표현

サッカー 축구 | ニュース 뉴스 | インドネシア 인도네시아 | ブラジル 브라질 |
明(あ)けましておめでとうございます 새해 복 많이 받으세요 | ～になりましたね ～이(가) 되었네요 |
きれいな 깨끗한 | 湖(みずうみ) 호수 | ～や ～(이)나 | スーツケース 슈트케이스 | ちょっと 조금

2 다음 □ 안에 들어갈 알맞은 한자를 써 보세요.

1. □□
おう ごん

2. □□
べん きょう

3. 体□ (체중)
たいじゅう

4. □足 (소풍)
えん そく

5. □□□
こう こう せい

6. □□□
せい しょう ねん

7. □□□□
こう ちょう せん せい

8. □□の 注意を 払う。
さい しん ちゅうい はら

9. あの □い タワーが 東京スカイツリーです。
まる とうきょう

10. □は □さに □いです。
わたし さむ よわ

낱말과 표현

注意(ちゅうい)を払(はら)う 주의를 기울이다 | タワー 타워, 탑 | 東京(とうきょう)スカイツリー 도쿄스카이트리

단단히 한자 응용력 up

1 다음 예 와 같이 밑줄에는 한자 읽기를, (　　)에는 숙어의 읽기를 히라가나로 써 보세요.

> 예 男(おとこ) ＋ 女(おんな) ＝ (だんじょ)

1. 父 ＋ 母 ＝ (　　　　　　)
2. 姉 ＋ 妹 ＝ (　　　　　　)
3. 兄 ＋ 弟 ＝ (　　　　　　)
4. 親 ＋ 子 ＝ (　　　　　　)
5. 祖父 ＋ 祖母 ＝ (　　　　　　)

2 다음 예 와 같이 A와 B에 동일하게 들어가는 한자를 보기에서 골라 (　　) 안에 써 보세요.

> 예 A 古(本)　　B 日(本)

> 보기 ~~本~~ · 安 · 高 · 強 · 弱 · 白 · 細

1. A (　　　　) 紙(し)のテスト　　B (　　　　) い雪
2. A (　　　　) かい字　　B (　　　　) い糸
3. A (　　　　) い山　　B (　　　　) 校
4. A (　　　　) い雨　　B 力 (　　　　) い
5. A 不(ふ) (　　　　) な思い　　B (　　　　) 心する

3 다음 밑줄 친 부분의 한자 읽기가 같을 경우에는 ○표를, 다른 경우에는 ×표 하세요.

예 日本 ・ 二台 (○)

1 中古 ・ 高校 (　)

2 新年 ・ 親友 (　)

3 九十才 ・ 細心 (　)

4 多少 ・ 大小 (　)

5 姉妹 ・ 自然(ぜん) (　)

6 明暗 ・ 名字 (　)

7 長男 ・ 男女 (　)

8 弱点 ・ 体(たい)重 (　)

4 다음 단어를 보고 어떤 한자(형용사)가 연상될까요? 사전에서 찾아서 3개씩 써 보세요.

예 アメリカ ： (大 ・ 広 ・ 遠)

1 あなたの学校 ： (　・　・　)

2 あなたのへや ： (　・　・　)

3 韓国 ： (　・　・　)

4 日本 ： (　・　・　)

5 다음 예 와 같이 어떤 한자가 숨겨져 있는지 (　　) 안에 써 보세요.

예 名 (　名　)

1. 寸 (　　　)
2. 寒 (　　　)
3. 丸 (　　　)
4. 家 (　　　)

도전! 한자 QUIZ

다음 반대어가 되는 い, な형용사를 알맞은 한자를 써서 (　　) 안에 써 보세요.

1 よい(　　　　) ⇔ わるい(　悪い　)	7 こうふくな(　　　　) ⇔ ふこうな(　　　　)
2 うすい(　薄い　) ⇔ あつい(　　　　)	8 ゆうりな(　　　　) ⇔ ふりな(　　　　)
3 ふかい(　　　　) ⇔ あさい(　浅い　)	9 きょうこな(　　　　) ⇔ なんじゃくな(　　　　)
4 つめたい(　　　　) ⇔ あつい(　熱い　)	10 かんたんな(　　　　) ⇔ ふくざつな(　　　　)
5 かたい(　硬い　) ⇔ やわらかい(　　　　)	11 せいじょうな(　　　　) ⇔ いじょうな(　　　　)
6 きけんな(　　　　) ⇔ あんぜんな(　　　　)	

Hint

良・冷・厚・深・軟・正常・幸福・安全・強固・異常
簡単・不利・複雑・不幸・軟弱・危険・有利

한자 이모저모

한자의 音(음)과 訓(훈)

1 音(おん)

「行」에는 「ギョウ - 行列(ぎょうれつ), コウ - 行動(こうどう), アン - 行燈(あんどん)」의 세 가지의 음독이 있다. 呉音、漢音、唐(宋)音 중, 현재 가장 널리 사용되는 것은 漢音이며, 그 다음이 呉音, 唐音이다.

① 呉音(ごおん) : 일본에 처음으로 한자가 전래된 후 6세기에 걸쳐서 장강(양자강) 하류의 오지방의 발음이 백제를 경유하여 전해진 음.

② 漢音(かんおん) : 7~8세기에 견수사나 견당사에 의하여 전래된 장안 낙양지방의 발음. 당시의 중국은 한족이 지배하고 있었기 때문에 수나 당이라는 국명에도 불구하고 漢音이라고 한다.

③ 唐宋音(とうそうおん) : 11세기 이후 송, 명, 청과 교류한 선승과 상인에 의하여 전해짐. 장강 하류 지역의 발음이 많다.

예 行脚(あんぎゃ) 행각, 庫裏(くり) 절의 부엌, 緞子(どんす) 단자, 提燈(ちょうちん) 제등, 蒲團(ふとん) 이불

> 慣用語(かんようご) : 위에서 설명한 음 이외에 관용어라는 것이 있다. 이것은 일본에서 呉音, 漢音으로 읽혀진 한자음이 변화한 것으로 잘못 정착한 것이다.
>
> 예 立(りつ ← りふ)　輸(ゆ ← しゅ)　話(わ ← くわ)

2 訓(くん)

한자의 의미에 해당하는 일본어가 그 한자의 읽기로 고정된 것이다. 다수의 훈독을 가지는 경우도 적지 않다.

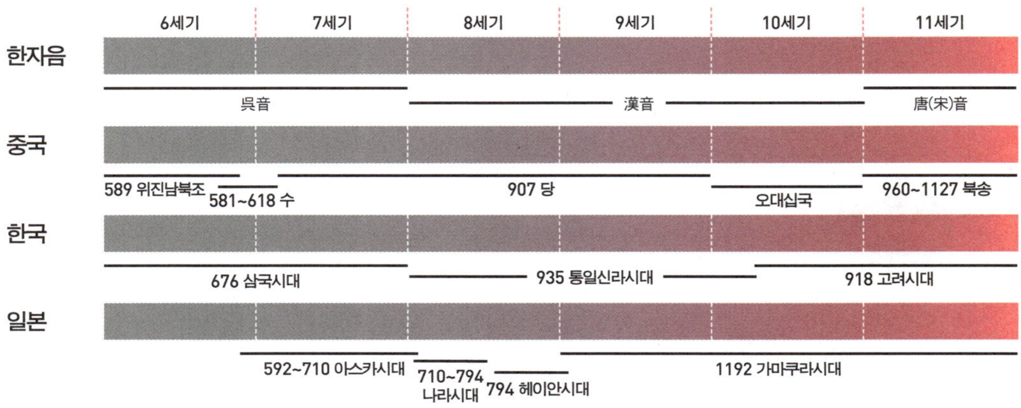

chapter

06 생활과 인생

학습 목표 : 생활과 인생에 관련된 한자를 구사할 수 있다.

6-1 동사를 만드는 한자 ①

Quiz 지금까지 공부한 한자를 기억하시죠? 보기에서 한자를 골라서 써 보세요.

예 パンを （食)べます。

보기 ~~食~~ · 教 · 聞 · 思 · 来 · 習 · 書

1. ラジオで　ニュースを （　　　　　)きます。
2. 明日　友人が　私の　家に （　　　　　)ます。
3. 漢字で　名前を （　　　　　)きます。
4. 妹に　勉強を （　　　　　)えます。
5. 今日の　テストは　やさしかったと （　　　　　)います。

179

行

다닐 행
획수 6

부수 두인변 **ぎょうがまえ** **(彳)**

음 コウ　旅行(りょこう) 여행, 銀行(ぎんこう) 은행
훈 い(く)　東京(とうきょう)へ行(い)く 도쿄에 가다
おこな(う) 大会(たいかい)が行(おこな)われる 대회가 행해지다
アン/ギョウ/ゆ(く)

필순

180

帰

돌아올 귀
획수 10

부수 수건건 **はば** **(巾)**

歸

음 キ　帰国(きこく) 귀국
훈 かえ(る)　家(いえ)に帰(かえ)る 집으로 돌아가다　かえ(す)

필순

181

出

나갈 출
획수 5

부수 위튼입구몸 **うけばこ** **(凵)**

음 シュツ　주의 出発(しゅっぱつ) 출발, 出席(しゅっせき) 출석
훈 で(る)　出入(でい)り口(ぐち) 출입구, 思(おも)い出(で) 추억
だ(す)　スピードを出(だ)す 스피드를 내다, 思(おも)い出(だ)す 생각나다

필순

182

入

들 입
획수 2

부수 들입 **いる** **(入)**

음 ニュウ　入学式(にゅうがくしき) 입학식, 入院(にゅういん) 입원
훈 い(る)　気(き)に入(い)る 마음에 들다
い(れる)　水(みず)に手(て)を入(い)れる 물에 손을 넣다
はい(る)　小学校(しょうがっこう)に入(はい)る 초등학교에 들어가다

필순

183

見

볼 견 /
뵈올 현
획수 7

부수 볼견 **みる** **(見)**

음 ケン　意見(いけん) 의견, 発見(はっけん) 발견
훈 み(る)　映画(えいが)を見(み)る 영화를 보다, 見本(みほん) 견본
み(える)　山(やま)が見(み)える 산이 보이다
み(せる)　顔(かお)を見(み)せる 얼굴을 보이다

필순

184

飲

마실 음

획수 12

부수 밥식변 しょくへん (食)

음 イン　飲食店(いんしょくてん) 음식점

훈 の(む)　薬(くすり)を飲(の)む 약을 먹다, 飲(の)み水(みず) 마실 물

필순 飲 飲 飲 飲 飲 飲 飲 飲 飲 飲 飲 飲

185

読

읽을 독

획수 14

부수 말씀언변 ごんべん (言)

讀

음 ドク　読書(どくしょ) 독서, 音読(おんどく) 음독
トク/トウ

훈 よ(む)　本(ほん)を読(よ)む 책을 읽다, 読(よ)み書(か)き 읽고 쓰기

필순 読 読 読 読 読 読 読 読 読 読 読 読 読 読

186

話

이야기 화

획수 13

부수 말씀언변 ごんべん (言)

음 ワ　話題(わだい) 화제, 会話(かいわ) 회화

훈 はなし　話(はなし)を聞(き)く 이야기를 듣다
주의 立(た)ち話(ばなし) 서서 하는 이야기
はな(す)　電話(でんわ)で話(はな)す 전화로 이야기하다

필순 話 話 話 話 話 話 話 話 話 話 話 話 話

187

住

머무를 주

획수 7

부수 사람인변 にんべん (人)

음 ジュウ　住宅(じゅうたく) 주택, 住所(じゅうしょ) 주소

훈 す(む)　みんなで住(す)む 모두 함께 살다
す(まう)　住(す)まい 주거지

필순 住 住 住 住 住 住 住

188

歩

걸음 보

획수 8

부수 그칠지 とめる (止)

步

음 ホ　歩道(ほどう) 보도　주의 散歩(さんぽ) 산책
ブ/フ

훈 ある(く)　道(みち)を歩(ある)く 길을 걷다
あゆ(む)

필순 歩 歩 歩 歩 歩 歩 歩 歩

189 走 달릴 주 획수 7	부수 달릴주 **はしる, そうにょう (走)**	음 ソウ　力走(りきそう) 역주, 走者(そうしゃ) 주자 훈 はし(る)　全力(ぜんりょく)で走(はし)る 전력으로 달리다 필순 走 走 走 走 走 走 走
190 会 모을 회 획수 6	부수 사람인 **ひとやま (人)** 會	음 カイ　会話(かいわ) 회화, 教会(きょうかい) 교회 エ 훈 あ(う)　友達(ともだち)に会(あ)う 친구를 만나다 필순 会 会 会 会 会 会
191 持 가질 지 획수 9	부수 재방변 **てへん (手)**	음 ジ　所持品(しょじひん) 소지품 훈 も(つ)　かばんを持(も)つ 가방을 들다 お金持(かねも)ち 부자, 気持(きも)ち 기분 필순 持 持 持 持 持 持 持 持 持
192 売 팔 매 획수 7	부수 흙토 **さもらい (土)** 賣	음 バイ　売店(ばいてん) 매점, 商売(しょうばい) 장사 훈 う(る)　家(いえ)を売(う)る 집을 팔다, 売(う)り切(き)れ 매진 う(れる) 필순 売 売 売 売 売 売 売
193 買 살 매 획수 12	부수 조개패 **かい, こがい (貝)**	음 バイ　売買(ばいばい) 매매 훈 か(う)　おもちゃを買(か)う 장난감을 사다 買(か)い物(もの)に行(い)く 장 보러 가다 필순 買 買 買 買 買 買 買 買 買 買 買 買

194 起 일어날 기 획수 10	부수 달릴주변 そうにょう (走)	음 キ 起点(きてん) 기점, 起立(きりつ) 기립 훈 お(きる) 早起(はやお)きをする 일찍 일어나다 お(こる)/お(こす) 필순 起 起 起 起 起 起 起 起 起 起

미니 컬럼

한어와 화어

漢語(かんご)는 중국에서 전해진 말이다.

이에 반하여 옛부터 일본에서 사용되어 온 고유어를 和語(わご)라고 한다. 한자를 음 읽기 하는 것이 漢語(かんご), 한자로 표기되어 있더라도 훈 읽기를 하는 말은 和語(わご)이다. 漢語(かんご)에는 원래의 중국어인 중국계와 일본에서 만든 일본계가 있다.

예를 들면, 「登山(とざん)」은 漢語(かんご), 和語(わご)에서는 이것을 「山(やま)に登(のぼ)る」라고 한다. 「草原」을 「そうげん」으로 읽으면 漢語(かんご), 「くさはら」으로 읽으면 和語(わご)이다. 같은 의미를 나타내는 말이라도 漢語(かんご)는 딱딱한 느낌이 들고, 和語(わご)는 부드러운 느낌이 난다.

예

漢語	和語
強風(きょうふう)	強(つよ)い風(かぜ)
山海(さんかい)	山(やま)と海(うみ)
米作(べいさく)	米作(こめづく)り
水泳(すいえい)	泳(およ)ぎ

가볍게 한자 기초력 up

1 다음 한자를 어떻게 읽는지 밑줄 아래에 히라가나로 써 보세요.

1 読書　2 帰国　3 教会　4 歩道

5 売買　6 意見（い）　7 出席（せき）　8 飲食店

9 昨日、山下さんと 電話で 話しました。

10 早起きして、公園（こう）を 走りました。

11 旅行（りょ）に 行く 前に 買い物（もの）に 行きます。

12 気（き）持ちの いい 朝は、ベランダで コーヒーを 飲みながら
新聞を 読みます。

13 入学式（しき）に 出る 新入生は、十時までに ホールに 入って
ください。

14 中国に 住んでいる 友人（ゆうじん）に EMSを 送りたいですが、住所を
書いた メモが ありません。

낱말과 표현

～と ～와(과) | ベランダ 베란다 | コーヒー 커피 | ～ながら ～면서 | ～までに ～까지 | ホール 홀 |
～てください ～해 주세요 | ～たいですが ～고 싶은데요 | メモ 메모 | ありません 없습니다

2 다음 □ 안에 들어갈 알맞은 한자를 써 보세요.

1 □に□る。
いえ　かえ

2 イギリスに□む。
す

3 映□を□る。
えいが　み

4 □□に□く。
ばいてん　い

5 □を□く。
みち　ある

6 □□に□う。
しんゆう　あ

7 □の□の　プレゼントに□しい□□を□いました。
ちち　ひ　あたら　とけい　か

낱말과 표현

イギリス 영국 | プレゼント 선물

도전! 한자 QUIZ

다음 반대어가 되는 동사를 알맞은 한자를 써서 (　　) 안에 써 보세요.

1 いく(　　　　) ⇔ くる(　　　　)	8 はいる(　　　　) ⇔ でる(　　　　)
2 うる(　　　　) ⇔ かう(　　　　)	9 うごく(　　　　) ⇔ とまる(　　　　)
3 はじまる(　　　　) ⇔ おわる(終わる)	10 しぬ(死ぬ) ⇔ いきる(　　　　)
4 おきる(　　　　) ⇔ ねる(寝る)	11 あがる(　　　　) ⇔ さがる(　　　　)
5 のる(乗る) ⇔ おりる(降りる)	12 かつ(勝つ) ⇔ まける(　　　　)
6 ふえる(　　　　) ⇔ へる(減る)	13 さんせいする(賛成する) ⇔ はんたいする(　　　　)
7 しんぱいする(心配する) ⇔ あんしんする(　　　　)	14 しゅっせきする(　　　　) ⇔ けっせきする(欠席する)

Hint

上・下・売・買・来・行・始・生・起・動・
止・入・出・負・増・出席・安心・反対

6-2 건강

Quiz 다음 빈칸에 알맞은 신체 부위를 히라가나와 한자로 써 보세요.

예	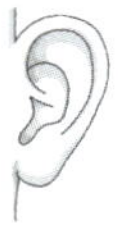	•	• 手
1		•	• 口
2		•	• 耳
3		•	• 足
4		•	• 目

195	目 눈 목 획수 5	부수 눈목 め (目)	음 モク 科目(かもく) 과목, 目標(もくひょう) 목표 ボク 훈 め 目薬(めぐすり) 눈약, 目(め)ざまし時計(どけい) 자명종 시계 ～時間目(じかんめ) ～시간째, ～교시 ま 필순 目 目 目 目 目
196	口 입 구 획수 3	부수 입구 くち (口)	음 コウ 人口(じんこう) 인구 ク 훈 くち 口(くち) 입 주의 出口(でぐち) 출구 / 入(い)り口(ぐち) 입구 필순 口 口 口
197	耳 귀 이 획수 6	부수 귀이 みみ (耳)	음 ジ 耳鼻科(じびか) 이비인후과 훈 みみ 耳(みみ) 귀, 初耳(はつみみ) 처음 들음 필순 耳 耳 耳 耳 耳 耳
198	鼻 코 비 획수 14	부수 코비 はな (鼻)	음 ビ 耳鼻科(じびか) 이비인후과 훈 はな 鼻水(はなみず) 콧물, 鼻声(はなごえ) 콧소리 필순 鼻 鼻 鼻 鼻 鼻 鼻 鼻 鼻 鼻 鼻 鼻 鼻 鼻 鼻
199	手 손 수 획수 4	부수 손수 て (手)	음 シュ 歌手(かしゅ) 가수 훈 て 右手(みぎて) 오른손, 左手(ひだりて) 왼손, 手紙(てがみ) 편지 た 필순 手 手 手 手

200

足

발 족

획수 7

부수 발 족 **あし (足)**

음 ソク 遠足(えんそく) 소풍, 一足(いっそく) 한 켤레

훈 あし 手足(てあし) 손발, 左足(ひだりあし) 왼발

た(りる) 力(ちから)が足(た)りない 힘이 부족하다 た(す)/ た(る)

필순 足 足 足 足 足 足 足

201

頭

머리 두

획수 16

부수 머리혈방 **おおがい (頁)**

음 トウ 十頭(じっとう)のライオン 열 마리의 사자 ト

ズ 頭上(ずじょう) 두상, 頭痛(ずつう) 두통

훈 あたま 頭(あたま) 머리 かしら

필순 頭 頭 頭 頭 頭 頭 頭 頭 頭 頭 頭 頭 頭 頭 頭 頭

202

顔

얼굴 안

획수 18

부수 머리혈방 **おおがい (頁)**

顔

음 ガン 洗顔(せんがん) 세안

훈 かお 顔色(かおいろ) 안색 주의 朝顔(あさがお) 나팔꽃

필순 顔 顔 顔 顔 顔 顔 顔 顔 顔 顔 顔 顔 顔 顔 顔 顔 顔 顔

203

首

머리 수

획수 9

부수 머리수 **くび (首)**

음 シュ 首相(しゅしょう) 수상, 元首(げんしゅ) 원수

훈 くび 首(くび) 목

필순 首 首 首 首 首 首 首 首 首

204

声

소리 성

획수 7

부수 선비사 **さむらい (士)**

음 セイ 声楽(せいがく) 성악 ショウ

훈 こえ 大(おお)きな声(こえ) 주의 歌声(うたごえ) 노랫소리

こわ

필순 声 声 声 声 声 声 声

205 体

몸 **체** / 획수 7

- **부수**: 사람인변 **にんべん (亻)**
- **음**: タイ 体力(たいりょく) 체력, 体重(たいじゅう) 체중
  テイ
- **훈**: からだ 体(からだ) 몸
- **필순**: 体 体 体 体 体 体 体
- 體

206 病

병들 **병** / 획수 10

- **부수**: 병질엄 **やまいだれ (疒)**
- **음**: ビョウ 病人(びょうにん) 병자, 病室(びょうしつ) 병실
  病弱(びょうじゃく) 병약
- **훈**: やまい/や(む)/へい
- **필순**: 病 病 病 病 病 病 病 病 病 病

207 院

집 **원** / 획수 10

- **부수**: 좌부변 **こざとへん (阝)**
- **음**: イン 病院(びょういん) 병원, 医院(いいん) 의원
  大学院(だいがくいん) 대학원, 院長(いんちょう) 원장
- **필순**: 院 院 院 院 院 院 院 院 院 院

208 医

의원 **의** / 획수 7

- **부수**: 감출혜몸 **かくしがまえ, (匸)**
- **음**: イ 医者(いしゃ) 의사, 医院(いいん) 의원
  医学(いがく) 의학
- **필순**: 医 医 医 医 医 医 医
- 醫

209 者

놈 **자** / 획수 8

- **부수**: 늙을로엄 **おいかんむり (耂)**
- **음**: シャ 学者(がくしゃ) 학자, 記者(きしゃ) 기자, 作者(さくしゃ) 저자,
  医者(いしゃ) 의사 주의 患者(かんじゃ) 환자
- **훈**: もの 若者(わかもの) 젊은이
- **필순**: 者 者 者 者 者 者 者 者
- 者

210

元

으뜸 **원**

획수 4

부수 어진사람인발 **ひとあし, にんにょう (儿)**

음 ゲン　元気(げんき) 원기, 기력, 건강
ガン　元日(がんじつ) 설날

훈 もと　火(ひ)の元(もと) 불씨

필순 元 元 元 元

211

気

기운 **기**

획수 6

부수 기운기 **きがまえ (气)**

氣

음 キ　病気(びょうき) 병, 気持(きも)ち 기분, 電気(でんき) 전기
気(き)をつける 주의하다, 조심하다
ケ　寒気(さむけ) 한기

필순 気 気 気 気 気 気

212

薬

약 **약**

획수 16

부수 초두머리 **くさかんむり (艹)**

藥

음 ヤク　薬学(やくがく) 약학, 薬品(やくひん) 약품
주의 薬局(やっきょく) 약국

훈 くすり　薬屋(くすりや) 약국　**주의** 目薬(めぐすり) 안약

필순 薬 薬 薬 薬 薬 薬 薬 薬 薬 薬 薬 薬 薬 薬 薬 薬

213

待

기다릴 **대**

획수 9

부수 두인변 **ぎょうにんべん (彳)**

음 タイ　期待(きたい) 기대

훈 ま(つ)　ともだちを待(ま)つ 친구를 기다리다　**주의** 待合室(まちあいしつ) 대기실

필순 待 待 待 待 待 待 待 待 待

214

合

합할 **합**

획수 6

부수 입구 **くち (口)**

음 ゴウ　合計(ごうけい) 합계, 合格(ごうかく) 합격　ガツ/カツ

훈 あ(う)　**주의** 合図(あいず) 어떤 내용을 알림 또는 그 신호
あ(わす)/あ(わせる)

필순 合 合 合 合 合 合

잠깐! 한자 정리

다음 빈칸에 알맞은 신체 부위를 히라가나와 한자로 써 보세요.

【かお ・ 顔 얼굴】

3 (　　　・　　　)

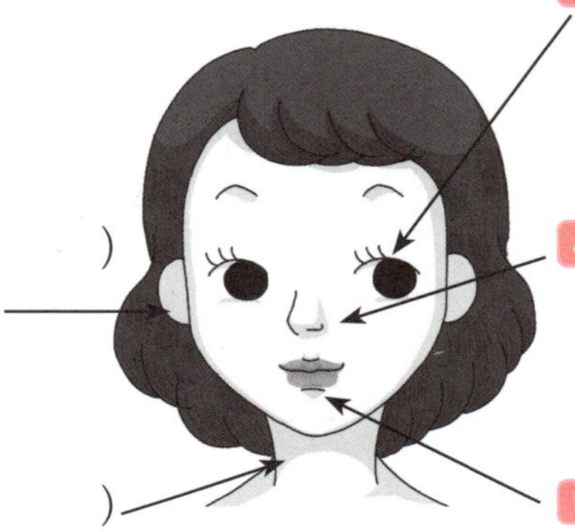

1 (　　　・　　　)

4 (　　　・　　　)

2 (　　　・　　　)

5 (　　　・　　　)

6 【からだ ・　　　】

7 (　　　・　　　)

8 (　　　・　　　)

9 (　　　・　　　)

가볍게 한자 기초력 up

1 다음 한자를 어떻게 읽는지 밑줄 아래에 히라가나로 써 보세요.

1 元日　　2 手紙　　3 走者　　4 首相(しょう)

5 この薬は、食後に　飲んで　ください。

6 大学院に　合格(かく)しました。

7 くつ下を　二足　買います。

8 青い　朝顔が　きれいです。

9 最近(さいきん)の　若(わか)者は、体力も　気力も　ありません。

10 そちらの　待合室で　少し　お待ちください。

11 朝から　鼻水が　出て　います。頭も　痛(いた)いし、寒気も　します。
風邪(かぜ)でしょうか。

12 祖(そ)父は　耳が　遠くて、人の　声が　よく　聞こえません。

낱말과 표현

くつ下(した) 양말 | 買(か)います 삽니다 | きれいです 예쁩니다 | 最近(さいきん)の 요즘의 | ～も ～도 | ありません 없습니다 | そちらの 저쪽의 | ～ています ～고 있습니다 | 痛(いた)い 아프다 | ～し ～고 | 風邪(かぜ) 감기 | ～でしょうか ～일까요 | よく 잘, 자주

2 다음 □ 안에 들어갈 알맞은 한자를 써 보세요.

1 □□
て　あし

2 □□
たい　じゅう

3 □□
びょう　じゃく

4 □□
で　ぐち

5 □□
やく　がく

6 □□注意
ず　じょう　ちゅうい

7 □□□□
しん　ぶん　き　しゃ

8 □□□の□□
じ　び　か　い　いん

9 □楽□
せい　がく　か

10 スタートの□□を する。
あい　ず

11 お□□ですか。
げん　き

12 □を □くして □って います。
くび　なが　ま

낱말과 표현

注意(ちゅうい) 주의 | スタート 스타트, 출발

단단히 한자 응용력 up

1 다음 예 처럼 밑줄에 알맞은 한자를 골라서 ◯표 하세요.

예 テレビを みる。（目 ・(見)・ 白）

1 おふろに はいる。（人 ・ 入 ・ 八）
2 友だちを まつ。（待 ・ 持 ・ 時）
3 １キロ はしる。（歩 ・ 走 ・ 起）
4 一日 やすむ。（行 ・ 体 ・ 休）
5 先生に いう。（言 ・ 話 ・ 語）
6 友人に あう。（分 ・ 合 ・ 会）

2 다음 예 처럼 한국어에 알맞은 한자와 한자 읽기를 써 보세요.

예 국립 （国立 / こくりつ）

보기 立・顔・歩・見・目・出・読・道・国・薬・色・本・書・口

1 보도 (　　　/　　　)
2 견본 (　　　/　　　)
3 출구 (　　　/　　　)
4 독서 (　　　/　　　)
5 안색 (　　　/　　　)
6 안약 (　　　/　　　)

한자 응용력 up

3 다음 글의 (　　)에 들어갈 알맞은 한자를 送(おく)りがな에 주의하면서 써 보세요.

> **예** 友達を 1時間（ 待ち ）ました。

보기 待・生・行・住・話・起・買・入・出・合

私は、プサンで（ 1　　　　　）ました。今は 大学の 近くに 一人で（ 2　　　　　）います。毎朝 八時に（ 3　　　　　）て、学校へ（ 4　　　　　）ます。

大学では 日本語を 勉強して います。日本人の 先生は、授業(じゅぎょう)中 韓国語を（ 5　　　　　）ません。日本語は 難しいですが、私に（ 6　　　　　）いると 思います。大学を（ 7　　　　　）ら、ITの 会社に（ 8　　　　　）たいです。今、アルバイトを して います。アルバイトの お金で 時計を（ 9　　　　　）たいです。

낱말과 표현

プサン 부산(지명) | 授業(じゅぎょう) 수업 | 難(むずか)しい 어렵다 | ～が ～지만 | ～と思(おも)います ～고 생각합니다 | ～たら ～면 | 会社(かいしゃ) 회사 | ～たいです ～고 싶습니다 | アルバイト 아르바이트

chapter
07 주의합시다

학습 목표 : 한자의 형태를 의식하면서 학습을 진행할 수 있다.

7-1 필순과 방향

Quiz 1 – 4 은 이미 배운 한자입니다. 표시된 부분의 획순은 몇 번째일까요?

예 父 4번째

1 学 번째

2 国 번째

3 聞 번째

4 道 번째

잠깐! 한자 정리

《생각해 봅시다》

1. 항상 바른 순서로 한글을 쓰고 있나요?
2. ひらがな, カタカナ는 어떤가요?
3. 필순은 중요한가요? 신경을 쓰지 않아도 될까요?
4. 바른 필순으로 쓰지 않으면 어떻게 될까요?

《필순의 규칙》

1. 左 → 右 : 예 一, 二, 三
2. 上 → 下 : 예 川, 十, 中, 八, 人, 大
3. 左 → 右, 그리고 下 : 예 口, 日, 国
4. 上 → 下, 그리고 右 : 예 七, 山, 見
5. 세가지 획 긋는 법 : とめる(내리긋기) 예 木, 土
   はらう(내리빼기) 예 人, 火, 大
   はねる(삐치기) 예 九, 水, 手

도전! 한자 QUIZ

표시된 부분의 획순 쓰기는 A와 B, 어느 쪽이 바른 정서법일까요?

1 

A：左 から右　B：右から左

2 

A：下から上　B：上から下

215 文

글월 **문**
획수 4

부수: 글월문 **ぶん (文)**

- 음 ブン 作文(さくぶん) 작문, 文学(ぶんがく) 문학, 文化(ぶんか) 문화
- モン 天文台(てんもんだい) 천문대, 文字(もんじ/もじ) 문자, 注文(ちゅうもん) 주문
- 훈 ふみ 文(ふみ)を書(か)く 글을 쓰다

필순

216 車

수레 **차**
수레 **거**
획수 7

부수: 수레거 · 차 **くるま (車)**

- 음 シャ 自動車(じどうしゃ) 자동차, 電車(でんしゃ) 전철, 自転車(じてんしゃ) 자전거
- 훈 くるま 車(くるま)に乗る(の) 차를 타다
- 주의 風車(かざぐるま) 바람개비, 팔랑개비

필순

217 当

마땅할 **당**
획수 6

부수: 작을소 **しょう (小)**

當

- 음 トウ 当番(とうばん) 당번, 弁当(べんとう) 도시락
- 훈 あ(たる) 日(ひ)が当(あ)たる 햇볕이 들다 あ(てる)

필순

218 米

쌀 **미**
획수 6

부수: 쌀미 **こめ (米)**

- 음 ベイ 欧米(おうべい) 유럽과 미국
- マイ 白米(はくまい) 백미, 新米(しんまい) 햅쌀
- 훈 こめ 米作(こめづくり) 쌀 농작

필순

219 弓

활 **궁**
획수 3

부수: 활궁 **ゆみ (弓)**

- 음 キュウ 弓道(きゅうどう) 궁도
- 훈 ゆみ 弓形(ゆみがた) 궁형, 활 모양, 弓(ゆみ)をひく 활을 쏘다

필순

220 里 마을 리 획수 7	부수 마을리 さと (里)	음 リ 郷里(きょうり) 향리 훈 さと 里芋(さといも) 토란 주의 山里(やまざと) 산속 마을, 村里(むらざと) 시골 마을 필순 里 里 里 里 里 里 里
221 昔 옛 석 획수 8	부수 날일 ひ (日)	음 セキ/シャク 훈 むかし 昔話(むかしばなし) 옛이야기, 大昔(おおむかし) 먼 옛날 필순 昔 昔 昔 昔 昔 昔 昔 昔
222 馬 말 마 획수 10	부수 말마 うま (馬)	음 バ 馬車(ばしゃ) 마차, 馬力(ばりき) 마력 훈 うま 子馬(こうま) 어린 말 필순 馬 馬 馬 馬 馬 馬 馬 馬 馬 馬
223 度 법도 도 / 헤아릴 탁 획수 9	부수 엄호 まだれ (广)	음 ド 一度(いちど) 한번, 今度(こんど) 이번, 다음 번 温度(おんど) 온도, 年度(ねんど) 연도 ト/タク/たび 필순 度 度 度 度 度 度 度 度 度
224 身 몸 신 획수 7	부수 몸신 み (身)	음 シン 身長(しんちょう) 신장, 身体(しんたい) 신체 心身(しんしん) 심신, 出身地(しゅっしんち) 출신지 훈 み 身元(みもと) 신원 身(み)なり 차림새 필순 身 身 身 身 身 身 身

225 羽 날개 우 획수 6	부수 날개우 **はね** **(羽)**	음 ウ 훈 は 주의 白鳥(はくちょう)が一羽(いちわ) 백조가 한 마리 주의 三羽(さんば) 세 마리, 十羽(じっぱ) 열 마리 はね 白(しろ)い羽(はね) 흰 날개 필순 羽 羽 羽 羽 羽 羽
	羽	
226 肉 고기 육 획수 6	부수 고기육 **にく,** **にくづき** **(肉)**	음 ニク 牛肉(ぎゅうにく) 소고기, 肉屋(にくや) 정육점 필순 肉 肉 肉 肉 肉 肉
	肉	
227 形 형상 형 획수 7	부수 터럭삼 **さづくり** **(彡)**	음 ケイ 図形(ずけい) 도형, 三角形(さんかくけい) 삼각형 ギョウ 人形(にんぎょう) 인형 훈 かたち 顔(かお)の形(かたち) 얼굴형 かた 필순 形 形 形 形 形 形 形
228 戸 지게 호 획수 4	부수 지게호 **と** **(戸)**	음 コ 一戸建(いっこた)て 단독주택 훈 と 戸(と)をしめる 문을 닫다 주의 雨戸(あまど) 비를 막기 위해 만든 덧문 필순 戸 戸 戸 戸
	戸	

가볍게 한자 기초력 up

1 다음 한자를 어떻게 읽는지 밑줄 아래에 히라가나로 써 보세요.

1. 作文　　2. 一戸建(だ)て　　3. 出身地(ち)　　4. 郷(きょう)里

5. 宝(たから)くじに　当たりました。

6. 今度の　夏に　車の　免許(めんきょ)を　とります。

7. 水田で　米を　作ります。

8. 高校で　弓道を　学びました。

9. 一羽の　白鳥が　湖で　羽を　休めて　いました。

10. 日本人形は　目の形に　特徴(とくちょう)が　あります。

낱말과 표현

宝(たから)くじ 복권 | 免許(めんきょ)をとります 면허를 땁니다 | 特徴(とくちょう) 특징

2 다음 □ 안에 들어갈 알맞은 한자를 써 보세요.

1 □□
ば　しゃ

2 □□
ぶん　がく

3 □□
しん　ちょう

4 □□
はく　まい

5 □□
むかし　ばなし

6 □□
ぎゅう　にく

7 □□
やま　ざと

8 □い□
まる　かたち

9 □の□
とり　はね

10 お弁□を□べます。
べんとう　た

11 もう□□□ってください。
いち　ど　い

3 다음 표시된 부분은 어느 방향에서 어느 방향으로 쓸까요?

1 身　2 形　3 戸　4 内

낱말과 표현

もういちど 한번 더

도전! 한자 QUIZ

다음 한자를 삐치는지, 내려긋는지에 주의하면서 써 보세요.

用	子	町	行	角	赤	先
朝	間	家	見	才	気	聞
電	京	鳴	何	兄	原	元
心	車	耳	早	夏	天	走

○ … はねる(삐치기)

□ … とめる(내려긋기)

△ … はらう(내려빼기)

7-2 모양이 비슷한 한자

Quiz 1 2개의 한자는 각각 어느 부분이 다를까요?

1. 牛 VS 午
2. 力 VS 刀
3. 見 VS 貝

Quiz 2 아래 6개의 한자에 색을 칠해 보세요. 어떤 한자가 나타날까요?

색을 칠할 한자 : 島 · 方 · 何 · 央 · 第 · 用

中	万	向	第	弟	鳥	角
鳥	向	向	何	弟	向	中
弟	島	鳥	央	鳥	角	弟
万	方	鳥	島	島	用	角
万	央	中	何	向	向	鳥
向	何	向	何	角	弟	中
方	用	用	方	用	第	央

229

刀

칼 도

획수 2

부수 칼도 かたな (刀)

음 トウ 日本刀(にほんとう) 일본도

훈 かたな 刀(かたな)をぬく 칼을 빼다

주의 小刀(こがたな) 소도, 주머니칼

필순 刀 刀

230

貝

조개 패

획수 7

부수 조개패 かい (貝)

훈 かい 貝殻(かいがら) 패각, 조가비

주의 二枚貝(にまいがい) 이패류, 쌍각류

필순 貝 貝 貝 貝 貝 貝 貝

231

毛

털 모

획수 4

부수 털모 け (毛)

음 モウ 毛布(もうふ) 모포

훈 け 髪(かみ)の毛(け) 머리카락, 毛皮(けがわ) 모피

毛糸(けいと)のてぶくろ 털장갑

필순 毛 毛 毛 毛

232

方

모 방

획수 4

부수 모방 ほう (方)

음 ホウ 地方(ちほう) 지방, 正方形(せいほうけい) 정방형

右(みぎ)の方(ほう) 오른쪽

훈 かた 話(はな)し方(かた)がうまい 화술이 좋다

필순 方 方 方 方

233

同

같을 동

획수 6

부수 입구 くち (口)

음 ドウ 同時(どうじ) 동시, 合同(ごうどう) 합동

훈 おな(じ) 同(おな)じクラス 같은 클래스, 같은 반

필순 同 同 同 同 同 同

234

申

납 신

획수 5

부수 밭전 た (田)

음 シン 税(ぜい)の申告(しんこく) 세금 신고

훈 もう(す) 私(わたし)はキムと申(もう)します 저는 김이라고 합니다

申(もう)し込(こ)み 신청, 申(もう)し出(で)る 자청하다

申(もう)しわけない 죄송하다

필순 申 申 申 申 申

235

由

말미암을 유

획수 5

부수 밭전 た (田)

음 ユウ 自由(じゆう) 자유, 理由(りゆう) 이유

ユ 経由(けいゆ) 경유

ユイ/よし

필순 由 由 由 由 由

236

王

임금 왕

획수 4

부수 임금왕 たま, おう (王)

음 オウ 王国(おうこく) 왕국, 女王(じょおう) 여왕

王女(おうじょ) 왕녀, 공주, 王朝(おうちょう) 왕조

필순 王 王 王 王

237

玉

구슬 옥

획수 5

부수 임금왕 たま, おう (王)

음 ギョク 玉石(ぎょくせき) 옥석

훈 たま 水(みず)の玉(たま) 물방울

주의 しゃぼん玉(だま) 비눗방울

필순 玉 玉 玉 玉 玉

238

氷

얼음 빙

획수 5

부수 물수 みず (水)

음 ヒョウ 氷山(ひょうざん) 빙산, 氷点下(ひょうてんか) 빙점하

流氷(りゅうひょう) 유빙

훈 こおり 氷(こおり)がとける 얼음이 녹다

주의 かき氷(ごおり) 빙설

필순 氷 氷 氷 氷 氷

239 矢 살 시 획수 5	부수 살시 **やへん** **(矢)**	음 シ 훈 や 弓(ゆみ)と矢(や) 활과 화살, 矢印(やじるし) 화살표시 필순 矢 矢 矢 矢 矢
240 島 섬 도 획수 10	부수 뫼산 **やま** **(山)**	음 トウ 半島(はんとう) 반도, 列島(れっとう) 열도 훈 しま 島(しま) 섬 주의 小島(こじま) 작은 섬 필순 島 島 島 島 島 島 島 島 島 島
241 角 뿔 각 획수 7	부수 뿔각 **つの,** **つのへん** **(角)**	음 カク 四角(しかく) 사각 カド 町角(まちかど)の交番(こうばん) 길모퉁이의 파출소 훈 つの 牛(うし)の角(つの) 소의 뿔 필순 角 角 角 角 角 角 角
242 用 쓸 용 획수 5	부수 쓸용 **もちいる** **(用)**	음 ヨウ 用事(ようじ) 해야 할 일, 用意(ようい) 준비 費用(ひよう) 비용, 火(ひ)の用心(ようじん) 불조심 훈 もち(いる) 필순 用 用 用 用 用
243 央 가운데 앙 획수 5	부수 큰대 **だい** **(大)**	음 オウ 中央(ちゅうおう) 중앙, 中央口(ちゅうおうぐち) 중앙구 필순 央 央 央 央 央

244 委 맡길 위 획수 8	부수 계집녀 **おんな** **(女)**	음 イ 委員会(いいんかい) 위원회, 委任状(いにんじょう) 위임장 필순 委 委 委 委 委 委 委 委
245 第 차례 제 획수 11	부수 대죽머리 **たけかんむり** **(竹)**	음 ダイ 第一(だいいち) 제일 次第(しだい)に明(あか)るくなる 차츰 밝아오다 필순 第 第 第 第 第 第 第 第 第 第 第
246 向 향할 향 획수 6	부수 입구 **くち** **(口)**	음 コウ 方向(ほうこう) 방향, 傾向(けいこう) 경향 훈 む(く) 子供(こども)向(む)きの本(ほん) 어린이에 적합한 책 南向(みなみむ)き 남향 む(ける)/む(かう)/む(こう) 필순 向 向 向 向 向 向
247 皿 그릇 명 획수 5	부수 그릇명받침 **さら** **(皿)**	훈 さら 皿(さら) 접시 주의 灰皿(はいざら) 재떨이, 小皿(こざら) 작은 접시 필순 皿 皿 皿 皿 皿
248 血 피 혈 획수 6	부수 피혈 **ち** **(血)**	음 ケツ 血液(けつえき) 혈액, 内出血(ないしゅっけつ) 내출혈 주의 血管(けっかん) 혈관 훈 ち 血(ち)が出(で)る 피가 나오다 필순 血 血 血 血 血 血

잠깐! 한자 정리

1 다음 한자의 차이점이 어디인지 표시해 보세요.

1 皿 vs 血

2 万 vs 方

3 手 vs 毛

4 王 vs 玉

5 矢 vs 失

6 季 vs 委

7 鳥 vs 島

8 弟 vs 第

9 田 vs 由 vs 申

10 用 vs 角

11 水 vs 氷 vs 永

12 人 vs 入

13 同 vs 向 vs 何

14 休 vs 体

가볍게 한자 기초력 up

1 다음 한자를 어떻게 읽는지 밑줄 아래에 히라가나로 써 보세요.

1 同時　　2 理由(り)　　3 毛糸　　4 日本刀

5 女王　　6 中央　　7 氷点下　　8 灰皿(はい)

9 島で　貝を　拾う(ひろ)。

10 何よりも　体が　第一です。

11 矢印(じるし)の　方向に　進(すす)んで　ください。

12 氷が　とけて、水に　なりました。

13 つくえの　角に　足を　ぶつけて　血が　出ました。

14 今日は　用事(じ)が　あって、委員(いん)会を　休みます。

낱말과 표현

拾(ひろ)う 줍다 | ～よりも ～보다도 | 進(すす)んでください 나아가 주세요 | とける 녹다 | ～になる ～이/가 되다 | ぶつける 부딪치다

2 다음 □ 안에 들어갈 알맞은 한자를 써 보세요.

1. □□ (じ ゆう)

2. □□ (ゆみ や)

3. □の□ (ひつじ け)

4. □の□ (うし つの)

5. シャボン□ (だま)

6. □□□員 (と しょ い いん)

7. □は、パクと□します。 (わたし / もう)

8. □じ　バスで□ります。 (おな / かえ)

9. □には　たくさんの□が　います。 (しま / とり)

10. かき□の□り□を□えて　ください。 (ごおり / つく / かた / おし)

11. □の　エジプトには□□な□□が　ありました。 (むかし / こう だい / おう こく)

낱말과 표현

シャボンだま 비눗방울 | バス 버스 | たくさんの 많은 | エジプト 이집트 | ～には ～에는

단단히 한자 응용력 up

1 다음 예 와 같이 표시한 부분이 몇 획째인지 □ 안에 써 보세요.

예 学 [2 획째]

1 当 [획째]

2 弓 [획째]

3 馬 [획째]

4 車 [획째]

5 文 [획째]

6 度 [획째]

2 다음 한자는 1획이 많거나 부족합니다. 올바른 한자를 □ 안에 써 보세요.

1 あるく
歩
□

2 うつくしい
美
□

3 方こう
向
□

4 かず
数
□

5 い員会
委
□

한자 응용력 up

3 다음 글을 읽고 올바른 한자를 골라서 ◯표 하세요.

私は、夏 1 [休・体] みに日本の北海道(ほっかいどう)へ行きました。2 [回・同] じ大学のパクさんといっしょに行きました。北海道(ほっかいどう)は、とてもきれいな所(ところ)です。そして、すずしいです。冬は北の 3 [万・方] に流(りゅう) 4 [水・氷・永] が来ます。

広い牧場(ぼくじょう)には、馬や 5 [午・牛] がたくさんいて、6 [早・草] を食べていました。

また、北海道(ほっかいどう)は、海産物(かいさんぶつ)が有名(ゆうめい)です。私たちは、さしみや 7 [貝・見] をたくさん食べました。

夜は湖(みずうみ)の近くの温泉(おんせん)の村(むら)に泊(と)まりました。ここは、8 [昔・借]、アイヌの人たちが住(す)んでいました。

アイヌの博物館(はくぶつかん)で、アイヌの人たちが 9 [手・毛] で作った 10 [刀・力] や弓 11 [矢・失] を 12 [貝・見] ました。

낱말과 표현

北海道(ほっかいどう) 홋카이도(지명) | ～といっしょに ~와/과 함께 | とても 아주 | 所(ところ) 곳 | そして 그리고 | すずしい 시원하다 | 牧場(ぼくじょう) 목장 | たくさん 많이 | 食(た)べる 먹다 | 海産物(かいさんぶつ) 해산물 | 有名(ゆうめい)だ 유명하다 | さしみ 회 | 湖(みずうみ) 호수 | 近(ちか)く 근처 | 温泉(おんせん)の村(むら) 온천 마을 | 泊(と)まる 묵다 | ここ 여기 | アイヌの人(ひと)たち 아이누 사람들 | 住(す)む 살다 | 博物館(はくぶつかん) 박물관

chapter

08 지도

학습 목표 : 지도와 관련된 한자를 구사할 수 있다.

8-1 우리 집 주변

Quiz 1 지도를 확인해 봅시다. ①~③은 일본에서 자주 사용하는 지도의 마크(マーク)입니다. 무슨 표시일까요?

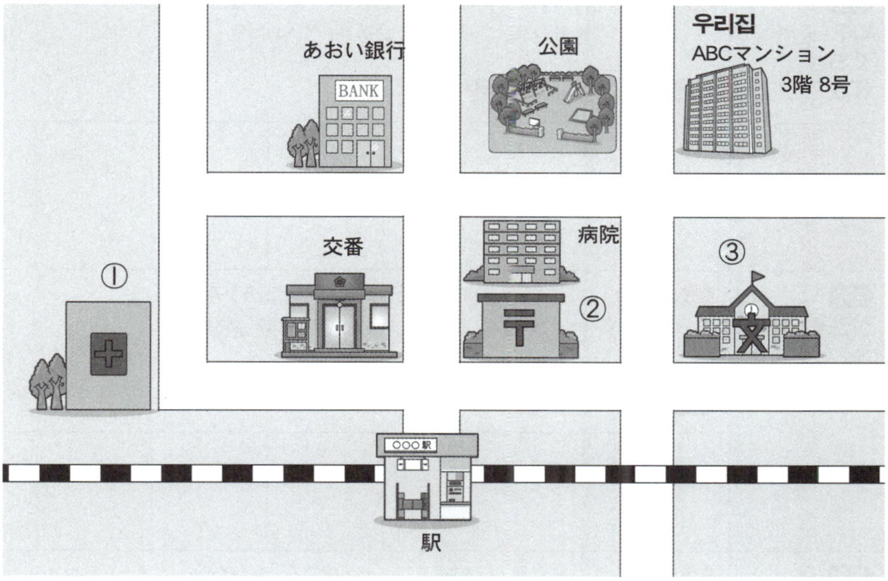

Quiz 2 여러분의 집 주변에는 무엇이 있나요?

249 所 바 소 획수 8	부수 지게호 と (戸)	음 ショ 住所(じゅうしょ) 주소, 場所(ばしょ) 장소 주의 洗面所(せんめんじょ) 화장실, 停留所(ていりゅうじょ) 정류장 훈 ところ 주의 台所(だいどころ) 부엌 필순 所 所 所 所 所 所 所 所
250 階 층계 계 획수 12	부수 좌부변 こざとへん (阝)	음 カイ 階段(かいだん) 계단, 段階(だんかい) 단계 주의 ビルの三階(さんがい) 빌딩의 3층 필순 階 階 階 階 階 階 階 階 階 階 階 階
251 号 부르짖을 호 획수 5	부수 입구 くち (口) 號	음 ゴウ 信号(しんごう) 신호, 番号(ばんごう) 번호 年号(ねんごう) 연호, 記号(きごう) 기호 필순 号 号 号 号 号
252 工 장인 공 획수 3	부수 장인공 え, たくえ (工)	음 コウ 工作(こうさく) 공작, 工場(こうじょう) 공장 町工場(まちこうば) 시내에 있는 작은 공장 ク 工夫(くふう) 궁리, 大工(だいく) 목수 필순 工 工 工
253 場 마당 장 획수 12	부수 흙토변 つちへん (土)	음 ジョウ 野球場(やきゅうじょう) 야구장, 会場(かいじょう) 회장 入場(にゅうじょう) 입장 훈 ば 市場(いちば) 시장, 場所(ばしょ) 장소, 広場(ひろば) 광장 필순 場 場 場 場 場 場 場 場 場 場 場 場

254

公

공평할 **공**

획수 4

부수 여덟팔 **はち (八)**

- 음: コウ　公園(こうえん) 공원, 公立(こうりつ) 공립
  　不公平(ふこうへい)をなくす 불공평을 없애다
- 훈: おおやけ

필순: 公 公 公 公

255

社

단체 **사**

획수 7

부수 보일시변 **しめすへん (ネ)**

社

- 음: シャ　社会科(しゃかいか) 사회과, 社長(しゃちょう) 사장,
  　会社(かいしゃ) 회사　주의 神社(じんじゃ) 신사
- 훈: やしろ　社(やしろ) 신사

필순: 社 社 社 社 社 社 社

256

駅

역마 **역**

획수 14

부수 말마변 **うまへん (馬)**

驛

- 음: エキ　駅員(えきいん) 역무원, 駅前(えきまえ) 역 앞
  　始発駅(しはつえき) 출발역, 終着駅(しゅうちゃくえき) 종착역

필순: 駅 駅 駅 駅 駅 駅 駅 駅 駅 駅 駅 駅 駅 駅

257

地

땅 **지**

획수 6

부수 흙토변 **つちへん (土)**

- 음: チ　地図(ちず) 지도, 地下(ちか) 지하, 地球(ちきゅう) 지구, 地方(ちほう) 지방
  ジ　地面(じめん) 지면

필순: 地 地 地 地 地 地

258

鉄

쇠 **철**

획수 13

부수 쇠금변 **かねへん (金)**

鐵

- 음: テツ　地下鉄(ちかてつ) 지하철, 鉄道(てつどう) 철도, 私鉄(してつ) 사철
  　주의 鉄板(てっぱん) 철판

필순: 鉄 鉄 鉄 鉄 鉄 鉄 鉄 鉄 鉄 鉄 鉄 鉄 鉄

259

銀

은 **은**
획수 14

부수: 쇠금변 **かねへん (金)**

음 ギン 銀行(ぎんこう) 은행, 水銀(すいぎん) 수은, 銀河(ぎんが) 은하

필순 銀

260

橋

다리 **교**
획수 16

부수: 나무목변 **きへん (木)**

음 キョウ 鉄橋(てっきょう) 철교, 陸橋(りっきょう) 육교

훈 はし 橋(はし)をわたる 다리를 건너다

주의 石橋(いしばし) 돌다리

필순 橋

261

船

배 **선**
획수 11

부수: 배주변 **ふねへん (舟)**

船

음 セン 船長(せんちょう) 선장, 客船(きゃくせん) 객선, 船員(せんいん) 선원

훈 ふね 船(ふね)に乗(の)る 배를 타다

ふな 船着場(ふなつきば) 선착장, 船乗(ふなの)り 배타기, 선원

필순 船

262

港

항구 **항**
획수 12

부수: 삼수변 **さんずい (氵)**

음 コウ 出港(しゅっこう) 출항, 空港(くうこう) 공항

훈 みなと 港町(みなとまち) 항구도시

필순 港

263

寺

절 **사**
획수 6

부수: 마디촌 **すん (寸)**

음 ジ 寺社(じしゃ) 절과 신사

훈 てら お寺参(てらまい)り 절에 가는 것

주의 山寺(やまでら) 산사

필순 寺

264 神 귀신 신 획수 9	부수 보일시변 **しめすへん (ネ)**	음 シン 神話(しんわ) 신화, 神父(しんぷ) 신부 ジン 神社(じんじゃ) 신사 훈 かみ 神様(かみさま) 신 주의 女神(めがみ) 여신 かん/こう 필순 神 神 神 神 神 神 神 神 神
	神	

미니 컬럼

한자 읽기

일본의 구상용한자표(1,945字)에 音과 訓 읽기의 총수가 4,087개로 나타나며, 音만을 가지는 한자는 737字, 訓만을 가지는 한자는 40字이다.

상용한자의 音 중에 가장 많은 音은 다음과 같다.

こう(64字) - 工, 交, 口, 校, 交 등
しょう(64字) - 小, 生, 少, 正, 昭 등
し(48字) - 子, 糸, 姉, 思, 市 등
かん(45字) - 間, 看, 刊, 干, 肝 등
とう(39字) - 冬, 東, 当, 答, 刀 등

상용한자 중에 가장 많은 訓을 가진 한자는 다음과 같다.

下 : 10개의 訓 읽기와 2개의 音 읽기
生 : 8개의 訓 읽기와 2개의 音 읽기

일반적으로 한자가 숙어의 형태로서 사용되는 경우에는 한자음으로 읽고, 단일한자로 사용되는 경우에는 훈으로 읽히는 경우가 많다.

가볍게 한자 기초력 up

1 다음 한자를 어떻게 읽는지 밑줄 아래에 히라가나로 써 보세요.

1. 水銀　　2. 鉄道　　3. 地面(めん)　　4. 記号

5. 入場料(りょう)は　100円です。

6. 息子の　小学校は　公立です。

7. 電車が　鉄橋を　わたります。

8. 祖(そ)父は　大工でした。

9. インターネットで　日本の　お寺や　神社を　調(しら)べました。

10. 駅前の　広場で　友人に　会いました。

11. 私の　部屋(へや)は　五階で、夏は　暑いです。

12. 台所は　私の　お気に入りの　場所です。

13. 港では　外国の　船が　出たり　入ったりして　います。

낱말과 표현

わたります 건넙니다 | インターネットで 인터넷으로 | 調(しら)べました 조사했습니다 | 部屋(へや) 방 |
～たり～たりします ~하기도 하고 ~하기도 합니다

2 다음 □ 안에 알맞은 한자를 써 보세요.

1 □□
じゅう しょ

2 □□
ぎん こう

3 □段(계단)
かい だん

4 □□
くう こう

5 □□
かい しゃ

6 □□番□
でん わ ばん ごう

7 □□の □に □□が あります。
こう じょう まえ こう えん

8 □□□の □を □ると、□さい □が あります。
ち か てつ えき で ちい はし

낱말과 표현

でると 나오면

한자 이모저모

일본의 행정구획

行政区画(행정구획)은 국가가 원활한 국가기능을 집행하기 위하여 영토를 세분화한 区画(구획)을 말한다. 이를 行政区分(행정구분) 또는 行政区域(행정구역)이라고도 한다.
일본의 행정구획은 都道府県(도도부현), 市町村(시정촌), 特別区(특별구, 東京都)로 이루어진다. 町와 村이 모여 郡을 형성하고, 市의 政令指定都市(정령지정도시)에는 区가 설치된다.

都道府県(도도부현)은 일본의 광역 보통지방 공공단체인 「都」「道」「府」「県」의 총칭이다. 현재는 「都」가 東京都(도쿄도) 1개, 「道」가 北海道(홋카이도) 1개, 「府」가 京都府(교토부), 大阪府(오사카부)의 2개, 「県」이 43개로 「1都1道2府43県」이며, 총수는 「47都道府県」이다. 市町村(시정촌)과 함께 보통 지방공공단체의 일종으로 포괄적 지방공공단체 혹은 광역적 지방공공단체라고도 한다.

8-2 일본의 행정 구획

Quiz 1 東京(とうきょう)・大阪(おおさか)・北海道(ほっかいどう)・福岡(ふくおか)・京都(きょうと)・愛知(あいち)(名古屋(なごや))는 아래 지도에서 몇 번일까요?

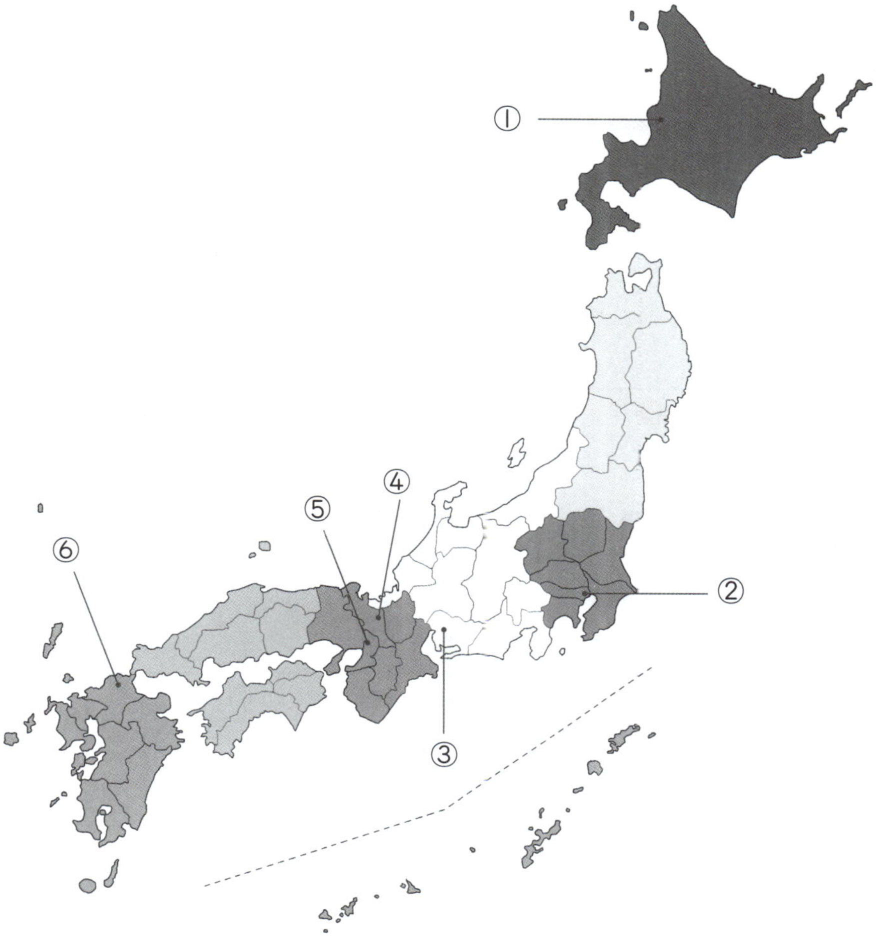

Quiz 2 일본의 지명(県名)입니다. 읽을 수 있나요?

青森 ・ 山口 ・ 石川 ・ 広島

265 都 도읍 도 획수 11	부수 언덕부 おおざと (阝) 都	음 ト 都庁(とちょう) 도청, 都市(とし) 도시, 首都(しゅと) 수도 ツ 都合(つごう)により 경우에 따라 훈 みやこ 京(きょう)の都(みやこ) 교토, 수도 필순
266 府 마을 부 획수 8	부수 엄호 まだれ (广)	음 フ 京都府(きょうとふ) 교토부, 大阪府(おおさかふ) 오사카부, 政府(せいふ) 정부 필순
267 県 고을 현 획수 9	부수 눈목 め (目) 縣	음 ケン ～県(けん) ～현, 県庁(けんちょう) 현청 県民(けんみん) 현민, 都道府県(とどうふけん) 도도부현 필순
268 市 시가 시 획수 5	부수 수건건 はば (巾)	음 シ 市長(しちょう) 시장, 市内(しない) 시내 훈 いち 朝市(あさいち) 아침 시장 필순
269 町 밭두둑 정 획수 7	부수 밭전변 た (田)	음 チョウ 町長(ちょうちょう) 町의 장 훈 まち 町外(まちはず)れ 도시의 변두리 下町(したまち) 도시의 상업지구 필순

270 **村** 마을 촌 획수 7	부수 나무목변 **きへん** **(木)**	음 ソン 農村(のうそん) 농촌, 山村(さんそん) 산촌 市町村(しちょうそん) 시, 정, 촌 훈 むら 村人(むらびと) 마을사람, 村祭(むらまつ)り 마을 축제 필순 村 村 村 村 村 村 村
271 **区** 구역 구 획수 4	부수 감출혜몸 **かくしがまえ** **(匸)** 區	음 ク 区分(くぶん) 구분, 区別(くべつ) 구별, 地区(ちく) 지구 필순 区 区 区 区
272 **京** 서울 경 획수 8	부수 돼지해머리 **なべふた** **(亠)**	음 キョウ 京都(きょうと) 교토, 東京(とうきょう) 도쿄 上京(じょうきょう) 상경 ケイ 필순 京 京 京 京 京 京 京 京
273 **海** 바다 해 획수 9	부수 삼수변 **さんずい** **(氵)** 海	음 カイ 海水浴(かいすいよく) 해수욕, 海岸(かいがん) 해안 海草(かいそう) 수초 훈 うみ 海(うみ)へ行(い)く 바다에 가다, 海辺(うみべ) 해변 필순 海 海 海 海 海 海 海 海 海
274 **州** 고을 주 획수 6	부수 내천 **かわ** **(川)**	음 シュウ 本州(ほんしゅう) 혼슈, 九州(きゅうしゅう) 규슈 アリゾナ州(しゅう) 아리조나주 훈 す 필순 州 州 州 州 州 州

275 全 온전 전 획수 6	부수 들입 いる (入)	음 ゼン 全体(ぜんたい) 전체, 全部(ぜんぶ) 전부 全員(ぜんいん) 전원, 全国(ぜんこく) 전국 훈 まった(く) 全(まった)く 전혀 필순 全 全 全 全 全 全
276 丁 고무레 정 획수 2	부수 한일 いち (一)	음 チョウ 包丁(ほうちょう) 부엌칼 一丁目一番地(いっちょうめいちばんち) 1쪼메 1번지(행정구획 단위) 필순 丁 丁
277 東 동녘 동 획수 8	부수 나무목 き (木)	음 トウ 東京(とうきょう) 도쿄, 東洋(とうよう) 동양 훈 ひがし 東口(ひがしぐち) 동쪽 출구 필순 東 東 東 東 東 東 東 東
278 西 서녘 서 획수 6	부수 서녘서 にし, おおいかんむり (西)	음 セイ 西洋(せいよう) 서양 サイ 関西地方(かんさいちほう) 관서지방 주의 東西(とうざい) 동서 훈 にし 東(ひがし)と西(にし) 동과 서, 西側(にしがわ) 서쪽 필순 西 西 西 西 西 西
279 南 남녘 남 획수 9	부수 열십 じゅう (十)	음 ナン 南国(なんごく) 남국 ナ 훈 みなみ 南(みなみ)の島(しま) 남쪽 섬 필순 南 南 南 南 南 南 南 南 南

280 北 북녘 북 획수 5	부수 비수비 **ひ** **(匕)**	음 ホク 東北(とうほく) 동북 주의 南北(なんぼく) 남북, 北海道(ほっかいどう) 홋카이도 훈 きた 北風(きたかぜ) 북풍 필순 北 北 北 北 北
281 原 근본 원 획수 10	부수 민엄호 **がんだれ** **(厂)**	음 ゲン 草原(そうげん) 초원, 高原(こうげん) 고원 原因(げんいん) 원인 훈 はら 野原(のはら) 들판 필순 原 原 原 原 原 原 原 原 原 原
282 宿 잘 숙/ 별이름 수 획수 11	부수 갓머리 **うかんむり** **(宀)**	음 シュク 合宿(がっしゅく) 합숙, 下宿(げしゅく) 하숙 宿題(しゅくだい) 숙제 훈 やど 宿屋(やどや) 여관 やど(る)/やど(す) 필순 宿 宿 宿 宿 宿 宿 宿 宿 宿 宿 宿

가볍게 한자 기초력 up

1 다음 한자를 어떻게 읽는지 밑줄 아래에 히라가나로 써 보세요.

1 村人　　2 下宿　　3 政府(せい)　　4 野原(の)

5 駅の　東口で　待ち合わせを　します。

6 私の　町には　大きい　市場が　あります。

7 本日は　都合により、お休みいたします。

8 韓国の　首都は　ソウル、　日本の　首都は　東京です。

9 会社の　住所は、埼玉(さいたま)県　さいたま市　西区　プラザ　2丁目

1番(ばん)地です。

10 北は　北海道から　南は　九州・沖縄(おきなわ)まで　全国　どこにでも

配達(はいたつ)します

낱말과 표현

〜により ~(으)로 인하여 | いたします ~하겠습니다 | プラザ 플라자 | どこにでも 어디에나 |
配達(はいたつ)します 배달합니다

2 다음 □ 안에 들어갈 알맞은 한자를 써 보세요.

1 □□□□
とう ほく ち ほう

2 □□□□
と どう ふ けん

3 □□□
し ちょう そん

4 □□□□
とう ざい なん ぼく

5 アメリカには □部で 51の □が あります。
ぜん ぶ しゅう

6 □□みに □□で □へ □きます。
なつ やす か ぞく うみ い

7 □□□の □に □□しました。
さん ねん まえ はる じょう きょう

8 サークルの □□で 富士山の □くの □□に 行きました。
がっ しゅく ふ じ さん ち か こう げん い

낱말과 표현

アメリカ 미국 | サークル 동호회 | 富士山(ふじさん) 후지산

단단히 한자 응용력 up

1 다음 예 와 같이 〔　　〕에 공통으로 들어갈 한자를 써 보세요.

예 [学] 校 / 大 [学]

보기 ~~学~~ · 工 · 神 · 場 · 原

1 市 [　　] / 会 [　　]

2 [　　] 話 / [　　] 父

3 [　　] 作 / [　　] 夫

4 [　　] 因 / 草 [　　]

2 다음 일본 도쿄 지명을 읽고 히라가나로 써 보세요.

1 新宿 (　　　　　　)　2 原宿 (　　　　　　)

3 六本木 (　　　　　　)　4 お台場 (　　　　　　)

3 다음 글의 (　　)에 들어갈 알맞은 한자 · 숫자를 보기에서 1개씩 골라 문장을 완성하세요.

보기 大・東・町・村・京・府・道・地・区・市・47・43・2・1

日本の行政区画は、「都 **1** (　　　) **2** (　　　)県」である。日本には１都、**3** (　　　)道、**4** (　　　)府と **5** (　　　)県がある。つまり、全部で **6** (　　　)の行政区画がある。１都は **7** (　　　) **8** (　　　)都で、日本の政治、経済、文化などの中心である。１道は北海道で、開発が他の土地よりおそい。２府は、京都府と **9** (　　　)阪府で、「関西地方」の中心である。歴史と経済の面でも、重要な **10** (　　　)区である。都道府県の下に来る行政区画が市 **11** (　　　) **12** (　　　) である。

낱말과 표현

行政区画(ぎょうせいくかく) 행정 구획 | つまり 즉 | 全部(ぜんぶ)で 모두 합해서 | 政治(せいじ) 정치 | 経済(けいざい) 경제 | 文化(ぶんか) 문화 | ～など ~등 | 中心(ちゅうしん) 중심 | 開発(かいはつ) 개발 | 他(ほか)の 그 외의 | 土地(とち) 토지, 땅 | おそい 늦다 | 歴史(れきし) 역사 | ～の面(めん)でも ~의 면에서도 | 重要(じゅうよう)だ 중요하다

한자 이모저모

~일본의 행정 구획~

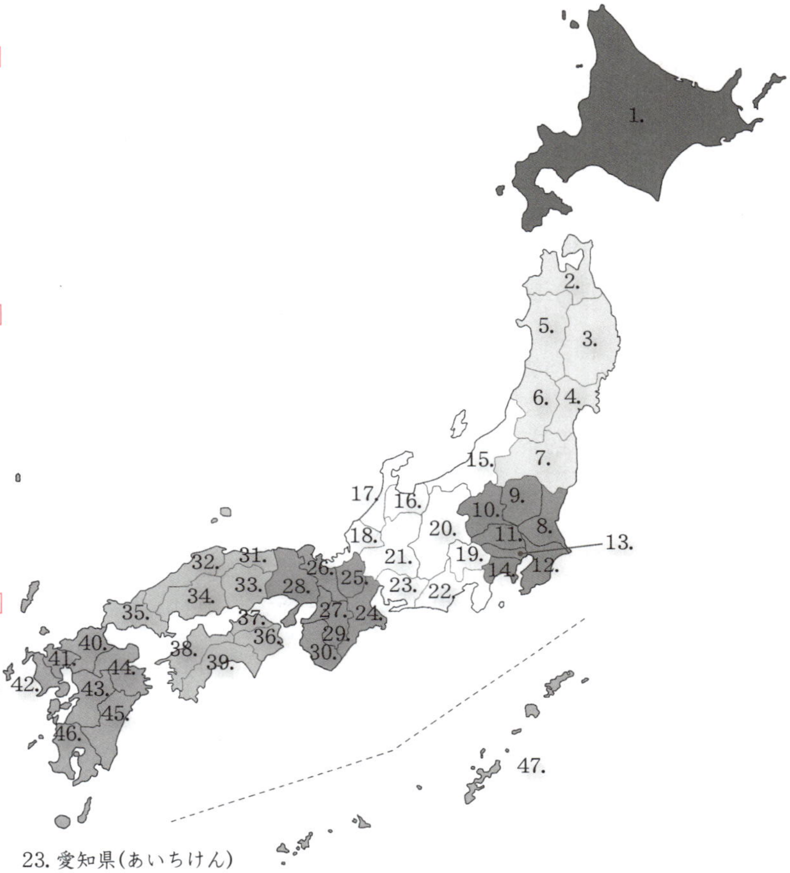

[北海道地方]

1. 北海道(ほっかいどう)

[東北地方(とうほくちほう)]

2. 青森県(あおもりけん)
3. 岩手県(いわてけん)
4. 宮城県(みやぎけん)
5. 秋田県(あきたけん)
6. 山形県(やまがたけん)
7. 福島県(ふくしまけん)

[関東地方(かんとうちほう)]

8. 茨城県(いばらきけん)
9. 栃木県(とちぎけん)
10. 群馬県(ぐんまけん)
11. 埼玉県(さいたまけん)
12. 千葉県(ちばけん)
13. 東京都(とうきょうと)
14. 神奈川県(かながわけん)

[中部地方(ちゅうぶちほう)]

15. 新潟県(にいがたけん)
16. 富山県(とやまけん)
17. 石川県(いしかわけん)
18. 福井県(ふくいけん)
19. 山梨県(やまなしけん)
20. 長野県(ながのけん)
21. 岐阜県(ぎふけん)
22. 静岡県(しずおかけん)
23. 愛知県(あいちけん)

[近畿地方(きんきちほう)]

24. 三重県(みえけん)
25. 滋賀県(しがけん)
26. 京都府(きょうとふ)
27. 大阪府(おおさかふ)
28. 兵庫県(ひょうごけん)
29. 奈良県(ならけん)
30. 和歌山県(わかやまけん)

[中国四国地方(ちゅうごくしこくちほう)]

31. 鳥取県(とっとりけん)
32. 島根県(しまねけん)
33. 岡山県(おかやまけん)
34. 広島県(ひろしまけん)
35. 山口県(やまぐちけん)
36. 徳島県(とくしまけん)
37. 香川県(かがわけん)
38. 愛媛県(えひめけん)
39. 高知県(こうちけん)

[九州沖縄地方(きゅうしゅうおきなわちほう)]

40. 福岡県(ふくおかけん)
41. 佐賀県(さがけん)
42. 長崎県(ながさきけん)
43. 熊本県(くまもとけん)
44. 大分県(おおいたけん)
45. 宮崎県(みやざきけん)
46. 鹿児島県(かごしまけん)
47. 沖縄県(おきなわけん)

chapter

09 취미와 여행

학습 목표 : 취미생활과 여행에 관련된 한자를 구사할 수 있다.

9-1 취미

Quiz 무슨 전단지(チラシ)일까요?

募集！ 10月 スタート！

★気分はピカソ★

講座	：	絵画
講師	：	本田ゆい
曜日	：	月
受講料	：	12, 000円/4回

字幕なしで韓流ドラマを！

講座	：	韓国語入門
講師	：	キム・ヨンチェ
曜日	：	月・金
受講料	：	16, 000円/８回

カメラで新しい世界を…

講座	：	写真
講師	：	ビリー
曜日	：	水
受講料	：	8, 000円/4回

星川カルチャースクール
品川駅から　５分
ＴＥＬ：03-599－0101

낱말과 표현

募集(ぼしゅう) 모집 | 講座(こうざ) 강좌 | 講師(こうし) 강사 | 受講料(じゅこうりょう) 수강료 | 字幕(じまく) 자막 | 世界(せかい) 세계

워밍업 기본 한자 배우기

283 **音** 소리 음 획수 9	부수 소리음 **おと** **(音)**	음 オン 音楽(おんがく) 음악 イン 훈 おと 雨(あめ)の音(おと) 빗소리 ね 音色(ねいろ) 음색 필순
284 **楽** 즐거울 락 획수 13	부수 나무목 **き** **(木)** 樂	음 ガク 音楽(おんがく) 음악 주의 楽器(がっき) 악기 ラク 気楽(きらく)にする 편하게 하다 훈 たの(しい) 楽(たの)しい 즐겁다 たの(しむ) 音楽(おんがく)を楽(たの)しむ 음악을 즐기다 필순
285 **歌** 노래 가 획수 14	부수 하품흠 **あくび,** **かける** **(欠)**	음 カ 歌手(かしゅ) 가수 훈 うた 歌(うた) 노래 うた(う) 歌(うた)を歌(うた)う 노래를 부르다 필순
286 **曲** 굽을 곡 획수 6	부수 가로왈 **ひらび** **(曰)**	음 キョク 名曲(めいきょく) 명곡, 作曲(さっきょく) 작곡 훈 ま(がる) 右(みぎ)に曲(ま)がる 오른쪽으로 돌다 ま(げる) 필순
287 **画** 그림 화 획수 8	부수 밭전 **た** **(田)** 畫	음 ガ 画家(がか) 화가, 図画(ずが) 도화, 映画(えいが) 영화 カク 計画(けいかく) 계획 필순

288 写 베낄 사 획수 5	부수 민갓머리 わかんむり (冖)	음 シャ 写真(しゃしん) 사진 훈 うつ(す) 記念写真(きねんしゃしん)を写(うつ)す 기념 사진을 찍다 うつ(る) 写(うつ)る 찍히다 필순 写 写 写 写 写
	寫	
289 真 참 진 획수 10	부수 눈목 め (目)	음 シン 真実(しんじつ) 진실, 写真(しゃしん) 사진 훈 ま 真心(まごころ) 진심, 真夏日(まなつび) 한여름 날 주의 真(ま)っ黒(くろ)な 깜깜한, 새까만, 真ん中(まんなか) 한가운데 필순 真 真 真 真 真 真 真 真 真 真
	眞	
290 泳 헤엄칠 영 획수 8	부수 삼수변 さんずい (氵)	음 エイ 水泳(すいえい) 수영 훈 およ(ぐ) 海(うみ)で泳(およ)ぐ 바다에서 헤엄치다 平泳(ひらおよ)ぎ 평영 필순 泳 泳 泳 泳 泳 泳 泳 泳
291 野 들 야 획수 11	부수 마을리변 さと (里)	음 ヤ 野外(やがい) 야외, 野鳥(やちょう) 야조, 野菜(やさい) 채소 훈 の 野原(のはら) 들판 필순 野 野 野 野 野 野 野 野 野 野 野
292 球 공 구 획수 11	부수 임금왕변 おう (王)	음 キュウ 野球(やきゅう) 야구, 地球(ちきゅう) 지구, 気球(ききゅう) 기구 훈 たま 필순 球 球 球 球 球 球 球 球 球 球 球

293

登

오를 등
획수 12

부수: 필발머리 **はつがしら (癶)**

- 음: トウ — 登校日(とうこうび) 등교일, 登場(とうじょう) 등장
- ト — 登山(とざん) 등산
- 훈: のぼ(る) — 山(やま)に登(のぼ)る 산에 오르다

필순

294

練

익힐 련
획수 14

부수: 실사변 **いとへん (糸)**

- 음: レン — 練習(れんしゅう) 연습, 訓練(くんれん) 훈련
- 훈: ね(る)

필순

練

295

習

익힐 습
획수 11

부수: 깃우 **はね (羽)**

- 음: シュウ — 学習(がくしゅう) 학습, 予習(よしゅう) 예습
- 훈: なら(う) — 英語(えいご)を習(なら)う 영어를 배우다

필순

習

296

料

헤아릴 료
획수 10

부수: 말두 **とます (斗)**

- 음: リョウ — 料金(りょうきん) 요금, 料理(りょうり) 요리, 食料(しょくりょう) 식료, 原料(げんりょう) 원료

필순

297

理

다스릴 리
획수 11

부수: 임금왕변 **おうへん, たまへん (王)**

- 음: リ — 理由(りゆう) 이유, 理解(りかい) 이해, 整理(せいり) 정리

필순

298 酒 술 주 획수 10	부수 닭유 **ひよみのとり** **(酉)**	음 シュ 日本酒(にほんしゅ) 일본술 훈 さけ お酒(さけ) 술 주의 白酒(しろざけ) 백주, 甘酒(あまざけ) 감주 さか 酒屋(さかや) 술집 필순
299 番 번 번 획수 12	부수 밭전 **た** **(田)**	음 バン 当番(とうばん) 당번, 交番(こうばん) 파출소 番号(ばんごう) 번호 필순
300 組 짤 조 획수 11	부수 실사변 **いとへん** **(糸)**	음 ソ 組織(そしき) 조직 훈 くみ 주의 テレビの番組(ばんぐみ) 텔레비전 프로그램 く(む) 腕(うで)を組(く)む 팔짱을 끼다 필순

가볍게 한자 기초력 up

1 다음 한자를 어떻게 읽는지 밑줄 아래에 히라가나로 써 보세요.

1 登山　　2 地球　　3 当番　　4 日本酒

5 映(えい)画　　6 理由　　7 訓(くん)練　　8 組織(しき)

9 大きい　声で　歌いましょう。

10 夏休みの　計画を　立てました。

11 何か　新しい　楽器(き)を　習いたいです。

12 四季(しき)の　風景(ふうけい)を　写したいです。

13 毎日　1000メートル　泳いでいます。

14 ケータイの　料金を　払(はら)いました。

15 コンビニの　角を　右に　曲がると　ありますよ。

16 野外キャンプに　行って、真っ黒に　なりました。楽しかったです。

17 波(なみ)の　音が　聞こえる　宿に　泊(と)まりました。

낱말과 표현

～ましょう ～합시다 | ～たいです ～고 싶습니다 | メートル 미터 | ケータイ 휴대전화 | 払(はら)いました 지불했습니다 | コンビニ 편의점 | ～と ～면 | キャンプ 캠프 | ～になりました ～이/가 됐습니다 | 波(なみ) 파도 | 泊(と)まりました 묵었습니다

2 다음 □ 안에 들어갈 알맞은 한자를 써 보세요.

1 □□
おん がく

2 □□
すい えい

3 □□
や きゅう

4 □□
が か

5 □□
さっ きょく

6 □□
か しゅ

7 □□を 撮ります。
しゃ しん と

8 富士□に□ります。
ふじ さん のぼ

9 テレビの□□□□を□ながら□□しました。
りょう り ばん ぐみ み れん しゅう

낱말과 표현

撮(と)ります 찍습니다 | テレビ 텔레비전 | 〜ながら 〜면서

한자 이모저모

~한자의 모음 교대~

「白雪」는 「しらゆき」이다.
이것은 「白」의 「しろ」가 「しら」로 변한 것이다. 이처럼 앞에 오는 한자의 모음이 변하는 수가 있다. 이 현상을 모음 교대라 한다.

① 「o」-「a」 : しろ - しらゆき(白雪) 백설
② 「e」-「a」 : さけ - さかや(酒屋) 선술집
③ 「i」-「o」 : き　 - こだち(木立) 나무숲

9-2 여행

Quiz 다음 한자를 읽을 수 있을까요? 무슨 전단지(チラシ)일까요?

福岡発　船とKTXの旅

秋色　ソウル　3日間

～紅葉の世界遺産、昌徳宮と明洞ショッピング～

出発日：　10月15日～11月15日　毎日　出発

ご旅行代金　：　２～４名様　一室(お一人様)　39,800円

(金・土曜日のご出発は、3,000円UP)

ご宿泊　：　ロッテホテル、プラザホテルなど、ソウル市内　有名ホテル

FRG旅行　予約センター　03(3331)8289

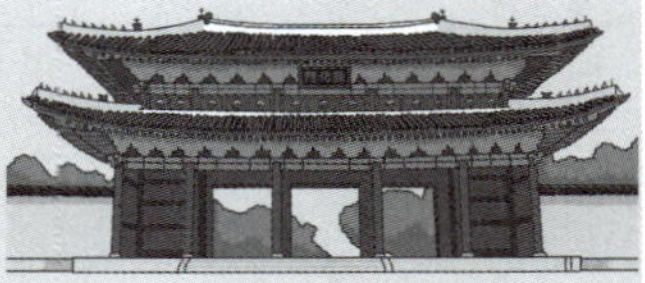

낱말과 표현

福岡(ふくおか) 후쿠오카(지명) | 紅葉(こうよう) 단풍 | 遺産(いさん) 유산 | 昌徳宮(チャンドックン) 창덕궁 | 明洞(ミョンドン) 명동 | 代金(だいきん) 대금 | ～様(さま) ~님 | 予約(よやく) 예약

301 旅 나그네 려 획수 10	부수 모방변 **ほうへん** **(方)**	음 リョ 旅行(りょこう) 여행, 旅館(りょかん) 여관, 旅客(りょきゃく) 여객 훈 たび 船旅(ふなたび) 배 여행, 旅人(たびびと) 여행자, 旅(たび)する 여행하다 필순 旅 旅 旅 旅 旅 旅 旅 旅 旅 旅
302 世 인간 세 획수 5	부수 한일 **いち** **(一)**	음 セイ 二十一世紀(にじゅういっせいき) 21세기 セ 世界(せかい) 세계, 世間(せけん) 세상 出世(しゅっせ) 출세, 世話(せわ)をする 돌보다 훈 よ 世(よ)の中(なか) 세상 필순 世 世 世 世 世
303 界 지경 계 획수 9	부수 밭전 **た** **(田)**	음 カイ 世界(せかい) 세계, 限界(げんかい) 한계 필순 界 界 界 界 界 界 界 界 界
304 有 있을 유 획수 6	부수 달 월 **つき** **(月)**	음 ユウ 有名(ゆうめい) 유명, 有力(ゆうりょく) 유력 有利(ゆうり) 유리, 有料(ゆうりょう) 유료 ウ 훈 あ(る) 필순 有 有 有 有 有 有
305 発 필 발 획수 9	부수 필발머리 **はつがしら** **(癶)** 發	음 ハツ 発明(はつめい) 발명, 発電所(はつでんしょ) 발전소 発言(はつげん) 발언, 発音(はつおん) 발음 주의 発表(はっぴょう) 발표, 発見(はっけん) 발견 주의 出発(しゅっぱつ) 출발 ホツ 필순 発 発 発 発 発 発 発 発 発

306 交 사귈 교 획수 6	부수 돼지해머리 **なべぶた, けいさんかんむり (亠)**	음 コウ 交通(こうつう) 교통, 交番(こうばん) 파출소 훈 まじ(わる) 2線(せん)の交(まじ)わる点(てん) 두 선의 교차점 朱(しゅ)に交(まじ)われば赤(あか)くなる 나쁜 친구와 사귀면 물든다 まじ(える)/ま(ざる)/ま(じる)/ま(ぜる)/か(う)/か(わす) 필순 交 交 交 交 交 交
307 通 통할 통 획수 10	부수 책받침 **しんにゅう, しんにょう (辶)** 通	음 ツウ 交通(こうつう) 교통, 通学路(つうがくろ) 통학로 ツ 훈 とお(る) 銀行(ぎんこう)の前(まえ)を通(とお)る 은행 앞을 지나가다 주의 大通(おおどお)り 대로, 큰 길 かよ(う) 学校(がっこう)に通(かよ)う 학교에 다니다 とお(す) 필순 通 通 通 通 通 通 通 通 通 通
308 運 운전할 운 획수 12	부수 책받침 **しんにゅう, しんにょう (辶)** 運	음 ウン 運転(うんてん) 운전, 運命(うんめい) 운명 幸運(こううん) 행운, 不運(ふうん) 불운 훈 はこ(ぶ) 土(つち)を運(はこ)ぶ 흙을 운반하다 필순 運 運 運 運 運 運 運 運 運 運 運 運
309 転 구를 전 획수 11	부수 수레거변 **くるまへん (車)** 轉	음 テン 自転車(じてんしゃ) 자전거, 運転手(うんてんしゅ) 운전수 훈 ころ(がる) ボールが転(ころ)がる 볼이 굴러가다 ころ(ぶ) 自分(じぶん)で転(ころ)ぶ 스스로 구르다 ころ(げる)/ころ(がす) 필순 転 転 転 転 転 転 転 転 転 転 転

한자	부수	읽기
310 乗 탈 승 획수 9	부수 갈고리궐 の (丿)	음 ジョウ 乗用車(じょうようしゃ) 승용차, 乗客(じょうきゃく) 승객 훈 の(る) 地下鉄(ちかてつ)に乗(の)る 지하철을 타다 乗(の)り換(か)える 갈아타다 の(せる) 필순 乗 乗 乗 乗 乗 乗 乗 乗 乗
	乘	
311 客 손 객 획수 9	부수 갓머리 **うかんむり** (宀)	음 キャク 客室(きゃくしつ) 객실, 客船(きゃくせん) 객선 乗客(じょうきゃく) 승객 カク 필순 客 客 客 客 客 客 客 客 客
312 天 하늘 천 획수 4	부수 큰대 **だい** (大)	음 テン 天気(てんき) 날씨, 天才(てんさい) 천재 天候(てんこう) 기후, 天井(てんじょう) 천정 훈 あめ/あま 필순 天 天 天 天

미니 컬럼

送(おく)りがなの 규칙

한자의 읽기를 정확히 하기 위하여 한자 다음에 덧붙이는 가나를 말한다.

예 〈行く〉의「く」: 昭和48(1973)年, 내각고시〈送(おく)り仮名(がな)の 付(つ)け方(かた)〉

送(おく)り仮名(がな)는 활용어〈동사, 형용사(い-형용사), 형용동사(な-형용사)〉의 활용규칙과 밀접한 관계가 있다. 주로 활용어의 활용어미를 가나로 적는 것을 말한다.

1 단독어

〈활용어〉

① 활용어(동사 · 형용사 · 형용동사)는 그 활용어미를 送(おく)り仮名(がな)로 한다.

② 動(うご)く - 動(うご)かす처럼 기본형과 관계있는 것은 기본형에 대응하는 부분을 送(おく)り仮名(がな)로 한다.

〈비활용어〉

③ 명사는 원칙적으로 送(おく)り仮名(がな)를 사용하지 않는다

④ 활용어에서 변한 명사 및 활용어에 さ, み, げ 등의 접미사가 와서 명사로 된 것은 원래 語의 送(おく)り仮名(がな) 付(つ)け方(かた)에 따른다.

⑤ 부사 · 연체사 · 접속사는 마지막 음절을 送(おく)り仮名(がな)로 한다.

2 복합어

⑥ 복합어의 送(おく)り仮名(がな)는 그 복합어를 나타내는 한자 개개의 음훈을 사용한 단독어의 送(おく)り仮名(がな) 규칙에 따른다.

⑦복합어 중, 다음과 같은 명사는 관용에 따라서 送(おく)り仮名(がな)를 붙이지 않는다.

- 특정 영역의 語로서 관용이 고정된 것과 일반적으로 관용이 고정되어 있다고 인정된 것

※ 부표어(付表語) : 상용한자표의 부표에 따른다.

가볍게 **한자 기초력 up**

1 다음 한자를 어떻게 읽는지 밑줄 아래에 히라가나로 써 보세요.

1 乗用車　　2 発音　　3 天才　　4 客室

5 交番で　道を　聞きます。

6 畑の　土を　運びます。

7 自転車で　高校に　通います。

8 有料アプリを　ダウンロードします。

9 体力の　限界まで　がんばります。
(限: げん)

10 私たちは、よく　人生を　旅に　例えます。
(例: たと)

11 22世紀は　どんな　世の中に　なっているでしょうか。
(紀: き)

12 この　空港の　出発ロビーは　四階です。

13 いろいろ　お世話に　なりました。ありがとうございました。

낱말과 표현

アプリ 앱 | ダウンロードします 다운로드합니다 | がんばります 열심히 하겠습니다 | よく 흔히 | 例(たと)えます 비유합니다 | どんな 어떤 | なっている 되고 있다 | ～でしょうか ~ㄹ까요 | いろいろ 여러 가지(로)

2 다음 □ 안에 들어갈 알맞은 한자를 써 보세요.

1. □□
てん　き

2. □□
せ　かい

3. □□□
うん　てん　しゅ

4. □□
こう　つう

5. □□
きゃく　せん

6. □□□□
かい　がい　りょ　こう

7. □に□る。
ふね　　の

8. □□な□□□
ゆう　めい　　はつ　めい　か

단단히 한자 응용력 up

1 다음 중 「한자어 + ～する」의 형태를 취할 수 없는 것을 3개 골라서 O표 하세요.

旅行 ・ 天才 ・ 発言 ・ 計画 ・ 幸運 ・ 有名 ・ 運転 ・ 学習

2 다음 (　　)에 들어갈 한자를 送(おく)りがな와 같이 써 보세요.

예 家へ　（帰り）ます。

보기 帰 ・ 歌 ・ 習 ・ 泳 ・ 登 ・ 通 ・ 転 ・ 運

1. 毎日、プールで　1000メートル（　　　　　）ます。
2. カラオケで　一曲　（　　　　　）ます。
3. カナダ人の　先生に　ピアノを　（　　　　　）て　います。
4. この　バスは　デパートの　前を　（　　　　　）ます。
5. 両親は　よく　山に　（　　　　　）ます。
6. 自転車に　乗っていて　（　　　　　）ました。
7. ３階まで　スーツケースを　（　　　　　）ます。

낱말과 표현

プール 풀장 | メートル 미터 | カラオケ 가라오케 | カナダ 캐나다 | バス 버스 | デパート 백화점 | ～まで ～까지 | スーツケース 슈트케이스

3 다음 예 와 같이 밑줄 친 한자 읽기가 다른 것을 하나 골라서 O표 하세요.

> 예 (学)校 · 学生 · 大学

1. 図画 · 計画 · 画家
2. 旅館 · 旅行 · 旅人
3. 発表 · 発言 · 発見
4. 写真 · 真心 · 真実
5. 白酒 · 甘酒 · 酒屋
6. 世紀 · 世間 · 出世
7. 登山 · 登場 · 登校日
8. 野鳥 · 野外 · 野原

4 다음 글의 (　　)에 들어갈 알맞은 한자(동사, 형용사)를 보기에서 1개씩 골라 문장을 완성하세요.

보기 知・楽・多・入・待・転・乗・運・通・交・立

예 その話は、(知り)ません。

夏休みに日本へ遊びに行きました。私は、東京ディズニーランドでの1日がとても 1 (　　　　)かったです。ディズニーランドでは、いろいろなアトラクションに 2 (　　　　)ました。でも、人が 3 (　　　　)て、1時間も 4 (　　　　)アトラクションもありました。お昼は、ピザを食べました。私たちが 5 (　　　　)レストランは安いレストランでした。セルフサービスでしたから、自分で席まで食べものを 6 (　　　　)ました。あまりおいしくなかったです。

夜はパレードを見ました。私たちは、大きい二つの道が 7 (　　　　)る所に 8 (　　　　)見ました。ミッキーマウスやシンデレラが私たちの前を 9 (　　　　)行きました。ドナルドダックが石につまずいて、10 (　　　　)ました。

낱말과 표현

遊(あそ)ぶ 놀다 | 東京(とうきょう)ディズニーランド 도쿄 디즈니랜드 | アトラクション 놀이 기구 | ピザ 피자 | レストラン 레스토랑 | セルフサービス 셀프서비스 | ~から ~니까 | 席(せき)まで 자리까지 | あまり 별로 | パレード 퍼레이드 | ミッキーマウス 미키마우스 | シンデレラ 신데렐라 | ドナルドダック 도널드 덕 | 石(いし)につまずく 돌에 걸리다

5 다음 예 와 같이 한자 숙어를 모두 찾아서 O표 하세요.

예 시작
↓

韓	安	元
国	語	学
三	切	校

→ 끝

시작
↓

乗	交	牛	有	天
客	室	内	漢	番
海	貝	外	国	船
京	寺	息	弓	旅
転	発	島	駅	人

→ 끝

한자 이모저모

~한자의 그룹~

漢字는 한 자 한 자가 각각 形, 音, 意味, 用法을 가지고 있다. 이들 형(形), 음(音), 의미(意味) 그리고 용법(用法)을 Key로 하여 공통점을 가지고 있는 한자 그룹을 살펴보자.

① 形의 그룹 : 같은 부수(部首) 및 부분적으로 공통의 형(形)을 가진 한자
② 音의 그룹 : 같은 음 기호(音記号) 즉, 음 읽기(音読み)를 가지는 한자
③ 意味의 그룹 : 가족 · 위치 · 방향 · 계절 등의 같은 의미 단위의 한자
④ 用法의 그룹 (품사 분류)

い형용사	高い　安い　多い　少ない　長い　短い
동사	話す　聞く　読む　書く　食べる　飲む
する동사	練習する　勉強する　研究する　質問する
な형용사	元気な　有名な　便利な　適当な
〈場所〉 접미사	～所　～場　～地　～園　～館
〈仕事〉 접미사	～家　～手　～者　～員　～人
〈お金〉 접미사	～代　～費　～料　～金
〈否定〉 접두사	非～　不～　無～　未～

chapter 10

한자의 모양

학습 목표 : 한자의 형태에 주목한 한자 학습 전략을 알 수 있다.

10-1 공통 부분 찾기

Quiz 다음 한자의 공통되는 부분을 찾아서 ○ 표시해 보세요.

1 返 · 坂 · 板

2 清 · 晴 · 情

3 笛 · 油

4 等 · 時 · 持

5 想 · 箱

6 住 · 柱 · 注

313

油

기름 **유**

획수 8

부수 삼수변 **さんずい (氵)**

음 ユ　石油(せきゆ) 석유, 油田(ゆでん) 유전
油断(ゆだん)する 방심하다

훈 あぶら　てんぷら油(あぶら) 튀김 기름, 油絵(あぶらえ) 유화

필순 油 油 油 油 油 油 油 油

314

笛

피리 **적**

획수 11

부수 대죽머리 **たけかんむり (⺮)**

음 テキ　汽笛(きてき) 기적

훈 ふえ　笛(ふえ)をふく 피리를 불다
주의 竹笛(たけぶえ) 대나무 피리

필순 笛 笛 笛 笛 笛 笛 笛 笛 笛 笛 笛

315

相

서로 **상**

획수 9

부수 눈목 **め (目)**

음 ソウ　相互(そうご) 상호, 手相(てそう) 손금
ショウ　首相(しゅしょう) 수상

훈 あい　相談相手(そうだんあいて)になる 상담 상대가 되다

필순 相 相 相 相 相 相 相 相 相

316

想

생각 **상**

획수 13

부수 마음심 **こころ (心)**

음 ソウ　感想(かんそう) 감상, 理想(りそう) 이상
思想(しそう) 사상, 想像(そうぞう) 상상
ソ

필순 想 想 想 想 想 想 想 想 想 想 想 想 想

317

箱

상자 **상**

획수 15

부수 대죽머리 **たけかんむり (⺮)**

훈 はこ　箱(はこ) 상자
주의 本箱(ほんばこ) 책장, 筆箱(ふでばこ) 필통
お弁当箱(べんとうばこ) 도시락통

필순 箱 箱 箱 箱 箱 箱 箱 箱 箱 箱 箱 箱 箱 箱 箱

318

反

돌이킬 **반**
획수 4

부수 또우 **また** **(又)**

음 ハン　反対(はんたい) 반대, 反省(はんせい) 반성
交通違反(こうつういはん) 교통의반, 反(はん)する 반하다
タン/ホン

훈 そ(る)/そ(らす)

필순 反 反 反 反

319

坂

고개 **판**
획수 7

부수 흙토변 **つちへん** **(土)**

음 ハン

훈 さか　坂道(さかみち) 언덕길
주의 上(のぼ)り坂(ざか) 오름길, 下(くだ)り坂(ざか) 내림길

필순 坂 坂 坂 坂 坂 坂 坂

320

板

널 **판**
획수 8

부수 나무목변 **きへん** **(木)**

음 ハン　주의 鉄板(てっぱん) 철판, 船(ふね)の甲板(かんぱん) 배의 갑판
バン　黒板(こくばん) 흑판, 看板(かんばん) 간판, 掲示板(けいじばん) 게시판

훈 いた　木(き)の板(いた) 나무판, まな板(いた) 도마

필순 板 板 板 板 板 板 板 板

321

返

돌아올 **반**
획수 7

부수 책받침 **しんにゅう, しんにょう** **(辶)**

返

음 ヘン　返事(へんじ)する 답하다

훈 かえ(す)　本(ほん)を返(かえ)す 책을 돌려주다,
くり返(かえ)す 반복하다　주의 裏返(うらがえ)す 뒤집다
かえ(る)　原点(げんてん)に返(かえ)る 원점으로 되돌아가(오)다

필순 返 返 返 返 返 返 返

322

詩

글 **시**
획수 13

부수 말씀언변 **ごんべん** **(言)**

음 シ　詩人(しじん) 시인, 詩集(ししゅう) 시집

필순 詩 詩 詩 詩 詩 詩 詩 詩 詩 詩 詩 詩 詩

323

等

무리 등
획수 12

부수
대죽머리
たけかんむり
(⺮)

음 トウ 同等(どうとう) 동등, 対等(たいとう) 대등
주의 平等(びょうどう) 평등

훈 ひと(しい) 等(ひと)しい数(かず) 동등한 수

필순

324

主

임금 주
획수 5

부수
점주
てん
(丶)

음 シュ 主人(しゅじん) 주인, 主婦(しゅふ) 주부
ス

훈 ぬし 家主(やぬし) 집주인
おも 主(おも)に 주로

필순

325

注

물쏟을 주
획수 8

부수
삼수변
さんずい
(氵)

음 チュウ 注意(ちゅうい) 주의, 注文(ちゅうもん) 주문
注射(ちゅうしゃ) 주사, 注目(ちゅうもく) 주목

훈 そそ(ぐ) 海(うみ)に注(そそ)ぐ川(かわ) 바다로 흘러 들어가는 강

필순

326

柱

기둥 주
획수 9

부수
나무목변
きへん
(木)

음 チュウ 電柱(でんちゅう) 전주, 円柱(えんちゅう) 원기둥

훈 はしら 柱時計(はしらどけい) 벽시계
주의 大黒柱(だいこくばしら) 집 한가운데 있는 굵은 기둥, 한 집안의 기둥

필순

가볍게 한자 기초력 up

1 다음 한자를 어떻게 읽는지 밑줄 아래에 히라가나로 써 보세요.

1 油絵　　2 主婦（ふ）　　3 下り坂　　4 読書感想文（かん）

5 姉は　私の　一番の　相談相手です。

6 ハイネは　ドイツの　有名な　詩人です。

7 人間は　みんな　平等（びょう）です。

8 スタートの　合図に　笛を　吹（ふ）きます。

9 同じ　ミスを　くり返して　しまいました。　反省（せい）して　います。

10 店の　看（かん）板は　木の板で　作りました。

11 彼（かれ）は　ビールを　グラスに　注ぐと、新しいものを　注文しました。

12 古代（だい）ギリシャの　神殿（でん）の　柱は　円い　円柱の　形を　して　います。

낱말과 표현

ハイネ(Heine) 하이네(인명) | ドイツ 독일 | みんな 모두 | スタート 스타트, 출발 | 吹(ふ)きます 붑니다 | ミス 미스, 실수 | ～てしまう ~해 버리다 | ビール 맥주 | グラス 글라스, 잔 | ～と ~하자(마자) | もの 것 | ギリシャ 그리스 | 神殿(しんでん) 신전

2 다음 □ 안에 들어갈 알맞은 한자를 써 보세요.

1 □□ (ほん ばこ)

2 □□ (さか みち)

3 □□ (せき ゆ)

4 □□ (り そう)

5 □□ (でん ちゅう)

6 ドラマの □□□ (しゅ じん こう)

7 □□ (たけ ぶえ)

8 □□ (こく ばん)

9 □□違□ (こう つう い はん)

10 □□を□る。 (て そう み)

11 お金を□す。 (かえ)

12 今 みんなが □□している あの□は□が (ちゅう もく きょく し)

とても いいね。

13 □□□□は 三つの□が□しいです。 (せい さん かく けい かく ひと)

낱말과 표현

ドラマ 드라마 | ～ね ～네, ～군(종조사)

10-2 한자 분해

Quiz 무슨 한자가 될까요?

예 亻 ＋ 木 ＝ 休

1 木 ＋ 主 ＝ □

2 糸 ＋ 会 ＝ □

3 百 － 一 ＝ □

4 ハ ＋ ム ＝ □

5 く ＋ ノ ＋ 一 ＝ □

도전! 한자 QUIZ

다음 아래 한자가 답이 되도록 한자 공식을 만들어 보세요.

1 化 ＝

2 横 ＝

3 章 ＝

4 始 ＝

한자	부수	음·훈
327 化 필 화 획수 4	부수 비수비 ひ (匕)	음 カ 文化(ぶんか) 문화, 強化(きょうか) 강화 変化(へんか) 변화, 化学(かがく) 화학 훈 ば(ける) 化(ば)け物(もの) 도깨비,귀신, お化(ば)け 귀신, 유령 ば(かす) 필순 化 化 化 化
328 倍 갑절 배 획수 10	부수 사람인변 にんべん (亻)	음 バイ 倍数(ばいすう) 배수, 何百倍(なんびゃくばい) 몇 백배 필순 倍 倍 倍 倍 倍 倍 倍 倍 倍 倍
329 童 아이 동 획수 12	부수 설립 たつ (立)	음 ドウ 童話(どうわ) 동화, 児童(じどう) 아동 훈 わらべ 필순 童 童 童 童 童 童 童 童 童 童 童 童
330 章 글 장 획수 11	부수 설립 たつ (立)	음 ショウ 文章(ぶんしょう) 문장, 校章(こうしょう) 교장 필순 章 章 章 章 章 章 章 章 章 章 章
331 昭 밝을 소 / 빛날 조 획수 9	부수 날일변 ひへん (日)	음 ショウ 昭和(しょうわ) 일본 연호(1926.12.25–1989.1.7) 필순 昭 昭 昭 昭 昭 昭 昭 昭 昭

332

温

따뜻할 온
획수 12

부수: 삼수변 さんずい (氵)

음: オン — 体温(たいおん) 체온, 温室(おんしつ) 온실, 気温(きおん) 기온, 温度(おんど) 온도, 温暖(おんだん) 온난, 温泉(おんせん) 온천

훈: あたた(かい) — 温(あたた)かいスープ 따뜻한 수프
あたた(める) — 体(からだ)を温(あたた)める 몸을 녹이다
あたた(か)/あたた(まる)

필순: 温 温 温 温 温 温 温 温 温 温 温 温

溫

333

指

손가락 지
획수 9

부수: 재방변 てへん (手)

음: シ — 指紋(しもん) 지문, 指導(しどう) 지도

훈: ゆび — 指先(ゆびさき) 손끝, 親指(おやゆび) 엄지손가락, 人差(ひとさ)し指(ゆび) 검지, 中指(なかゆび) 중지, 薬指(くすりゆび) 약지, 小指(こゆび) 새끼손가락, 指差(ゆびさ)す 손가락으로 가리키다
さ(す) — 주의 目指(めざ)す 지향하다

필순: 指 指 指 指 指 指 指 指 指

334

打

칠 타
획수 5

부수: 재방변 てへん (手)

음: ダ — 強打(きょうだ) 강타, 打者(だしゃ) 타자, 打算的(ださんてき) 타산적

훈: う(つ) — くぎを打(う)つ 못을 박다

필순: 打 打 打 打 打

335

拾

주울 습 / 열 십
획수 9

부수: 재방변 てへん (手)

음: シュウ/ジュウ

훈: ひろ(う) — ごみを拾(ひろ)う 쓰레기를 줍다, 拾(ひろ)いもの 주운 물건

필순: 拾 拾 拾 拾 拾 拾 拾 拾 拾

336

横

가로 횡
획수 15

부수 나무목변 きへん (木)

음 オウ 横断歩道(おうだんほどう) 횡단보도
훈 よこ 横顔(よこがお) 옆얼굴, 横向(よこむ)き 옆으로 향함
필순 横

横

337

切

끊을 절 / 온통 체
획수 4

부수 칼도부 かたな (刀)

음 セツ 大切(たいせつ)な話(はなし) 중요한 이야기, 親切(しんせつ) 친절
훈 き(る) 二(ふた)つに切(き)る 2개로 자르다 주의 切手(きって) 우표, 切符(きっぷ) 표
サイ / き(れる)
필순 切

338

始

비로소 시
획수 8

부수 계집녀변 おんなへん (女)

음 シ 始業式(しぎょうしき) 시업식
훈 はじ(める) 勉強(べんきょう)を始(はじ)める 공부를 시작하다
はじ(まる) 学校(がっこう)が始(はじ)まる 학교가 시작되다
필순 始

339

終

마칠 종
획수 11

부수 실사변 いとへん (糸)

음 シュウ 終日(しゅうじつ) 종일, 終点(しゅうてん) 종점
훈 お(わる) 学校(がっこう)が終(お)わる 학교가 끝나다
お(える) 一生(いっしょう)を終(お)える 일생을 마치다
필순 終

終

340

調

고를 조
획수 15

부수 말씀언변 ごんべん (言)

음 チョウ 調査(ちょうさ) 조사, 調整(ちょうせい) 조정
調子(ちょうし)がいい 상태가 좋다
훈 しら(べる) 地図(ちず)で調(しら)べる 지도로 찾다
原因(げんいん)を調(しら)べる 원인을 조사하다 ととの(う)
필순 調

가볍게 한자 기초력 up

1 다음 한자를 어떻게 읽는지 밑줄 아래에 히라가나로 써 보세요.

1 化学　2 昭和(わ)　3 児童文学(じ)　4 横断歩道(だん)

5 このごろ　体の　調子が　いいです。

6 彼(かれ)は　チームの　三番打者です。

7 切手を　二枚(まい)　買いました。

8 中国の　人口は　日本の　10倍以上(いじょう)です。

9 日本の　学校は　四月に　始まって、三月に　終わります。

10 プロの　ピアニストを　目指して　指導(どう)を　受(う)けて　います。

11 温泉に　入って、　ゆっくり　全身を　温めます。

12 私の　学校の　校章は　すずらんです。

13 ボランティアで　公園の　ごみ拾いを　しました。

낱말과 표현

このごろ 요즘 | チーム 팀 | 以上(いじょう) 이상 | プロ 프로 | ピアニスト 피아니스트 | 受(う)けています 받고 있습니다 | ゆっくり 천천히 | すずらん 은방울꽃 | ボランティア 자원 봉사 | ごみ 쓰레기

2 다음 □ 안에 들어갈 알맞은 한자를 써 보세요.

1 □□ (ぶん しょう)

2 □□ (しゅう てん)

3 □□ (よこ がお)

4 □□ (くすり ゆび)

5 お□(ば)け

6 グリム□□ (どう わ)

7 □□(しん せつ)な □(ひと)

8 □(あたた)かい スープを □(の)む。

9 □(みなと)の □□(ば しょ)を □□(ち ず)で □(しら)べました。

10 大学の □□(せい もん)の □(まえ)で お□(かね)を □(ひろ)いました。

11 □□(せん げつ)、□(あに)は □(あたら)しい □□(かい しゃ)を □(はじ)めました。

12 木の □(いた)に □(ふと)い くぎを □(う)ちます。

낱말과 표현

グリム(Grimm) 그림 | スープ 수프 | くぎ 못

단단히 한자 응용력 up

1 다음 예 와 같이 밑줄 친 곳에 알맞는 한자를 제시된 한자를 참조해서 완성해 보세요.

예	たいせつな　人	刀	切
1	ちょうさ	周	
2	よこに　なる	黄	
3	ぶんしょう	章	
4	ふえを　ふく	由	
5	ちゅうしゃを　うつ	主	
6	曲が　おわる	冬	

낱말과 표현

うつ (주사를) 놓다

한자 응용력 up

2 다음 예 와 같이 Hint의 한자를 한 번씩 사용하여 문장을 완성해 보세요.

> 예 日本の　(　首都　)は　東京です。

> **보기** ~~都・首~~・油・理・黒・童・温・想・楽・平・板・章・石・等・暖・話

1. (　　　　)の　結婚(けっこん)相手を　見つけます。
2. ベートーベンの　「運命(めい)」の　第１(　　　　)は　とても　有名です。
3. 人間は　生まれながらにして　(　　　　)な　権利(けんり)を　持って　いる。
4. 中東の　戦争(せんそう)は　(　　　　)を　めぐる　戦争(せんそう)だと　言う　人も　います。
5. 子どもの　時に　読んだ　イソップ(　　　　)は　今でも　覚えて　います。
6. 地球(ちきゅう)の　(　　　　)化は　世界の　問題(もんだい)です。
7. ほとんどの　教室は　ホワイトボードですが、まだ　(　　　　)を　使って　いる　教室も　あります。

낱말과 표현

結婚(けっこん) 결혼 | 見(み)つけます 찾습니다 | ベートーベン(Beethoven) 베토벤 | 運命(うんめい) 운명 | 生(う)まれながらにして 태어날 때부터 | 権利(けんり) 권리 | 持(も)っている 가지고 있다 | 中東(ちゅうとう) 중동 | 戦争(せんそう) 전쟁 | めぐる 둘러싸다 | 地球(ちきゅう) 지구 | 世界(せかい) 세계 | 問題(もんだい) 문제 | ほとんど 거의 | ホワイトボード 화이트 보드 | まだ 아직

3 다음 한국 한자의 음 읽기와 일본 한자의 음 읽기를 써 보세요.

예 由 [유 / ユウ·ユ]	1 油 [/]	2 笛 [/ テキ]	
相 [상 / ソウ]	3 想 [/]	4 箱 [/]	
主 [주 / シュ]	5 住 [/]	6 注 [/]	7 柱 [/]
反 [반 / ハン·タン·ホン]	8 返 [/ ヘン]	9 板 [판 /]	10 坂 [/]
寺 [사 / ジ]	11 時 [/]	12 持 [/]	13 待 [/]

도전! 한자 QUIZ

다음 한국 한자의 訓과 音을 다 쓰세요.

1 [官] 기관 관 : [管] 대롱 관 [館] ☐

2 [反] 반대할 반 : [飯] ☐ [板] 널 판
[坂] ☐

3 [主] 주인 주 : [注] ☐ [住] ☐
[柱] 기둥 주 [往] ☐

4 [者] 놈 자 : [暑] ☐ [署] 관청 서

한자 이모저모

~숙어 읽기~

숙어에는 2자, 3자, 4자의 숙어가 있다.

<二字熟語>

숙어 읽기는 일반적으로 전자를 音으로 읽으면 후자도 音, 전자를 訓독하면 후자도 訓독한다. 더욱이 음독의 경우, 전자를 呉音으로 읽으면 후자도 呉音, 전자를 漢音으로 읽으면 후자도 漢音, 전자를 唐音으로 읽으면 후자도 唐音으로 읽힌다. 그러나, 音+訓, 訓+音이 예외적으로 결합하는 경우도 있다. 이것을 重箱(じゅうばこ)読み, 湯桶(ゆとう)読み라 한다.

① 音 ＋ 音 : 음 읽기, 중국 한자음이 일본인이 발음하기 쉽게 변한 것

예 国語(こくご) 국어, 学校(がっこう) 학교, 家庭(かてい) 가정

② 訓 ＋ 訓 : 훈 읽기, 일본어와 동일 의미 한자에 일본어 읽기를 적용시킨 것

예 手紙(てがみ) 편지, 青空(あおぞら) 푸른 하늘

③ 音 ＋ 訓(重箱読み) : 음훈 읽기, 重箱의 重(じゅう)가 음 읽기, 箱(ばこ)가 훈 읽기인 것에서 重箱読み라 함

예 職場(しょくば) 직장, 本箱(ほんばこ) 책장, 団子(だんご) 경단, 素顔(すがお) 맨 얼굴, 茶色(ちゃいろ) 갈색

④ 訓 ＋ 音(湯桶読み) : 훈음 읽기, 湯桶의 湯(ゆ)가 훈 읽기, 桶(とう)가 음 읽기인 것에서 湯桶読み라 함

예 手本(てほん) 모범, 身分(みぶん) 신분, 合図(あいず) 신호, 親分(おやぶん) 두목, 家賃(やちん) 집세

★ 二字熟語의 대부분은 음 읽기 가능. 重箱読み와 湯桶読み는 읽는 법을 늘려 의미 전달을 쉽게 하기 위한 것이다.

chapter 11

풍경

학습 목표 : 풍경과 연관된 한자를 구사할 수 있다.

11-1 풍경

Quiz 1 다음 한자를 읽을 수 있을까요?

Quiz 2 당신이 생각하는 '풍경을 나타내는 한자'란 무엇일까요?

워밍업 기본 한자 배우기

341 陽

별 양 · 획수 12

부수: 좌부변 こざとへん (阝)

- 음: ヨウ 太陽(たいよう) 태양, 陽気(ようき)な人(ひと) 쾌활한 사람
- 필순

342 緑

푸를 록 · 획수 14

부수: 실사변 いとへん (糸)

- 음: リョク 新緑(しんりょく) 신록, 緑茶(りょくちゃ) 녹차
  ロク
- 훈: みどり 緑色(みどりいろ) 녹색
- 필순

343 葉

입사귀 엽 · 획수 12

부수: 초두머리 くさかんむり (艹)

葉

- 음: ヨウ 紅葉(こうよう) 단풍
- 훈: は 葉書(はがき) 엽서, 葉(は)っぱ 잎
  かれ葉(は) 시든 잎, 木(こ)の葉(は) 나뭇잎
  주의 青葉(あおば) 푸른 잎, 言葉(ことば) 말
- 필순

344 根

뿌리 근 · 획수 10

부수: 나무목변 きへん (木)

- 음: コン 根気(こんき)が要(い)る仕事(しごと) 끈기가 필요한 일
- 훈: ね 根元(ねもと) 뿌리
- 필순

345 植

심을 식 · 획수 12

부수: 나무목변 きへん (木)

- 음: ショク 植物(しょくぶつ) 식물, 植民地(しょくみんち) 식민지
- 훈: う(える) 田植(たう)え 모내기, 木(き)を植(う)える 나무를 심다
- 필순

346 **物**

만물 **물**
획수 8

부수 소우변 **うしへん (牛)**

음 ブツ 動物(どうぶつ) 동물, 見物(けんぶつ) 구경
人物(じんぶつ) 인물, 植物(しょくぶつ) 식물
モツ 食物(しょくもつ) 식물, 荷物(にもつ) 짐
書物(しょもつ) 서적
훈 もの 飲(の)み物(もの) 마실 것, 着物(きもの) 옷
物語(ものがたり) 이야기, 果物(くだもの) 과일

필순 物 物 物 物 物 物 物 物

347 **庭**

뜰 **정**
획수 10

부수 엄호엄 **まだれ (广)**

음 テイ 校庭(こうてい) 교정, 家庭(かてい) 가정
훈 にわ 庭木 (にわき) 정원나무

필순 庭 庭 庭 庭 庭 庭 庭 庭 庭 庭

348 **豆**

콩 **두**
획수 7

부수 콩두 **まめ (豆)**

음 トウ 豆腐(とうふ) 두부
ズ 大豆(だいず) 콩
훈 まめ えだ豆(まめ) 강낭콩

필순 豆 豆 豆 豆 豆 豆 豆

349 **炭**

숯 **탄**
획수 9

부수 불화 **ひ (火)**

음 タン 木炭(もくたん) 목탄, 石炭(せきたん) 석탄
훈 すみ 炭火(すみび) 탄화, 숯불

필순 炭 炭 炭 炭 炭 炭 炭 炭 炭

350 **岸**

언덕 **안**
획수 8

부수 뫼산 **やま (山)**

음 ガン 海岸(かいがん) 해안
훈 きし 岸辺(きしべ) 물가, 강가 주의 川岸(かわぎし) 냇가, 강변

필순 岸 岸 岸 岸 岸 岸 岸 岸

한자	부수	음·훈
351 波 물결 파 획수 8	부수 삼수변 **さんずい** **(氵)**	음 ハ 防波堤(ぼうはてい) 방파제 주의 電波(でんぱ) 전파, 音波(おんぱ) 음파 훈 なみ 大波(おおなみ) 큰 파도, 津波(つなみ) 해일 필순 波 波 波 波 波 波 波 波
352 湖 호수 호 획수 12	부수 삼수변 **さんずい** **(氵)**	음 コ びわ湖(こ) 비와호, 湖水(こすい) 호수 훈 みずうみ 白鳥(はくちょう)の湖(みずうみ) 백조의 호수 필순 湖 湖 湖 湖 湖 湖 湖 湖 湖 湖 湖 湖
353 湯 끓일 탕 획수 12	부수 삼수변 **さんずい** **(氵)**	음 トウ 名湯(めいとう) 명탕 훈 ゆ お湯(ゆ) 뜨거운 물, 湯気(ゆげ) 김 お湯(ゆ)に入(はい)る 탕에 들어가다 필순 湯 湯 湯 湯 湯 湯 湯 湯 湯 湯 湯 湯

가볍게 한자 기초력 up

1 다음 한자를 어떻게 읽는지 밑줄 아래에 히라가나로 써 보세요.

1 太陽　　2 川岸　　3 湖水　　4 人物

5 緑色の　シャツを　買います。

6 庭に　小さい　木を　植えました。

7 重い　荷物を　一人で　運びました。
(に)

8 知らない　言葉を　学びます。

9 これは　根気が　要る　仕事です。
(い)(しごと)

10 ここは　ケータイの　電波が　弱いですね。

11 韓国の　炭火焼き肉は、日本人に　人気が　あります。
(や)(にく)

12 夏の　おつまみと　言えば、えだ豆に　豆腐ですね。
(ふ)

13 コーヒーを　入れますから　お湯を　沸かして　ください。
(わ)

낱말과 표현

シャツ 셔츠 | 要(い)る 필요하다 | 仕事(しごと) 일 | ケータイ 휴대전화 | おつまみ 안주 | ～ば ～면 | コーヒー 커피 | 沸(わ)かす 데우다, 끓이다

2 다음 □ 안에 들어갈 알맞은 한자를 써 보세요.

1 □□ (かい がん)　2 □□ (しょく ぶつ)　3 □□ (せき たん)　4 □□な 性格 (よう き / せいかく)

5 □□から □□を □します。 (たび さき / は がき / だ)

6 □を □□から □ります。 (き / ね もと / き)

7 □で ボートに □りました。 (みずうみ / の)

8 この □では □□を □って います。 (はたけ / だい ず / つく)

9 □□の □は □が □いです。 (たい ふう / あと / なみ / たか)

10 カップから □□が □って います。 (ゆ げ / た)

11 この お□は □□□□が □□です。 (てら / に ほん てい えん / ゆう めい)

낱말과 표현

性格(せいかく) 성격 | ボート 보트 | カップ 컵

11 -2 동사를 만드는 한자 ②

Quiz 다음 예와 같이 한자어의 의미를 문장으로 표현해 보세요.

예 귀국(帰国) = きこく = [くに(国)] へ [かえる(帰る)] こと

1 작곡(作曲) = ________ = [　　(　　)]を[　　(　　)]こと

2 수험(受験) = ________ = [　　(　　)]を[　　(　　)]こと

3 주소(住所) = ________ = [　　(　　)]でいる[　　(　　)]

4 매매(売買) = ________ = [　　(　　)]たり、[　　(　　)]たりすること

5 급사(急死) = ________ = [　　(　　)]に [　　(　　)]こと

워밍업 기본 한자 배우기

354 開 열 개 획수 12	부수 문문 **もんがまえ (門)**	음 カイ 開会式(かいかいしき) 개회식, 開始(かいし) 개시, 開放(かいほう) 개방 훈 ひら(く) 花(はな)が開(ひら)く 꽃이 피다 = 開花(かいか) 개화 あ(ける) とびらを開(あ)ける 문을 열다 あ(く)/ひら(ける) 필순 開 開 開 開 開 開 開 開 開 開 開 開
355 決 결단할 결 획수 7	부수 삼수변 **さんずい (氵)**	음 ケツ 決意(けつい) 결의 주의 決心(けっしん) 결심, 決定(けってい) 결정 훈 き(める) 方針(ほうしん)を決(き)める 방침을 결정하다 き(まる) 필순 決 決 決 決 決 決 決
356 考 상고할 고 획수 6	부수 늙을 로엄 **おいかんむり, おいがしら (耂)**	음 コウ 参考書(さんこうしょ) 참고서 훈 かんが(える) 考(かんが)える人(ひと) 생각하는 사람 필순 考 考 考 考 考 考
357 急 급할 급 획수 9	부수 마음 심 **こころ (心)** / 急	음 キュウ 急行(きゅうこう) 급행, 急用(きゅうよう) 급한 일 至急(しきゅう) 지급, 급히, 急速(きゅうそく) 급속 훈 いそ(ぐ) 帰(かえ)りを急(いそ)ぐ 갈 길을 서두르다 필순 急 急 急 急 急 急 急 急 急
358 落 떨어질 락 획수 12	부수 초두머리 **くさかんむり (艹)** / 落	음 ラク 落第(らくだい) 낙제, 落石(らくせき) 낙석 주의 落下(らっか)する 낙하하다 훈 お(ちる) 木(き)から落(お)ちる 나무에서 떨어지다 お(とす) コップを落(お)とす 컵을 떨어뜨리다 필순 落 落 落 落 落 落 落 落 落 落 落 落

359	負 질 부 획수 9	부수 조개패 **かい** **(貝)**	음 フ 負担(ふたん) 부담 주의 勝負(しょうぶ) 승부 훈 ま(ける) 試合(しあい)に負(ま)ける 시합에 지다 ま(かす)/お(う) 필순 負 負 負 負 負 負 負 負 負
360	使 부릴 사 획수 8	부수 사람인변 **にんべん** **(亻)**	음 シ 使用(しよう) 사용, 大使館(たいしかん) 대사관 훈 つか(う) 使(つか)い方(かた) 사용법, お使(つか)いに行(い)く 심부름 가다 주의 人使(ひとづか)いがあらい 사람 부리는 방법이 거칠다 필순 使 使 使 使 使 使 使 使
361	死 죽을 사 획수 6	부수 죽을사변 **かばねへん** **(歹)**	음 シ 急死(きゅうし) 급사, 死者(ししゃ) 죽은 자 훈 し(ぬ) 病気(びょうき)で死(し)ぬ 병으로 죽다 필순 死 死 死 死 死 死
362	消 사라질 소 획수 10	부수 삼수변 **さんずい** **(氵)** 消	음 ショウ 消火(しょうか) 소화, 消化(しょうか) 소화 消防署(しょうぼうしょ) 소방서 훈 き(える) 火(ひ)が消(き)える 불이 꺼지다 け(す) 火(ひ)を消(け)す 불을 끄다, 消(け)しゴム 지우개 필순 消 消 消 消 消 消 消 消 消 消
363	送 보낼 송 획수 9	부수 책 받침 **しんにゅう,** **しんにょう** **(辶)** 送	음 ソウ 放送局(ほうそうきょく) 방송국, 送金(そうきん) 송금 훈 おく(る) 荷物(にもつ)を送(おく)る 짐을 부치다 필순 送 送 送 送 送 送 送 送 送

364

守

지킬 수
획수 6

부수: 갓머리 **うかんむり (宀)**

음: シュ — 死守(ししゅ) 사수, 守備(しゅび) 수비
ス — 留守(るす) 부재, 留守番(るすばん) 부재 시 집 지키는 사람

훈: まも(る) — 約束(やくそく)を守(まも)る 약속을 지키다, お守(まも)り 부적

필순: 守 守 守 守 守 守

365

受

받을 수
획수 8

부수: 또우 **また (又)**

음: ジュ — 受験(じゅけん) 수험

훈: う(ける) — 受付(うけつけ) 접수, 試験(しけん)を受(う)ける 시험을 치루다
う(かる) — 試験(しけん)に受(う)かる 시험에 합격하다

필순: 受 受 受 受 受 受 受 受

366

勝

이길 승
획수 12

부수: 힘력 **ちから (力)**

勝

음: ショウ — 勝負(しょうぶ) 승부, 決勝戦(けっしょうせん) 결승전

훈: か(つ) — 勝(か)ち負(ま)け 이기고 짐 주의 勝手(かって)に 제멋대로
まさ(る)

필순: 勝 勝 勝 勝 勝 勝 勝 勝 勝 勝 勝 勝

367

遊

놀 유
획수 12

부수: 책받침 **しんにゅう, しんにょう (辶)**

遊

음: ユウ — 遊園地(ゆうえんち) 유원지
ユ

훈: あそ(ぶ) — 友達(ともだち)と遊(あそ)ぶ 친구와 놀다

필순: 遊 遊 遊 遊 遊 遊 遊 遊 遊 遊 遊 遊

368

育

기를 육
획수 8

부수: 고기육, 육달월 **にくづき (月)**

음: イク — 育児(いくじ) 육아, 教育(きょういく) 교육

훈: そだ(つ) — 子供(こども)が育(そだ)つ 아이가 자라다
そだ(てる) — 子供(こども)を育(そだ)てる 아이를 기르다

필순: 育 育 育 育 育 育 育 育

369

助

도울 조
획수 7

부수 힘력 **ちから (力)**

음 ジョ　助手(じょしゅ) 조교, 助言(じょげん) 조언

훈 たす(ける)　助(たす)けて! だれか来(き)て! 살려 줘요! 누구 없어요!

주의 手助(てだす)け 도움

たす(かる)　助(たす)かる 살아나다, 도움이 되다

すけ

필순 助

370

止

그칠 지
획수 4

부수 그칠지 **とめる (止)**

음 シ　中止(ちゅうし) 중지, 停止(ていし) 정지

훈 と(める)　주의 通行止(つうこうど)め 통행금지

と(まる)

필순 止

371

集

모을 집
획수 12

부수 새추 **ふるとり (隹)**

음 シュウ　集会(しゅうかい) 집회, 集中(しゅうちゅう) 집중

훈 あつ(まる)　みんなが集(あつ)まる 모두가 모이다

あつ(める)　切手(きって)を集(あつ)める 우표를 모으다

つど(う)

필순 集

372

着

붙일 착
획수 12

부수 양양 **ひつじ (羊)**

음 チャク　一着(いっちゃく)のスーツ 슈트 한 벌

到着(とうちゃく) 도착　ジャク

훈 き(る)　コートを着(き)る 코트를 입다

着物(きもの) 옷

주의 上着(うわぎ) 상의, 下着(したぎ) 속옷

つ(く)　手紙(てがみ)が着(つ)く 편지가 도착하다

つ(ける)

필순 着

373 **取** 취할 취 획수 8	부수 또우 **また** **(又)**	음 シュ 取材(しゅざい) 취재 훈 と(る) 荷物(にもつ)を受(う)け取(と)る 짐을 건네 받다 取(と)りあつかい 취급, 書(か)き取(と)り 받아쓰기 주의 横取(よこど)り 가로챔 필순 取 取 取 取 取 取 取 取
374 **投** 던질 투 획수 7	부수 재방변 **てへん** **(手)**	음 トウ 投手(とうしゅ) 투수, 投書(とうしょ) 투서 投資(とうし) 투자 훈 な(げる) ボールを投(な)げる 공을 던지다 필순 投 投 投 投 投 投 投

가볍게 한자 기초력 up

1 다음 한자를 어떻게 읽는지 밑줄 아래에 히라가나로 써 보세요.

1 通行止め　2 使用　3 放送局(ほう きょく)　4 消防署(ぼうしょ)

5 受験生(けん)　6 集中力

7 決心するまで 長い間 考えました。

8 階段(だん)から 落ちて、入院しました。

9 子供(ども)と 遊園地で 遊びました。 10 開会式を 取材(ざい)します。

11 大切に 育てていた 子犬が 死んで しまいました。

12 田中さんは 急用が できて、急いで 帰りました。

13 あの 投手は、150キロの ボールを 投げます。守備(び)も いいです。

14 駅に 着いたら 電話を いただけますか。私は 青い シャツを 着て 行きます。

15 勝負には 負けましたが、ゲームの 内容(よう)では 勝っていたと 思います。

낱말과 표현

だれか 누군가 | どろぼう 도둑 | ~てしまう ~해 버리다 | できる 생기다 | ボール 볼, 공 | いただけますか 주시겠습니까 | ゲーム 게임 | 内容(ないよう) 내용

2 다음 □ 안에 들어갈 알맞은 한자를 써 보세요.

1 □□ (きょう いく)

2 □□ (きゅう こう)

3 □しゴム (け)

4 □□ (ちゅう し)

5 □□ (じょ げん)

6 □ち□け (か ま)

7 □□が□る。 (し しゃ で)

8 時間を □る。 (まも)

9 EMSを □る。 (おく)

10 窓を □ける。 (まど あ)

11 □□に □□する。 (しん ぶん とう しょ)

12 □□が □く。 (て がみ つ)

13 よく □えて □めて ください。 (かんが き)

14 □□□で ビザを □け□りました。 (たい し かん う と)

15 □は よく 子どもたちを □めて □んで います。 (いもうと あつ あそ)

낱말과 표현

窓(まど) 창문 | ビザ 비자, 사증

도전! 한자 QUIZ

和語 동사와 漢語 동사

다음 예문을 보고 빈칸에 해당되는 和語 동사와 漢語 동사를 써 보세요.

예문	和語 동사	漢語 동사
예 日本語をまなぶ。	学ぶ	学習する
1 仕事がふえる。		
2 作品ができる。		完成する
3 試験日をしらせる。		
4 学級委員をえらぶ。	選ぶ	
5 新しい星をみつける。		
6 人口が都市にあつまる。		集中する
7 会議にでる。		
8 虫歯をなおす。		治療する
9 領土を二つにわける。		
10 川でおぼれた人をたすける。		
11 子供をそだてる。	育てる	
12 試験問題をつくる。		
13 温度がかわる。	変わる	
14 計画をやめる。		

Hint

止・作・助・集・治・出・分・見・増・出来・知・中止・変化・増加・分割・救助・養育・出席・発見・通知・選出・作成

단단히 **한자 응용력 up**

1 다음 예 와 같이 □에 하나씩 히라가나를 써 보세요.

예 1 犬 [い][ぬ]　　예 2 犬 [い][ぬ][×]

1 動物 □□□□□　　2 決勝 □□□□□

3 助手 □□□□□　　4 校庭 □□□□□

5 使用 □□□□□　　6 集合 □□□□□

7 急行 □□□□□　　8 湖水 □□□□□

9 太陽 □□□□□　　10 死守 □□□□□

2 어떤 한자가 연상될까요? 다음 예 와 같이 연상되는 한자를 자유롭게 넣어 보세요.

예 山 → 川 → 岩 → 魚 → 食べる → 飲む → ロ

緑 → □ → □ → □ →

□ → □ → □

3 다음 글의 (　　)에 들어갈 알맞은 한자를 送(おく)りがなに 주의하면서 써 보세요.

예 その話は、(　知り　)ません。

보기 知・遊・送・急・来・開・落・出・拾・着

日曜日、友だちと渋谷(しぶや)で 1 (　　　　　　) 約束(やくそく)をしていました。少しおそく家を 2 (　　　　　　)ましたから、少し 3 (　　　　　　)ました。

駅に 4 (　　　　　　)、かばんを見ると、かばんの口が 5 (　　　　　　)いました。財布(さいふ)がありません！ どこかで 6 (　　　　　　)たようです。私は交番(こうばん)へ行って話しました。

次(つぎ)の日、交番から電話がかかって 7 (　　　　　　)。親切な人が私の財布(さいふ)を 8 (　　　　　　)、届(とど)けてくれたそうです。交番でその人の住所(じゅうしょ)を聞いて、お礼を 9 (　　　　　　)ました。

낱말과 표현

渋谷(しぶや) 시부야 | 約束(やくそく) 약속 | おそく 늦게 | かばん 가방 | ～と ～니까 | 財布(さいふ) 지갑 | どこかで 어디선가 | ～ようです ～인 것 같습니다 | 交番(こうばん) 파출소 | 次(つぎ)の日(ひ) 다음 날 | 電話(でんわ)がかかる 전화가 걸려오다 | 届(とど)けてくれる 신고해 주다 | ～そうです ～고 합니다 | 住所(じゅうしょ) 주소 | お礼(れい) 답례

한자 이모저모

同訓語(자 · 타동사의 쌍)

일본어 訓 읽기는 같으나, 의미가 다른 동사의 그룹을 알아보자.

자동사	종류	예	타동사	종류	예
うつる	移る 옮겨지다	場所(ばしょ)が移(うつ)る 장소가 옮겨지다	うつす	移す 옮기다	会場(かいじょう)を移(うつ)す 행사장을 옮기다
	写る 찍히다	写真(しゃしん)が写(うつ)る 사진이 찍히다		写す 베끼다	文(ぶん)を写(うつ)す 문장을 베끼다
	映る 비치다	鏡(かがみ)に顔(かお)が映(うつ)る 거울에 얼굴이 비치다		映す 상영하다	映画(えいが)を映(うつ)す 영화를 상영하다
あく	開く 열리다	窓(まど)が開(あ)く 창문이 열리다	あける	開ける 열다	戸(と)を開(あ)ける 문을 열다
	空く 비다	席(せき)が空(あ)く 자리가 비다		空ける 비워주다	場所(ばしょ)を空(あ)ける 장소를 비워주다
たつ	立つ 서다	人(ひと)が立(た)つ 사람이 서다	たてる	立てる 세우다	物(もの)を立(た)てる 물건을 세우다
	建つ 세워지다	建物(たてもの)が建(た)つ 건물이 세워지다		建てる 짓다	家(いえ)を建(た)てる 집을 짓다
なおる	直る 고쳐지다	故障(こしょう)が直(なお)る 고장이 고쳐지다	なおす	直す 고치다	間違(まちが)いを直(なお)す 잘못을 고치다
	治る 나아지다	病気(びょうき)が治(なお)る 병이 나아지다		治す 치료하다	けがを治(なお)す 부상을 치료하다
とまる	止まる 멈추자	人(ひと)が止(と)まる 사람이 멈추다	とめる	止める 세우다	車(くるま)を止(と)める 차를 세우다
	泊まる 묵다	旅館(りょかん)に泊(と)まる 여관에 묵다		泊める 숙박시키다	友人(ゆうじん)の家(いえ)に泊(と)める 친구 집에 숙박시키다
	留まる 띄다, 주목받다	人(ひと)の目(め)に留(と)まる 사람 눈에 띄다		留める 새기다	事(こと)を心(こころ)に留(と)める 일을 마음에 새기다

chapter 12

숙어 만들기

학습 목표 : 배운 한자의 지식을 정리하여 숙어 지식을 확장할 수 있다.

12-1 배운 한자와 같이 읽어 봅시다

Quiz 밑줄친 부분에 주의하면서 읽어 보세요.

1 一学期が　始まります。

2 父は　会社員です。

3 三月二日は　入学式です。

4 みんなで　食事に　行きませんか。

5 今年の　夏は　ミニスカートが　流行しました。

6 つくえの　上を　整理します。

7 オリンピックを　見て　感動しました。

몇 개나 읽을 수 있었나요?
7　　：すばらしい！
6～4：よく勉強しています^^
3～1：あと少し！
0　　：파이팅!!

	부수	음
375 感 느낄 감 획수 13	마음심 こころ (心)	カン 感心(かんしん) 감탄, 感動(かんどう) 감동 感情(かんじょう) 감정, 感想(かんそう) 감상
		필순
376 庫 곳집 고 획수 10	엄호 まだれ (广)	コ 金庫(きんこ) 금고, 車庫(しゃこ) 차고 冷蔵庫(れいぞうこ) 냉장고 ク
		필순
377 局 판 국 획수 7	주검시엄 しかばね (尸)	キョク 電話局(でんわきょく) 전화국, 薬局(やっきょく) 약국 放送局(ほうそうきょく) 방송국, 結局(けっきょく) 결국
		필순
378 期 기약할 기 획수 12	달월 つき (月)	キ 期日(きじつ) 기일, 期間(きかん) 기간 期待(きたい) 기대, 新学期(しんがっき) 신학기 短期(たんき) 단기, 時期(じき) 시기
		필순
379 対 대할 대 획수 7	마디촌 すん (寸)	タイ 対立(たいりつ) 대립, 対決(たいけつ) 대결 対話(たいわ) 대화, 対象(たいしょう) 대상 ツイ
	對	필순

번호	부수	내용
380 **放** 놓을 방 획수 8	부수 등글월문방 **のぶん** **(攵)**	음 ホウ 放送局(ほうそうきょく) 방송국, 追放(ついほう) 추방 훈 はな(す) 手(て)を放(はな)す 손을 놓다 魚(さかな)を川(かわ)に放(はな)す 물고기를 강에 놓아주다 はな(つ)/はな(れる) 필순 放 放 放 放 放 放 放 放
381 **部** 나눌 부 획수 11	부수 언덕부 **おおざと** **(阝)**	음 ブ 内部(ないぶ) 내두, 部下(ぶか) 부하, 学部(がくぶ) 학부 部長(ぶちょう) 부장, 部首(ぶしゅ) 부수 주의 部屋(へや) 방 필순 部 部 部 部 部 部 部 部 部 部 部
382 **事** 일 사 획수 8	부수 갈고리궐 **はねぼう** **(亅)**	음 ジ 火事(かじ) 화재, 事件(じけん) 사건, 工事(こうじ) 공사 行事(ぎょうじ) 행사, 事実(じじつ) 사실 ズ 훈 こと 明白(めいはく)な事(こと) 명백한 일 주의 仕事(しごと) 일, 出来事(できごと) 사건 필순 事 事 事 事 事 事 事 事
383 **速** 빠를 속 획수 10	부수 책받침 **しんにゅう,** **しんにょう** **(辶)** 速	음 ソク 速度(そくど) 속도, 高速(こうそく) 고속 주의 速記(そっき) 속기 훈 はや(い) 速(はや)い 빠르다 はや(める)/すみ(やか) 필순 速 速 速 速 速 速 速 速 速 速
384 **式** 법 식 획수 6	부수 주살 **しきがまえ** **(弋)**	음 シキ 入学式(にゅうがくしき) 입학식, 形式(けいしき) 형식 正式(せいしき) 정식, 公式(こうしき) 공식, 洋式(ようしき) 양식 和式(わしき) 일본식 필순 式 式 式 式 式 式

385

深

깊을 심
획수 11

부수 삼수변 **さんずい (氵)**

음 シン 深海(しんかい) 심해, 深夜(しんや) 심야
훈 ふか(い) 深(ふか)い 깊다
주의 注意深(ちゅういぶか)い 주의 깊다 ふか(まる)/ふか(める)

필순

386

列

벌일 열
획수 6

부수 선칼도방 **りっとう (刂)**

음 レツ 行列(ぎょうれつ) 행렬, 整列(せいれつ) 정렬
주의 列車(れっしゃ) 열차, 列島(れっとう) 열도

필순

387

員

인원 원
획수 10

부수 입구 **くち (口)**

음 イン 会社員(かいしゃいん) 회사원, 店員(てんいん) 점원
役員(やくいん) 임원, 満員(まんいん) 만원

필순

388

流

흐를 류
획수 10

부수 삼수변 **さんずい (氵)**

음 リュウ 流行(りゅうこう) 유행, 上流(じょうりゅう) 상류
流通(りゅうつう) 유통 ル
훈 なが(れる) 川(かわ)が流(なが)れる 강이 흐르다 なが(す)

필순

389

引

당길 인
획수 4

부수 활궁 **ゆみ (弓)**

음 イン 引用(いんよう) 인용, 引力(いんりょく) 인력
훈 ひ(く) くじを引(ひ)く 제비를 뽑다, 引(ひ)き算(ざん) 뺄셈
ひ(ける)

필순

390 **整** 고를 정 획수 16	부수 등글월문방 **のぶん** **(攵)**	음 セイ 整理(せいり) 정리, 整列(せいれつ) 정렬 훈 ととの(える) 夕食(ゆうしょく)を整(ととの)える 저녁을 준비하다 コンティションを整(ととの)える 컨디션을 조절하다 ととの(う) 필순 整 整 整 整 整 整 整 整 整 整 整 整 整 整 整 整
391 **直** 곧을 직 획수 8	부수 눈목 **め** **(目)**	음 チョク 直線(ちょくせん) 직선, 直立(ちょくりつ) 직립 주의 直角(ちょっかく) 직각 ジキ 正直(しょうじき)な人(ひと) 정직한 사람 훈 なお(す) くせを直(なお)す 버릇을 고치다 なお(る)/ただ(ちに) 필순 直 直 直 直 直 直 直 直
392 **秒** 초침 초 획수 9	부수 벼화변 **のぎへん** **(禾)**	음 ビョウ 六十秒(ろくじゅうびょう) 60초, 秒針(びょうしん) 초침 필순 秒 秒 秒 秒 秒 秒 秒 秒 秒
393 **他** 다를 타 획수 5	부수 사람인변 **にんべん** **(亻)**	음 タ 他国(たこく) 타국, 他人(たにん) 타인 필순 他 他 他 他 他

가볍게 한자 기초력 up

1 다음 한자를 어떻게 읽는지 밑줄 아래에 히라가나로 써 보세요.

1 速度　　2 他国　　3 役員　　4 車庫

5 公式　　6 薬局　　7 部屋　　8 読書感想文

9 50メートルを　8秒2で　走りました。

10 川に　魚を　放しました。

11 短期間で　工事が　終わりました。

12 ホームに　列車が　入って　きます。

13 わからない言葉は　辞書を　引いて　ください。
じ

14 あの　会社は　内部の　対立が　ひどいと　聞きました。

15 私に　できることは、コンディションを　整えて　待つことだけです。

16 角が　直角に　なるように　直して　ください。

17 深夜　2時、人々は　深い　眠りの　中に　います。
ねむ

18 上流に　ダムが　ありますから、川の　流れが　ゆるやかに　感じられます。

낱말과 표현

ホーム 플랫폼 | わからない 모르다 | ひどい 심하다 | できること 할 수 있는 일 | コンディション 컨디션 | ～だけ ～뿐 | ～になる ～이/가 되다 | ～ように ～도록 | 眠(ねむ)り 잠, 수면 | ダム 댐 | ゆるやかに 느릿하게 | ～(ら)れる ～되다(자발)

2 다음 □ 안에 들어갈 알맞은 한자를 써 보세요.

1 □□
きん　こ

2 □□
せい　れつ

3 □□
けい　しき

4 □□
てん　いん

5 □□
しん　かい

6 □□□
ほう　そう　きょく

7 □□
き　たい

8 □ の □□
ほし　いん　りょく

9 □□ ＝ □□□
いっ　ぷん　ろく　じゅう　びょう

10 □ の □ れは □ いですね。
とき　なが　はや

11 □□ の □□ の □□ に □ ます。
むす　こ　がっ　こう　ぎょう　じ　で

12 □□ の □□ に □□ しました。
ぶ　か　こう　どう　かん　しん

13 □□ に □ しても □□ に □ しても、□□ で
た　にん　たい　じ　ぶん　たい　しょう　じき

ありたいです。

한자 이모저모

同音漢字語(類・異議語)

동음한자어 유 이의어

일본어 숙어 읽기는 같으나, 의미가 비슷하거나 다른 한자어를 알아보자.

	종류	예		종류	예
いし	意思 의사	意思を表示する 의사를 표시하다	しゅう りょう	終了 종료	映画が終了する 영화가 종료되다
	意志 의지	意志が強い 의지가 강하다		修了 수료	修士課程を修了する 석사 과정을 수료하다
たい しょう	対照 대조	AとBを対照する A와 B를 대조하다	ほしょう	保証 보증	品質を保証する 품질을 보증하다
	対象 대상	女性を調査の対象にする 여성을 조사 대상으로 하다		保障 보장	安全を保障する 안전을 보장하다
かん しん	関心 관심	政治に関心がある 정치에 관심이 있다	きょう りょく	強力 강력	強力なチーム 강력한 팀
	感心 감탄	上手な外国語に感心する 능숙한 외국어에 감탄하다		協力 협력	みんなが協力する 모두가 협력하다
しよう	使用 사용	道具を使用する 도구를 사용하다	きかい	機械 기계	機械を使う 기계를 쓰다
	私用 사사로이 씀	私用と公用の区別をする 사적 용도와 공적 용도 구별을 하다		機会 기회	機会を得る 기회를 얻다
こうか	効果 효과	効果がある 효과가 있다	こう じょう	工場 공장	工場を建てる 공장을 짓다
	校歌 교가	校歌を歌う 교가를 부르다		向上 향상	生活水準が向上する 생활 수준이 향상되다

12-2 단어의 확장

Quiz 다음 □ 안에 알맞은 한자를 넣어서 숙어를 만들어 보세요.

1

大		□
	学	
□		校

2

□		□
	品	
目		質

3

□		場
	面	
談		目

★ 자유롭게 만들어 보세요.

□		□
	○	
□		□

Hint 問・進・作・商・表

394

級

등급 **급**

획수 9

부수 실사변 **いとへん (糸)**

음 キュウ 高級(こうきゅう) 고급, 初級(しょきゅう) 초급
中級(ちゅうきゅう) 중급, 上級(じょうきゅう) 상급

필순 級 級 級 級 級 級 級 級 級

395

具

갖출 **구**

획수 8

부수 여덟팔 **は (八)**

具

음 グ 家具(かぐ) 가구, 道具(どうぐ) 도구, 雨具(あまぐ) 우비
文房具(ぶんぼうぐ) 문방구, 具合(ぐあい) 상태, 형편

필순 具 具 具 具 具 具 具 具

396

談

말씀 **담**

획수 15

부수 말씀언변 **ごんべん (言)**

음 ダン 面談(めんだん) 면담, 対談(たいだん) 대담
冗談(じょうだん) 농담, 談話(だんわ) 담화

필순 談 談 談 談 談 談 談 談 談 談 談 談 談 談 談

397

代

대신 **대**

획수 5

부수 사람인변 **にんべん (亻)**

음 ダイ 代表(だいひょう) 대표, 代金(だいきん) 대금
時代(じだい) 시대, 現代(げんだい) 현대
タイ 交代(こうたい) 교대

훈 か(わる) 代(か)わりに 대신에 주의 身代(みが)わり 대신, 대역
か(える)/よ/しろ

필순 代 代 代 代 代

398

路

길 **로**

획수 13

부수 발족변 **あしへん (⻊)**

음 ロ 道路(どうろ) 도로, 路線(ろせん)バス 노선버스

훈 じ

필순 路 路 路 路 路 路 路 路 路 路 路 路 路

399

面

낯 면

획수 9

부수 낯면 めん (面)

음 メン 水面(すいめん) 수면, 場面(ばめん) 장면
表面(ひょうめん) 표면, 方面(ほうめん) 방면

훈 おも 面白(おもしろ)い 재미있다
おもて/つら

필순 面 面 面 面 面 面 面 面 面

400

商

장사 상

획수 11

부수 입구 くち (口)

음 ショウ 商売(しょうばい) 장사, 商品(しょうひん) 상품
商業高校(しょうぎょうこうこう) 상업고(교)

훈 あきな(う)

필순 商 商 商 商 商 商 商 商 商 商 商

401

実

열매 실

획수 8

부수 갓머리 うかんむり (宀)

實

음 ジツ 事実(じじつ) 사실, 果実(かじつ) 과실
주의 実行(じっこう) 실행, 実家(じっか) 친정

훈 みの(る) りんごが実(みの)る 사과가 열매를 맺다
努力(どりょく)が実(みの)る 노력이 열매를 맺다
まこと

필순 実 実 実 実 実 実 実 実

402

進

나아갈 진

획수 11

부수 책 받침 しんにゅう, しんにょう (辶)

進

음 シン 進行(しんこう) 진행, 進学(しんがく) 진학

훈 すす(む) 前(まえ)に進(すす)む 앞으로 나아가다
すす(める) 話(はなし)を進(すす)める 이야기를 진행시키다

필순 進 進 進 進 進 進 進 進 進 進 進

403 表 겉 표 획수 8	부수 옷의 **ころも** **(衣)**	음 ヒョウ 表現(ひょうげん) 표현, 表紙(ひょうし) 표지 表面(ひょうめん) 표면, 表情(ひょうじょう) 표정 주의 年表(ねんぴょう) 연표 훈 おもて 表通(おもてどお)り 큰길, 裏表(うらおもて) 겉과 속 あらわ(す) 考(かんが)えを言葉(ことば)で表(あらわ)す 생각을 말로 나타내다 あらわ(れる) 필순 表 表 表 表 表 表 表 表
404 筆 붓 필 획수 12	부수 대죽머리 **たけかんむり** **(⺮)**	음 ヒツ 万年筆(まんねんひつ) 만년필 주의 鉛筆(えんぴつ) 연필, 筆者(ひっしゃ) 필자 훈 ふで 絵筆(えふで) 그림붓, 筆箱(ふでばこ) 필통 필순 筆 筆 筆 筆 筆 筆 筆 筆 筆 筆 筆 筆

잠깐! 한자 정리

다음 □ 안에 알맞은 한자를 넣어서 숙어를 만들어 보세요.

1. 行 · 食 · 実 · 業 → ○

2. 時 · 世 · 表 · 打 → ○

3. 相 · 面 · 筆 → ○

4. 道 · 線 · 進 → ○

5. 鉄 · 具 · 路 → ○

6. 同 · 均 · 平 · 級 → ○

Hint 代 · 談 · 事 · 路 · 等 · 道

가볍게 한자 기초력 up

1 다음 한자를 어떻게 읽는지 밑줄 아래에 히라가나로 써 보세요.

1 中級　　2 万年筆　　3 時代　　4 路線バス

5 具合が　悪いので、先に　帰ります。

6 実行委員の　努力が　実りました。
どりょく

7 イギリスと　日本の　首相の　対談で　面白い　場面を　見ました。

8 大学に　進学する　つもりは　ないので、商業高校に　進みました。

9 人は　言葉より　表情で　気持ちを　表わします。

낱말과 표현

~ので ~니까 | 努力(どりょく) 노력 | イギリス 영국 | ~つもりはない ~할 생각이 없다

2 다음 □ 안에 알맞은 한자를 써 보세요.

1 □□ しょう ばい

2 □□ ふで ばこ

3 □□ だい ひょう

4 □□□□ こう そく どう ろ

5 □□との □□ ぶ ちょう　めん だん

6 あの □(いえ) には □□(こう きゅう) な □□(か ぐ) が たくさん あります。

7 その □(はなし) は □□(じ じつ) では ありません。

8 □□(じん せい) は □(まえ) に □(すす) むしか ありません。

낱말과 표현

たくさん 많이 | ～しか ～밖에

단단히 한자 응용력 up

1 다음 예 와 같이 밑줄 친 단어를 한자와 히라가나로 써 보세요.

예 학교へ　行く　（学校・がっこう）

1. この　川の　수심は　3メートルくらいです。　（　　・　　）
2. 고대　エジプトの　ピラミッドを　見た。　（　　・　　）
3. 私の　大学は　日本の　大学と　교류が　あります。　（　　・　　）
4. 引っ越し(ひこ)の　ため、수도국に　電話した。　（　　・　　）
5. KTXの　시속は　300キロ　以上(いじょう)です。　（　　・　　）
6. 運も　실력の　うちです。　（　　・　　）

낱말과 표현

～くらい ~정도 | エジプト 이집트 | ピラミッド 피라미드 | 以上(いじょう) 이상 | 運(うん) 운 | ～のうち ~중

2 다음 ◯에 들어갈 알맞은 한자를 써 보세요.

1
- 学 ◯ 時
- 待 ◯ 間

2
- 現 ◯ 世
- 表 ◯ 理

3
- 行 ◯ 整
- 車 ◯ 島

4
- 事 ◯ 果
- 家 ◯ 行

3 다음 예 와 같이 한자의 끝말잇기를 완성해 보세요.

예

表	面	→	面	談	→	談	話	→	話	題

1

学	部	→			→			→		

2

交	流	→			→			→		

4 다음 받침을 보고 알맞은 한자를 보기에서 골라 보세요. 그리고 받침에 대응하는 일본음을 정리해 보세요.

보기 鳴・式・員・速・局・引・用・整・放・直・動・長・列・形・央・向・出・真・銀・立・楽・発・植・物・羊・客・宿・転・漢・曲・運

1 받침이 'ㄱ'인 한자

式

2 받침이 'ㄹ'인 한자

3 받침이 'ㄴ'인 한자

4 받침이 'ㅇ'인 한자

鳴

5 받침이 'ㅂ'인 한자

6 받침이 'ㅁ'인 한자

한자 이모저모

2字 숙어 만들기

1 반대 대립의 의미자를 병렬한 것

예 上下(じょうげ) 상하, 強弱(きょうじゃく) 강약, 進退(しんたい) 진퇴, 往復(おうふく) 왕복, 増減(ぞうげん) 증감, 苦楽(くらく) 고락, 寒暑(かんしょ) 한서, 加減(かげん) 가감, 新旧(しんきゅう) 신구, 発着(はっちゃく) 발착, 攻守(こうしゅ) 공수

2 같은 의미자를 병렬한 것

예 森林(しんりん) 삼림, 進行(しんこう) 진행, 道路(どうろ) 도로. 救済(きゅうさい) 구제, 測量(そくりょう) 측량, 表現(ひょうげん) 표현, 採取(さいしゅ) 채취, 禁止(きんし) 금지, 身体(しんたい) 신체, 往来(おうらい) 왕래, 豊富(ほうふ) 풍부, 飼育(しいく) 사육, 災害(さいがい) 재해, 過去(かこ) 과거

3 전자가 후자를 수식하는 것

예 漢字(かんじ) 한자, 直線(ちょくせん) 직선, 明月(めいげつ) 명월, 深海(しんかい) 심해, 再考(さいこう) 재고, 新居(しんきょ) 새집, 校舎(こうしゃ) 교사, 短気(たんき) 단기, 燃料(ねんりょう) 연료, 重病(じゅうびょう) 중병, 快勝(かいしょう) 쾌승, 再会(さいかい) 재회, 広告(こうこく) 광고, 最初(さいしょ) 최초

4 전자가 동사로 후자가 목적어 또는 보어가 되어있는 것
(후자에서 전자로 역으로 읽으면 의미를 잘 알 수 있는 것)

예 出題(しゅつだい) 출제, 開会(かいかい) 개회, 登山(とざん) 등산, 提案(ていあん) 제안, 防災(ぼうさい) 방재,] 통일, 在室(ざいしつ) 재실, 謝恩(しゃおん) 사은, 指名(しめい) 지명, 営業(えいぎょう) 영업, 採光(さいこう) 채광, 着眼(ちゃくがん) 착안, 帰国(きこく) 귀국, 通学(つうがく) 통학

5 부정의 의미를 나타내는 전자가 후자의 의미를 부정하는 것

예 不足(ふそく) 부족, 不幸(ふこう) 불행, 無理(むり) 무리, 無罪(むざい) 무죄, 無断(むだん) 무단, 無敵(むてき) 무적, 非常(ひじょう) 비상, 非行(ひこう) 비행, 非番(ひばん) 비번, 未来(みらい) 미래, 未定(みてい) 미정, 未完(みかん) 미완

chapter

13 숙어 이야기

학습 목표 : 일본어 숙어를 확장할 수 있다.

13-1 한국에서도 사용하는 용어

Quiz 다음 말풍선의 한국어를 일본어로 고쳐 보세요.

こんど　日本に　行くの。兄が
東京の　연구소に　いるから。

いいなぁ。ぼく、日本で　야구の
시합、見て　みたい。
でも、ウチは、母が　日本旅行、
반대してるから･･･

そうなんだ。1週間の　예정だから、
사진、いっぱい　撮(と)って、送って
あげるね。

405 意 뜻 의 획수 13

부수 마음심 こころ (心)

음 イ 意味(いみ) 의미, 注意(ちゅうい) 주의
同意(どうい) 동의, 意見(いけん) 의견

필순 意 意 意 意 意 意 意 意 意 意 意 意 意

406 味 맛 미 획수 8

부수 입구변 くちへん (口)

음 ミ 意味(いみ) 의미, 趣味(しゅみ) 취미, 調味料(ちょうみりょう) 조미료
훈 あじ 塩味(しおあじ) 소금맛, 味見(あじみ)をする 맛을 보다
あじ(わう)

필순 味 味 味 味 味 味 味 味

407 平 평평할 평 획수 5

부수 방패간 いちじゅう (干)

음 ヘイ 平和(へいわ) 평화, 平日(へいじつ) 평일
ビョウ 平等(びょうどう) 평등
훈 たい(ら) 平(たい)らな道(みち) 평평한 길
ひら 平(ひら)たい 평평하다

필순 平 平 平 平 平

408 和 화할 화 획수 8

부수 입구 くち (口)

음 ワ 平和(へいわ) 평화, 和式(わしき) 일본식
和食(わしょく) 일식, 和室(わしつ) 일본식 방
和気(わき)あいあい 화기애애 オ
훈 やわ(らぐ)/やわ(らげる)/なご(む)/なご(やか)

필순 和 和 和 和 和 和 和 和

409 研 갈 연 획수 9

부수 돌석변 いしへん (石)

음 ケン 研究(けんきゅう) 연구, 研修会(けんしゅうかい) 연수회
훈 と(ぐ)

필순 研 研 研 研 研 研 研 研 研

研

410	究 연구할 구 획수 7	부수 구멍혈 **あなかんむり** **(穴)**	음 キュウ　研究所(けんきゅうじょ) 연구소, 追究(ついきゅう) 추구 훈 きわ(める) 필순 究
411	予 미리 예 획수 4	부수 갈고리궐 **はねぼう** **(亅)** 豫	음 ヨ　予定(よてい) 예정, 予約(よやく) 예약 予習(よしゅう) 예습, 予算(よさん) 예산 필순 予
412	定 정할 정 획수 8	부수 갓머리 **うかんむり** **(宀)**	음 テイ　定食(ていしょく) 정식, 仮定(かてい) 가정 確定(かてい) 확정, 定価(ていか) 정가　ジョウ 훈 さだ(める)　法律(ほうりつ)を定(さだ)める 법률을 정하다 さだ(まる)/さだ(か) 필순 定
413	幸 다행할 행 획수 8	부수 방패간 **いちじゅう** **(干)**	음 コウ　幸運(こううん) 행운, 不幸(ふこう) 불행 훈 さいわ(い)　幸(さいわ)いにもケガがない 다행스럽게도 상처가 없다 しあわ(せ)　幸(しあわ)せな時間(じかん) 행복한 시간 さち　海(うみ)の幸(さち)山(やま)の幸(さち) 바다와 산에서 나는 것 필순 幸
414	福 복 복 획수 13	부수 보일시변 **しめすへん** **(ネ)** 福	음 フク　幸福(こうふく) 행복, 福祉(ふくし) 복지 필순 福

415

洋

큰바다 양
획수 9

부수
삼수변
さんずい
(氵)

음 ヨウ 洋服(ようふく) 양복, 太平洋(たいへいよう) 태평양
洋食(ようしょく) 양식, 洋室(ようしつ) 양실
東洋(とうよう)と西洋(せいよう) 동양과 서양

필순 

416

服

옷 복
획수 8

부수
달월변
つきへん
(月)

음 フク 衣服(いふく) 의복, 制服(せいふく) 제복, 和服(わふく) 일본 옷
薬(くすり)を服用(ふくよう)する 약을 복용하다

필순 

417

農

농사 농
획수 13

부수
별진
しんのたつ
(辰)

음 ノウ 農業(のうぎょう) 농업, 農村(のうそん) 농촌
農家(のうか) 농가, 農場(のうじょう) 농장

필순 

418

業

업 업
획수 13

부수
나무 목
き
(木)

음 ギョウ 工業(こうぎょう) 공업, 産業(さんぎょう) 산업
事業(じぎょう) 사업, 授業(じゅぎょう) 수업
企業(きぎょう) 기업, 営業(えいぎょう) 영업 ゴウ

훈 わざ

필순 

419

命

목숨 명
획수 8

부수
입구
くち
(口)

음 メイ 生命(せいめい) 생명, 運命(うんめい) 운명
ミョウ 寿命(じゅみょう) 수명

훈 いのち 命(いのち)を大切(たいせつ)にする 생명을 소중히 하다

필순 

420 令 하여금 령 획수 5	부수 사람인 ひと (人)	음 レイ 命令(めいれい) 명령, 辞令(じれい) 사령 リョウ 필순 令 令 令 令 令
421 問 물을 문 획수 11	부수 입구 くち (口)	음 モン 学問(がくもん) 학문, 質問(しつもん) 질문 훈 と(う) 責任(せきにん)を問(と)う 책임을 묻다, 추궁하다 年齢(ねんれい)、職業(しょくぎょう)は問(と)いません 나이 직업은 묻지 않습니다 と(い) 問(と)い合(あ)わせる 문의하다, 조회하다 とん 問屋(とんや) 도매상 필순 問 問 問 問 問 問 問 問 問 問 問
422 題 제목 제 획수 18	부수 머리혈 おおがい (頁)	음 ダイ 問題(もんだい) 문제, 出題(しゅつだい) 출제 話題(わだい) 화제, 題名(だいめい) 제목, 宿題(しゅくだい) 숙제 필순 題 題 題 題 題 題 題 題 題 題 題 題 題 題 題 題 題 題
423 悲 슬플 비 획수 12	부수 마음심 こころ (心)	음 ヒ 悲鳴(ひめい) 비명, 悲劇(ひげき) 비극 훈 かな(しい) 悲(かな)しい 슬프다 かな(しむ) 필순 悲 悲 悲 悲 悲 悲 悲 悲 悲 悲 悲 悲
424 鳴 울 명 획수 14	부수 새조 とり (鳥)	음 メイ 悲鳴(ひめい) 비명 훈 な(く) 鳥(とり)が鳴(な)く 새가 울다 な(る) ベルが鳴(な)る 벨이 울리다 な(らす) 필순 鳴 鳴 鳴 鳴 鳴 鳴 鳴 鳴 鳴 鳴 鳴 鳴 鳴 鳴

425

関

빗장 **관**

획수 14

부수: 문문 **もんがまえ (門)**

(구자체) 關

- 음: カン — 関係(かんけい) 관계, 機関(きかん) 기관
  - 関西地方(かんさいちほう) 간사이 지방 — ケン/ワン
- 훈: せき
- 필순: 関

426

係

맬 **계**

획수 9

부수: 사람인변 **にんべん (亻)**

- 음: ケイ — 関係(かんけい) 관계
- 훈: かかり — 係員(かかりいん) 담당자
  - 주의: 図書係(としょがかり) 도서계
- かか(る)
- 필순: 係

가볍게 한자 기초력 up

1 다음 한자를 어떻게 읽는지 밑줄 아래에 히라가나로 써 보세요.

1 係員　2 農場　3 追究(つい)　4 予約(やく)

5 その 意見には、同意できません。

6 鳥が 悲しい 声で 鳴いて います。

7 営業部(えい)への 辞令(じ)が 出ました。

8 社員食堂の 定食には、和食も 洋食も あります。

9 いいですか。平らな 面、平たい 方が 上ですよ。注意して ください。

10 これは、学問の 本質(しつ)を 問う 問題です。

11 調味料は「さしすせそ」の 順(じゅん)に、少しずつ、味を 見ながら 入れましょう。

12 このごろ、福祉(し)関係の 資格(しかく)が 注目を 集めて います。

13 ある 生命保険(ほけん)会社の 調査(さ)では、日本人の 平均寿命(きんじゅ)は 世界で 一番です。

낱말과 표현

できません 할 수 없습니다 | ～の順(じゅん)に ～순으로 | このごろ 요즘 | 資格(しかく) 자격 | ある 어떤 | 保険(ほけん) 보험

2 다음 □ 안에 들어갈 알맞은 한자를 써 보세요.

1 □□ けん きゅう

2 □□ い み

3 □□ ひ めい

4 □□ よう ふく

5 □□ よ てい

6 □□ めい れい

7 姉は □□(こう ふく) な □□(いっ しょう) を □(おく) りました

8 □□(へい わ) を □(まも) るために できる □(こと) を □(かんが) えましょう。

9 この □□(ち ほう) は 日本の □□(のう ぎょう) の □□(ちゅう しん) です。

10 □□(だい がく) を □(で) たら □□□□(りょ こう かん けい) の □□(かい しゃ) に □(はい) りたいです。

낱말과 표현

~ために ~을(를) 위해서 | できる 할 수 있다

도전! 한자 QUIZ

다음 예와 같이 밑줄 친 일본어 한자 읽기를 히라가나로 쓰고 한국어 해석을 써 보세요.

예문	일본어	한국어
예 毎日の学習が大切だ。	がくしゅう	학습
① 子どもが思春期に入った。		
② 新聞の号外が出る。		
③ 二世帯住宅(じゅうたく)に住む		
④ 何よりも人命が第一だ。		
⑤ 畑に農薬をまく。		
⑥ 宇宙(うちゅう)遊泳をしてみたい。		
⑦ ロシア、アメリカはたくさんの天然ガスを持っている。		

낱말과 표현

住宅(じゅうたく) 주택 | 宇宙(うちゅう) 우주 | ロシア 러시아 | アメリカ 미국 | ガス 가스

미니 컬럼

일본의 교과서체와 명조체

명조체(明朝体) 활자와 필사(筆写)시에 사용하는 계서(楷書)의 모양에는 차이점이 있다. 교과서체(教科書体)는 필사 시에 사용하는 계서(楷書)를 일컫는다. 명조체와 교과서체의 차이는 인쇄와 필사의 차이로 볼 수 있으며, 명조체와 교과서체의 자체(字体)는 동일한 것으로 간주한다.

일본한자 교육현장에서의 자체의 문제점은?

명조체활자(明朝体活字)와 교과서체활자(教科書体活字)는 일본인 학습자와 지도자조차도 이러한 자체(字体)에 대한 인식이 명확하지 못하고, 명조체인 活字体와 교과서체인 筆記体의 차이에 대한 인식이 애매하다. 이것은 일본의 초등학교 과정에서 사용되는 서체(書体)는 교과서체(教科書体)이며, 중 · 고교에서 사용하는 서체(書体)는 명조체(明朝体)인 것에 기인한다. 명조체는 읽기 기능을 가지며, 쓰기 기능을 가진 계서(楷書)에 근접한 서체(書体)이다.

다음의 〈令〉과 〈令〉은 일본 상용한자(常用漢字) 입장에서는 자체(字体) 표현상의 차이로 간주한다. 일본의 교육한자 1006字 중에 명조체와 교과서체의 자형(字形)의 차이가 두드러지는 대표적인 것은 다음과 같다.

	교과서체활자 (教科書体活字)	명조체활자 (明朝体活字)	예
1 실 사(糸) 그룹	糸	糸	糸 紙 組 線 絵 등
2 하여금 령(令) 그룹	令	令	令 冷 등
3 견줄 비(比) 그룹	比	比	比 批 등
4 연안 연(沿) 그룹	沿	沿	沿 船 (*分) 등
5 그 외	北, 備, 留, 收 등	北, 備, 留, 收 등	

교육 현장에서는 한자쓰기 지도는 교과서체를 기준으로 기초부터 차근차근 다져나가는 것이 바람직하다. 한편 일상 문자생활 시에는 명조체가 널리 사용되고 있는 사실도 간과해서는 안 될 것이다.

13-2 한국에서 사용하지 않는 용어

Quiz 한국에서는 어떤 용어를 사용하나요?

1

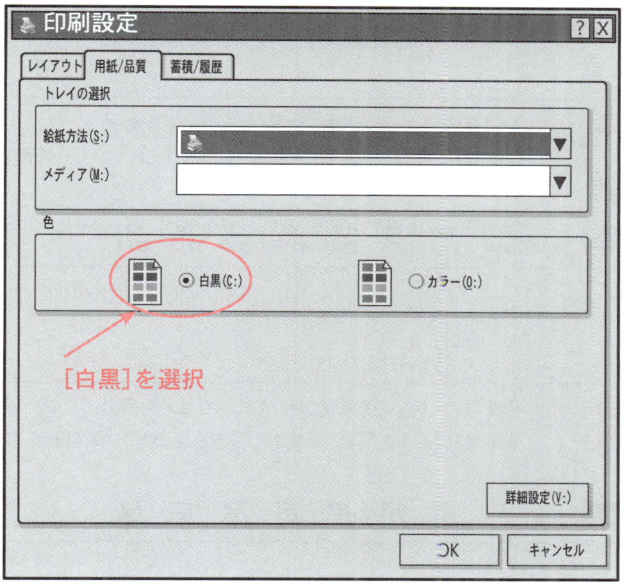

2

3

427	仕 버슬 사 획수 5	부수 사람인변 **にんべん** **(亻)**	음 シ 仕事(しごと) 일, 仕組(しく)み 짜임새 仕方(しかた)がない 어찌할 도리가 없다 仕送(しおく)りをする 돈을 부치다 ジ 훈 つか(える) 필순 仕 仕 仕 仕 仕
428	品 품수 품 획수 9	부수 입구 **くち** **(口)**	음 ヒン 作品(さくひん) 작품, 商品(しょうひん) 상품 品質(ひんしつ) 품질, 食料品(しょくりょうひん) 식료품 훈 しな 品物(しなもの) 물건 필순 品 品 品 品 品 品 品 品 品
429	屋 집 옥 획수 9	부수 주검시엄 **しかばね** **(尸)**	음 オク 屋内(おくない) 옥내, 屋上(おくじょう) 옥상 훈 や 本屋(ほんや) 책방, 部屋(へや) 방, 屋根(やね) 지붕 필순 屋 屋 屋 屋 屋 屋 屋 屋 屋
430	祭 제사 제 획수 11	부수 보일시 **しめす** **(示)**	음 サイ 祭日(さいじつ) 제삿날, 文化祭(ぶんかさい) 문화제 훈 まつ(り) お祭(まつ)り 축제, 秋祭(あきまつ)り 가을 축제 まつ(る) 필순 祭 祭 祭 祭 祭 祭 祭 祭 祭 祭 祭
431	荷 짐 하 획수 10	부수 초두머리 **くさかんむり** **(艹)** 荷	음 ニ 荷物(にもつ) 짐, 荷車(にぐるま) 짐수레 カ 필순 荷 荷 荷 荷 荷 荷 荷 荷 荷 荷

432

帳

휘장 **장**

획수 11

부수 수건건변 **はばへん (巾)**

음 チョウ　手帳(てちょう) 수첩, 通帳(つうちょう) 통장

필순

433

配

짝 **배**

획수 10

부수 닭유변 **とりへん (酉)**

음 ハイ　配達(はいたつ) 배달, 宅配(たくはい) 택배

주의 心配(しんぱい) 걱정

훈 くば(る)　新聞(しんぶん)を配(くば)る 신문을 배달하다

資料(しりょう)を配(くば)る 자료를 나누어 주다, 배포하다

필순

434

苦

괴로울 **고**

획수 8

부수 초두머리 **くさかんむり (艹)**

음 ク　苦労(くろう) 고생, 苦心(くしん) 고심, 苦痛(くつう) 고통

苦情(くじょう) 불만

훈

くる(しい)　苦(くる)しい仕事(しごと) 고통스러운 일

くる(しむ)　病(やまい)に苦(くる)しむ 병에 시달리다

くる(しめる)　人(ひと)を苦(くる)しめる 남을 괴롭히다

にが(い)　苦(にが)い薬(くすり) 쓴 약

にが(る)

필순

苦

435

労

일할 **로**

획수 7

부수 힘력 **ちから (力)**

음 ロウ　労働(ろうどう) 노동, 苦労(くろう) 고생

훈 ねぎら(う)/いたわ(る)

필순

勞

436 役 부릴 역 획수 7	부수 두인변 **ぎょうにんべん** **(彳)**	음 ヤク 主役(しゅやく) 주역, 配役(はいやく) 배역 役目(やくめ) 임무, 役者(やくしゃ) 배우 クラスの役員(やくいん) 클래스 임원, 役所(やくしょ) 관청 エキ 필순 役 役 役 役 役 役 役
437 様 모양 양 획수 14	부수 나무목변 **きへん** **(木)**	음 ヨウ 同様(どうよう) 마찬가지, 模様(もよう) 모양 あたりの様子(ようす) 주변의 상황 훈 さま 王様(おうさま) 임금님, 神様(かみさま) 하느님 皆様(みなさま) 여러분, ○○様(さま) 귀하 주의 様々(さまざま)な 다양한 필순 様 様 様 様 様 様 様 様 様 様 様 様 様 様
	様	

가볍게 한자 기초력 up

1 다음 한자를 어떻게 읽는지 밑줄 아래에 히라가나로 써 보세요.

1 配役　2 仕送り　3 手帳　4 荷車

5 金さんの　様子を　見て　いると　心配に　なります。

6 あの　会社の　品物は　品質が　いいですね。

7 文化祭は、いわば、学校の　お祭りです。

8 本屋の　屋上から　安売りの　垂(た)れ幕(まく)が　下がって　いるのが　見えます。

9 苦労の　連続(れんぞく)でしたが、やっと　苦しみから　解放(かいほう)されました。

낱말과 표현

いわば 말하자면 | 安売り 싸게 팜, 세일 | 垂(た)れ幕(まく) 현수막 | 見(み)える 보이다 | 連続(れんぞく) 연속 | やっと 드디어 | 解放(かいほう)される 해방되다

2 다음 □ 안에 들어갈 알맞은 한자를 써 보세요.

1 □□
おう さま

2 □□
へ や

3 □□
し ごと

4 □□
に もつ

5 □□
やく め

6 □□
さく ひん

7 □□の□□
ぎん こう つう ちょう

8 □い□
にが くすり

9 □□は□□が□られません。
さい じつ しん ぶん くば

10 □□までは、□どもも□働□でした。
きん だい こ ろう どう りょく

낱말과 표현

～られません ～할 수 없습니다 | ～まで ～까지

단단히 한자 응용력 up

1 다음 보기에서 な형용사, ―する 동사, 그 이외의 명사를 찾아서 써 보세요.

보기 有名・趣味・命令・反対・幸運・関係・平和・予定・問題・方面・研究

1 [な형용사] ： 有名,

2 [―する 동사] ：

3 [명사] ：

2 다음 예 와 같이 한국어를 일본어 한자로 바꿔 한자 읽기를 히라가나로 써 보세요.

예 학교へ　行く　（学校・がっこう）

1 会社を　방문します。 （　・　）

2 안정した　大きい　会社に　入りたいです。（　・　）

3 ミスの　原因(いん)を　구명します。 （　・　）

4 彼の　意見に　반감を　感じました。 （　・　）

5 空港の　세관で　検査(けんさ)を　受(う)けます。 （　・　）

6 평범な　人生が　一番です。(　　　　　・　　　　　)

Hint

安・平・訪・税・定・反・究・感・凡・問・明・関

3 다음 예 와 같이 밑줄 친 한자 읽기가 다른 한자를 찾아서 O표 하세요.

보기 東西 ・(首都)・ 回答

1 意見 ・ 研修 ・ 練習

2 出題 ・ 対談 ・ 第一

3 命令 ・ 悲鳴 ・ 名前

4 消化 ・ 話題 ・ 和式

5 研究 ・ 地区 ・ 野球

6 羊毛 ・ 予定 ・ 太平洋

7 氷山 ・ 平等 ・ 一秒

8 幸福 ・ 制服 ・ 東北

4 다음 (　　)에 들어갈 알맞은 한자를 써서 문장을 완성해 보세요.

예 KBSは　韓国の　(　放送　)局です。

보기　放送・用事・苦労・心配・題名・役目・荷物・天気・様子

1 今日は　(　　　　　)が　ありますので、お先に　失礼します。

2 きれいな　曲ですね。曲の　(　　　　　)を　教えて　ください。

3 母は　アメリカに　行った　兄の　ことを　いつも　(　　　　　)　して　います。

4 大きい　(　　　　　)は　コインロッカーに　入れて　ください。

5 私は　主婦(ふ)です。家を　守ることが　私の　(　　　　　)です。

6 このごろ、兄の　(　　　　　)が　おかしい。恋人(こいびと)が　できたかな。

7 テレビで　今日の　(　　　　　)は、雨だと　言って　いました。

8 人間は　(　　　　　)しただけ、ほかの　人に　やさしく　なれる　ものです。

낱말과 표현

お先(さき)に 먼저 | 失礼(しつれい)します 실례하겠습니다 | ~のこと ~의 것 | コインロッカー 코인 로커 | 入(い)れる 넣다 | 主婦(しゅふ) 주부 | 家(いえ)を守(まも)る 집을 지키다 | おかしい 이상하다 | 恋人(こいびと)ができる 애인이 생기다 | ~かな ~까 | ~と言(い)う ~(라)고 하다 | ~だけ ~만큼 | ほかの人(ひと) 다른 사람 | やさしい 친절하다 | なれる 될 수 있다 | ~ものだ ~기 마련이다

도전! 한자 QUIZ

일본어와 한국어의 어순이 반대로 되는 단어를 정리해 보세요.

[한자어] 예 흑백 － 白黒(しろくろ)

[기타] 예 왔다갔다 － 行ったり来たり(いったりきたり)

chapter 14 약자와 形

학습 목표 : 한자의 形에 대한 지식을 복습, 정리할 수 있다.

14-1 약자

Quiz 다음 일본 한자와 한국 한자 중 같은 한자끼리 연결해 보세요.

	1	2	3	4	5	6
[한국 한자]	者	學	樂	靑	寫	眞
[일본 한자]	学	写	者	青	真	楽

미니 컬럼

학습시 유의 漢字

초등학교 1, 2학년 대상 교육한자 240자 중 〈상용한자표〉에서 인정한 이들 약자 표기 이외에도 한국인 학습자가 일본 한자 학습 시에 유의해야 할 한자에는 다음과 같은 것이 있다.

週(←週)　遠(←遠)　近(←近)　通(←通)　道(←道)　青(←靑)　晴(←晴)
羽(←羽)　弱(←弱)　曜(←曜)　教(←敎)　雪(←雪)　半(←半)　強(←强)
内(←內)　船(←船)

워밍업 기본 한자 배우기

번호	한자	뜻·음	부수	구자체	읽기	필순
438	礼	예도 례 획수 5	보일시변 しめすへん (ネ)	禮	음 レイ 朝礼(ちょうれい) 조례, 失礼(しつれい) 실례 お礼(れい)の手紙(てがみ) 답례편지 ライ	礼 礼 礼 礼 礼
439	悪	악할 악/ 미워할 오 획수 11	마음심 こころ (心)	惡	음 あく 悪人(あくにん) 악인, 悪用(あくよう) 악용 わる(い) 悪(わる)い人(ひと) 나쁜 사람, 悪口(わるくち) 욕	悪 悪 悪 悪 悪 悪 悪 悪 悪 悪 悪
440	漢	한나라 한 획수 13	삼수변 さんずい (氵)	漢	음 カン 漢字(かんじ) 한자, 漢語(かんご) 한자어 漢文(かんぶん) 한문, 漢方薬(かんぽうやく) 한방약	漢 漢 漢 漢 漢 漢 漢 漢 漢 漢 漢 漢 漢
441	数	셈할 수 획수 13	둥글월문 のぶん, ぼくづくり (攵)	數	음 スウ 数学(すうがく) 수학, 点数(てんすう) 점수 数字(すうじ) 숫자, 算数(さんすう) 산수 주의 人数(にんずう) 인원수 ス 훈 かず/かぞ(える) 数(かず)を数(かぞ)える 수를 세다	数 数 数 数 数 数 数 数 数 数 数 数 数
442	歯	이 치 획수 12	이치 は (歯)	齒	음 シ 歯科医(しかい) 치과의 훈 は 歯医者(はいしゃ) 치과의사, 歯磨(はみが)き 이닦기 주의 虫歯(むしば) 충치, 入(い)れ歯(ば) 틀니	歯 歯 歯 歯 歯 歯 歯 歯 歯 歯 歯 歯

가볍게 한자 기초력 up

1 다음 한자를 어떻게 읽는지 밑줄 아래에 히라가나로 써 보세요.

1 数学の　勉強を　します。

2 虫歯で　歯医者に　行きます。

3 高校で、漢文を　習いました。

4 強い　お酒は　体に　悪いです。

5 私の　会社は　毎朝　朝礼が　あります。

6 会社の　お金を　悪用して　いた　ことが、わかりました。

7 プリントが　足りるか、　数えて　ください。

2 다음 □ 안에 들어갈 알맞은 한자를 써 보세요.

1 □□ しつ れい

2 □□ むし ば

3 □□ かん じ

4 □□ てん すう

5 □□ わる ぐち

낱말과 표현

こと 일 | わかりました 밝혀졌습니다 | プリント 프린트 | ~か ~인지

도전! 한자 QUIZ

다음 빈칸에 알맞은 약자를 써 보세요.

1 초등학교 1학년 대상의 약자(略字) 표기

	약자		약자
1 둥글 원(圓)		4 배울 학(學)	
2 기운 기(氣)		5 실 사(絲)	
3 벌레 충(蟲)			

2 초등학교 2학년 대상의 약자(略字) 표기

	약자		약자
1 읽을 독(讀)		14 낮 주(晝)	
2 나라 국(國)		15 헤아릴 수(數)	
3 일만 만(萬)		16 보리 맥(麥)	
4 바다 해(海)		17 매양 매(每)	
5 그림 도(圖)		18 모을 회(會)	
6 모일 사(社)		19 팔 매(賣)	
7 그림 화(畵)		20 점 점(點)	
8 걸음 보(步)		21 누를 황(黃)	
9 검을 흑(黑)		22 마땅할 당(當)	
10 올 래(來)		23 돌아갈 귀(歸)	
11 넓을 광(廣)		24 몸 체(體)	
12 풍류 악(樂)		25 그림 회(繪)	
13 소리 성(聲)		26 집 대(臺)	

14-2 한자의 모양

QUIZ 다음 한자는 잘못 표기한 한자입니다. 어디가 다를까요?

1 おてら
寺

2 こども
子

3 なみ
波

4 家をでる
出

5 としょかん
館

6 やきゅう
野

도전! 한자 QUIZ

다음 한자의 총 획수를 빈칸에 써 보세요.

1 貝(　) 2 学(　) 3 糸(　) 4 火(　) 5 町(　) 6 生(　)

7 七(　) 8 力(　) 9 円(　) 10 花(　) 11 草(　) 12 子(　)

13 足(　) 14 虫(　) 15 名(　)

한자	부수	음/훈
443 宮 궁궐 궁 획수 10	부수 갓머리 **うかんむり** **(宀)**	음 キュウ 宮殿(きゅうでん) 궁전 グウ/ク 훈 みや お宮(みや) 신사 お宮参(みやまい)り 아기가 태어났을 때 기념으로 産土神(うぶすながみ)에 참배함 필순 宮 宮 宮 宮 宮 宮 宮 宮 宮 宮
444 君 임금 군 획수 7	부수 입구 **くち** **(口)**	음 クン 諸君(しょくん) 제군, ～君(くん) ～군 훈 きみ 君(きみ)たち 자네들 필순 君 君 君 君 君 君 君
445 次 버금 차 획수 6	부수 하품흠 **あくび** **(欠)**	음 ジ 次男(じなん) 차남, 次女(じじょ) 차녀 目次(もくじ) 목차, 次回(じかい) 다음 번 シ 次第(しだい)に 점차로 훈 つぎ 次(つぎ)の回(かい) 다음 번 つぐ 필순 次 次 次 次 次 次
446 追 쫓을 추 획수 9	부수 책받침 **しんにゅう,** **しんにょう** (辶)	음 ツイ 追加(ついか) 추가, 追放(ついほう) 추방 훈 お(う) 追(お)い抜(ぬ)く 추월하다, 追(お)いつく 따라잡다 필순 追 追 追 追 追 追 追 追 追

447		
皮 가죽 피 획수 5	부수 가죽피 **けがわ** **(皮)**	음 ヒ　皮膚科(ひふか) 피부과, 皮肉(ひにく)を言(い)う 빈정거리다 주의 脱皮(だっぴ) 탈피 훈 かわ　皮製品(かわせいひん) 가죽 제품 주의 毛皮(けがわ)のコート 털가죽 코트 필순 皮 皮 皮 皮 皮

잠깐! 한자 정리

다음 한자의 O표 부분에 주의합시다. 한자 밑에 X표가 있는 것은 틀린 한자 입니다.

1 宮　追

2 悲　点

3 主　主(×)　主(×)

4 皮　皮(×)

5 君　君(×)

6 次　次(×)

가볍게 한자 기초력 up

1 다음 한자를 어떻게 읽는지 밑줄 아래에 히라가나로 써 보세요.

1 宮殿 (でん)　2 追放　3 次第に　4 家主

5 アトピーで　皮膚科に　通って　います。(ふ)

6 ボーナスで　毛皮の　コートを　買いました。

7 前の　車を　追いぬきましょうか。

8 田中君の　話は　長くて　わかりにくいです。

9 昼に　ジムへ　来る　人は、主に　主婦です。

낱말과 표현

アトピー 아토피 | ボーナス 보너스 | コート 코트 | ～にくい ～기 어렵다 | ジム 실내 체육관

2 다음 □ 안에 들어갈 알맞은 한자를 써 보세요.

1 □□
ひ　にく

2 □□
もく　じ

3 □□
くん　しゅ

4 お□参り
みや　まい

5 □□□□の　処分を　下す。
こく　がい　つい　ほう　しょぶん　くだ

도전! 한자 QUIZ

다음 한자의 총 획수를 빈칸에 써 보세요.

1 音(　) 2 九(　) 3 村(　) 4 夕(　) 5 本(　) 6 校(　)

7 林(　) 8 森(　) 9 玉(　) 10 年(　) 11 車(　) 12 青(　)

13 文(　) 14 金(　) 15 空(　)

낱말과 표현

処分(しょぶん) 처분, 처벌 | 下(くだ)す 내리다

단단히 한자 응용력 up

1 다음 예 와 같이 숨겨진 한자를 완성해 보세요.

> 예 学 (学)

1 皿 (　　　)　2 羽 (　　　)　3 皮 (　　　)

4 角 (　　　)　5 君 (　　　)　6 身 (　　　)

2 다음 예 와 같이 알맞은 것끼리 연결해 보세요.

	예	1	2	3	4
[한국어 음]	학	치	매	의	악
[한국 한자]	齒	學	惡	每	醫
[일본 한자]	学	医	歯	毎	悪

3 다음 예 와 같이 보기에서 알맞은 한자를 골라서 숙어를 완성해 보세요.

보기 風・形・次・央・宮・血・主・追・身・第・向・悲

	한자어		한국어	일본어		한자어		한국어	일본어
예	台	風	태풍	たいふう	6	中			
1	目				7		婦		
2		液			8		殿		
3		一			9	心			
4		劇			10		放		
5	人				11	傾			

도전! 한자 QUIZ

다음 빈칸에 알맞은 약자를 써 보세요.

1 초등학교 3학년 대상의 약자(略字) 표기

	약자		약자
1 악할 악(惡)		4 의원 의(醫)	
2 역마 역(驛)		5 가로 횡(橫)	
3 따뜻할 온(溫)		6 한나라 한(漢)	

일본어뱅크 테마 별로 배우는

New 스타일 일본어 한자 1

채경희, 이시이 나오미 지음

따로 분리해서 사용할 수 있습니다

별책 정답

동양북스

일본어뱅크 테마로 배울 수 있는

New 스타일 일본어 한자 1

채경호, 이시이 나오미 지음

별책 정답

동양북스

문제 정답

〈들어가기 전에〉

0-1 QUIZ 12 쪽

1. ① 1 日 2 月 3 火 4 水 5 木 6 山 7 目 8 竹

   ④ 1 時間＝日＋寺, ジ 2 紅茶＝糸＋工, コウ

0-2 QUIZ 17 쪽

1. 1 だいしょう 2 おお 3 ちい 4 たしょう 5 おお
   6 すく 7 がくせい 8 せんせい 9 う

2. 1 学 2 国

한자 기초력 UP 20 쪽

1 1 にほん, 3박 또는 にっぽん, 4박 2 かんこく 4박 3 ちゅうごく 4박

2 1 5박 2 4박

도전! 한자 QUIZ 21 쪽

1 大 2 예 犬, 太, 夫, 天, 木 등 3 예 目, 田, 旧, 由, 申, 甲 등

〈Chapter 01〉

1-1 QUIZ 23 쪽

火=  , 木= 

한자 정리 27 쪽

1 にちようび 2 げつようび 3 かようび 4 すいようび 5 もくようび
6 きんようび 7 どようび 8 きょう 9 せんしゅう 10 こんしゅう
11 らいしゅう 12 せんげつ 13 こんげつ 14 らいげつ 15 きょねん
16 ことし 17 らいねん

한자 기초력 UP 28-29 쪽

1. 1 つき 2 みず 3 つち 4 き 5 ひ 6 かね 7 ひ
   8 あか 9 けさ, き 10 まいにち 11 なんがつなんにち

2. 1 土 2 水 3 明 4 金 5 今 6 来月, 日
   7 毎週, 火曜日, 木曜日 8 去年, 何, 来

1-2 QUIZ 31 쪽

수업 휴강 알림

한자 기초력 UP 35-36 쪽

1. 1 がっこう　2 きょうしつ　3 しょくどう　4 としょかん　5 にほんごか
6 がっか　7 きゅうがく　8 ち　9 ず　10 だんじょ
11 きょうかしょ, か　12 だいがく, こくりつ, じょしだい
13 せんせい, しつ, おし　14 あした, こ, やす

2. 1 女　2 図　3 書　4 男, 子　5 立
6 休日　7 中国語, 教室　8 休, 知
9 図書館, 科学, 本　10 食, 食

한자 응용력 UP 37-40 쪽

1. 1 せんせい　2 にほんご　3 きんようび　4 きょねん×　5 せんしゅう
6 としょかん×　7 どようび×　8 きゅうじつ

2. 1 がっか / がくせい (×)　2 すいようび / こおりみず (×)
3 だんじょ / じょし (○)　4 ずけい / としょ (×)
5 いちねん / らいねん (○)　6 つきひ / にちようび (×)

3. 1 教　2 来　3 学　4 書　5 休　6 立

4.

休講のお知らせ

10月25日(火曜日)英語Aは、
先生の都合で、休みです。
10月22日 教務課

お知らせ

来月から休日は、食堂も
お休みします。
よろしくおねがいします。

お知らせ

本日、雨のため、休館
8月3日 山川市立図書館

5. 예 日, 回, 図, 語, 中, 目 등

도전! 한자 QUIZ 40 쪽

1 がっか 3박　2 がっこう 4박　3 きょねん 3박　4 せんしゅう 4박

〈Chapter 02〉

2-1 QUIZ 41 쪽

1 SALE　2 점심

한자 정리 45-46 쪽

1. いち, に, さん, し・よん, ご, ろく, なな・しち, はち, きゅう・く, じゅう, ひゃく, せん, まん

3.

요일	日 にち	月 （げつ）	（火） か	水 すい	木 （もく）	（金） きん	土 （ど）
날짜	一日 （ついたち）	二日 （ふつか）	三日 （みっか）	四日 （よっか）	五日 （いつか）	六日 （むいか）	（七日） なのか
	八日 （ようか）	（九日） ここのか	十日 （とおか）	十一日 （じゅういちにち）	十四日 （じゅうよっか）	十九日 （じゅうくにち）	（二十日） はつか
달	一月 （いちがつ）	二月 （にがつ）	三月 （さんがつ）	四月 （しがつ）	（五月） ごがつ	（六月） ろくがつ	七月 （しちがつ）
	（八月） はちがつ	九月 （くがつ）	（十月） じゅうがつ	十一月 （じゅういちがつ）	十二月 （じゅうにがつ）	（何月） なんがつ	

4.

예	단위	1	2	3	4	5	6	7	8	9	10	何
くるま 자동차	台 (だい)	いち だい	に だい	さん だい	よん だい	ご だい	ろく だい	なな だい	はち だい	きゅう だい	じゅう だい	なん だい
お金 돈	万 (まん)	いち まん	に まん	さん まん	よん まん	ご まん	ろく まん	なな まん	はち まん	きゅう まん	じゅう まん	なん まん
	円 (えん)	いち えん	に えん	さん えん	よ えん	ご えん	ろく えん	なな えん	はち えん	きゅう えん	じゅう えん	なん えん
えんぴつ 연필	本 (ほん ぽん ぼん)	いっ ぽん	に ほん	さん ぼん	よん ほん	ご ほん	ろっ ぽん	なな ほん	はっ ぽん	きゅう ほん	じゅっ /じっ ぽん	なん ぼん

한자 기초력 UP 47-48 쪽

1. ① せんえん　② ろっぴゃくはちじゅうえん　③ いちまんさんぜんななひゃくえん
④ じゅうがつついたち　⑤ ごがついつか　⑥ くがつはつか
⑦ ろくがつむいか　⑧ がっか，よねんせい　⑨ さんぼん，いつ，よっ
⑩ らいしゅう，おお，たい，き　⑪ はちだい

2. ① 七十円　② 三万四千円　③ 三百六十五日　④ 二千百九年　⑤ 教室，一台
⑥ 日本語科，学生，八十

2-2 QUIZ 49 쪽

①, ② 영업시간 알림 ③ 신호(야간에는 신호버튼을 눌러주어야 한다.)

한자 정리 54 쪽

1. ① 午前・ごぜん　② 正午・しょうご　③ 午後・ごご
④ 朝・あさ　⑤ 夕・ゆう，夜・よる

2. ① 左・ひだり　② 右・みぎ　③ 上・うえ　④ 下・した

한자 기초력 UP 55-56 쪽

1. ① さゆう　② ちゅうしょく　③ まいあさ　④ こうはん　⑤ しょうがつ
⑥ ごぜんちゅう　⑦ よなか　⑧ にんげん　⑨ ゆうひ　⑩ はんぶん，わ
⑪ しつない，そと　⑫ ひるやす，なんじ，じゅういちじごじゅっぷん(ごじっぷん)，いちじごふん

2. ① 上下　② 時間　③ 内　④ 半年　⑤ 今夜　⑥ 外国　⑦ 前　⑧ 朝，分

한자 응용력 UP 57 쪽

1. ① 台・にだい　② 人・ふたり　③ 本・さんぼん　④ 台・いちだい　⑤ 台　いちだい
⑥ 本・いっぽん

2.

日本の　お正月を　体験しよう！

日時：12月30日(水) ～ 5日(火)(一週間)

一人七千五百円

説明会：12月12日(金) 午後6時から

大学図書館のロビー

希望者は、学科事務室まで。

ホームステイのお知らせ

〈Chapter 03〉

3-1 QUIZ 59 쪽

15개

한자 기초력 UP 64-65 쪽

1. ① いし ② ひつじ ③ むぎ ④ はなび ⑤ きんぎょ ⑥ かざん
⑦ たいふう ⑧ た ⑨ せき ⑩ ぞら ⑪ ぎゅう ⑫ ちょう
⑬ しゅうぶん, ひ, やす ⑭ むし, さんぼん ⑮ らいしゅう, なつやす
⑯ つき, ひかり, よる ⑰ とう

2. ① 鳥 ② 牛 ③ 水田 ④ 小石 ⑤ 羊 ⑥ 空 ⑦ 月光 ⑧ 虫 ⑨ 麦
⑩ 風 ⑪ 花 ⑫ 雨 ⑬ 魚 ⑭ 山 ⑮ 川 ⑯ 春, 夏, 秋, 冬

3-2 QUIZ 67 쪽

① 本 ② 語 ③ 春 ④ 林

도전! 한자 QUIZ 70 쪽

① 一, 二 ② 九, 一 ③ 二, 三 ④ 百, 百 ⑤ 五, 五 ⑥ 十, 十 ⑦ 十, 八, 九

한자 기초력 UP 71 쪽

1. ① もり ② ゆき ③ いわ ④ たにがわ ⑤ さんりん ⑥ ほし
⑦ はなばたけ ⑧ ふる, ほん ⑨ あさ, はや, じかん ⑩ そと, くら
⑪ うつく, くに

2. ① 岩 (바위 암, いわ) ② 早 (일찍 조, はや) ③ 林 (수풀 림, はやし)
④ 雪 (눈 설, ゆき) ⑤ 谷 (골 곡, たに)

한자 응용력 UP 72-73 쪽

1. ① 鳥・とり ② 虫・むし ③ 花・はな ④ 牛・うし ⑤ 魚・さかな ⑥ 雪・ゆき

2. ① D ② B ③ E ④ F ⑤ A ⑥ C

3. ① 星(별 성, ほし) ② 古(옛 고, ふる) ③ 火(불 화, ひ), 田(밭 전, た)
④ (나무 목, き), (수풀 림, はやし), 森(수풀 삼, もり)
⑤ 日(날 일, ひ), 立(설 립, たつ), 日, (어두울 암, くら)

4. ① 火 ② 人 ③ 学 ④ 身 ⑤ 和 ⑥ 国

〈Chapter 04〉

4-1 QUIZ 75 쪽

1  2  3  4  5  6 

한자 기초력 UP 80-81 쪽

1. 1 いと 2 ちから 3 ひと 4 いけ 5 かみ 6 え 7 にっき
8 き 9 さく 10 けい 11 ごん 12 どう 13 ににんまえ
14 まいにち, せいかつ, しる 15 きょう, いちにち, は 3 うご
16 かい, べん 17 こと, せん

2. 1 言語 2 時計 3 勉 4 力 5 外国人 6 記 7 羊, 絵
8 作 9 紙 10 大学, 活動

한자 이모저모 82 쪽

① 仕(벼슬 사), 何(어찌 하), 付(줄 부), 紙(종이 지), 終(끝날 종), 線(줄 선)

② 都(도읍 도), 郡(고을 군), 部(나눌 부), 郵(역참 우), 動(움직일 동), 勉(힘쓸 면)

③ 安(편안할 안), 字(글자 자), 実(열매 실), 家(집 가) 草(풀 초), 花(꽃 화)

④ 先(먼저 선), 見(볼 견), 元(으뜸 원), 兄(맏 형), 急(급할 급), 念(생각 념), 悪(악할 악)

⑤ 広(넓은 광), 店(점포 점), 府(마을 부), 度(법도 도) 病(병 병), 痛(아플 통)

⑥ 近(가까운 근), 週(돌 주), 返(돌아올 반), 送(보낼 송)

⑦ 門(문 문), 聞(들을 문), 閉(닫을 폐), 間(사이 간), 回(돌아올 회), 国(나라 국), 図(그림 도)

4-2 QUIZ 83 쪽

부수, 획수, 한자 읽기 등

한자 기초력 UP 88-89 쪽

1. 1 たけ 2 こころ 3 はなぞの 4 あまぐも 5 てん 6 えん 7 ちゃ
8 ぶん 9 こうもん 10 けいさん 11 でんせん 12 きん
13 えん, ちゅうしん, てん, か 14 とう, し, くろ 15 はる, くさばな
16 かんこく, どう, にほん, ひろ 17 ごかい, でん

18 がくせいしょくどう, としょかん, ちか

2. 1 草木 2 茶道 3 点線 4 回, 道 5 動, 園 6 小, 店
7 夏休, 思 8 広大, 土 9 春, 竹 10 聞 11 大学, 正門 12 暗算, 答
13 黒, 雲, 今日, 晴, 聞

한자 응용력 UP 90-92 쪽

1. 1 聞 2 計 3 竹 4 雲 5 黒 6 近 7 動 8 電

2. 1 力, 수력, すいりょく 2 茶, 다도, さどう 3 絵, 회화, かいが
4 作, 작품, さくひん 5 草, 잡초, ざっそう 6 晴, 쾌청, かいせい
7 汽, 기차, きしゃ 8 活, 활동, かつどう 9 線, 직선, ちょくせん
10 勉, 공부, べんきょう 11 記, 기사, きじ

3. 1 門, 간, 문, 관 2 辶, 근, 송, 도 3 氵, 지, 활, 해

4. 1 答(대답할 답) 2 雲(구름 운) 3 (마음 심), 思(생각할 사) 4 点(점 점) 5 池
6 店(점포 점) 7 道, 週(돌 주) 8 国(나라 국), 回 9 聞(들을 문), 間(사이 간)
11 計 12 晴(개일 청)

〈Chapter 05〉

5-1 QUIZ 93 쪽

어머니 날의 카드 : 일본은 어머니 날이 5월 둘째 주 일요일, 아버지 날이 6월 셋째주 일요일입니다.

한자 정리 98 쪽

가족 호칭	남에게 자기 가족을 말할 때 わたしの〜	남의 가족을 말할 때 〜さんの〜
1 가족	家族 かぞく	ご家族 かぞく
2 아버지	父 ちち	お父さん とう
3 어머니	母 はは	お母さん かあ
4 형(오빠)	兄 あに	お兄さん にい
5 누나(언니)	姉 あね	お姉さん ねえ
6 남동생	弟 おとうと	弟さん おとうと
7 여동생	妹 いもうと	妹さん いもうと

8 할아버지	祖父 そふ	おじいさん
9 할머니	祖母 そぼ	おばあさん
10 아이, 자식	子供 こども	お子さん こ
11 아들	息子 むすこ	息子さん むすこ
12 딸	娘 むすめ	娘さん むすめ

한자 기초력 UP 99 쪽

1. 1 りょうしん 2 ふぼ 3 きょうだい 4 しまい
5 わたし, かぞく, ごにん, ちち, はは, よんさいうえ, あに, こうせい, いもうと
6 たなか, わたし, とも, ろくねんまえ, みょうし
7 めい, でし, ひゃくねん, ひとり, さい 8 こ, し, した
9 ちゅうがく, ゆうじん, そく, し

2. 1 名前 2 親友 3 自分 4 大家 5 両手 6 水族館

5-2 QUIZ 101 쪽

1 ○ 2 × 3 ○ 4 × 5 ○

한자 정리 106 쪽

1. 1 白い 2 あおい(青い) 3 きいろい(黄色い)
4 くろい 5 あかい(赤い) 6 ちゃいろい(茶色い)

2. 1 大きい, 小さい 2 軽い, 重い 3 高い 4 高い, 安い 5 新しい, 古い
6 太い, 細い 7 近い, 遠い 8 早い 9 強い, 弱い 10 短い, 長い
11 暑い, 寒い 12 明るい, 暗い 13 少ない, 多い 14 広い

한자 기초력 UP 107-108 쪽

1. 1 かんこく, つよ 2 き, あんしん 3 せきどう, ちか, くに, あつ
4 しんねん, あ, さむ, しょうがつ 5 あお, そら, しろ, くも, こころ, かる
6 じゅうにしょく, いろがみ, ほし, さかな, はくちょう, つく 7 あたら, おも
8 いもうと, こうこう, たんだい, がく, いえ, すこ, とお, がく, たか

2. 1 黄金 2 勉強 3 重 4 遠 5 高校生 6 青少年 7 校長先生

8 細心　9 丸　10 私, 寒, 弱

한자 응용력 UP
109-111 쪽

1. 1 ちち, はは, ふぼ　2 あね, いもうと, しまい　2 あに, おとうと, きょうだい
3 おや, こ, おやこ　4 そふ, そぼ, そふぼ

2. 1 白　2 細　3 高　4 強　5 安

3. 1 ちゅうこ/こうこう (×)　2 しんねん/しんゆう (○)
3 きゅうじっさい/さいしん (○)　4 たしょう/だいしょう (×)
5 しまい/しぜん (○)　6 めいあん/みょうじ (×)　7 ちょうなん/だんじょ (×)
8 じゃくてん/たいじゅう (×)

4. 예 1 広・大・新・小・遠 등　2 明・小・古・暗・安 등
3 広・狭・強・美・古 등　4 近・長・美・暑 등

5 1 才　2 寒　3 丸　4 家

도전! 한자 QUIZ
111 쪽

1 良い　2 厚い　3 深い　4 冷たい　5 軟かい
6 危険な, 安全な　7 幸福な, 不幸な　8 有利な, 不利な
9 強固な, 軟弱な　10 簡単な, 複雑な　11 正常な, 異常な

〈Chapter 06〉

6-1 QUIZ
113 쪽

1 聞　2 来　3 書　4 教　5 思

한자 기초력 UP
118-119 쪽

1. 1 どくしょ　2 きこく　3 きょうかい　4 ほどう　5 ばいばい　6 けん
7 しゅっ　8 いんしょくてん　9 きのう, やました, でんわ, はな
10 はやお, えん, はし　11 こう, い, まえ, か, い　12 も, あさ, の, しんぶん, よ
13 にゅうがく, で, しんにゅうせい, じゅうじ, はい
14 ちゅうごく, す, おく, じゅうしょ, か

2. 1 家, 帰　2 住　3 画, 見　4 売店, 行
5 道, 歩　6 親友, 会　7 父, 日, 新, 時計, 買

도전! 한자 QUIZ 120 쪽

1 行く，来る 2 売る，買う 3 始まる 4 起きる 6 増える
7 安心する 8 入る，出る 9 動く，止まる 10 生きる 11 上がる，下がる
12 負ける 13 反対する 14 出席する

6-2 QUIZ 121 쪽

1 目 2 手 3 口 4 足

한자 정리 126 쪽

1 みみ・耳 2 くび・首 3 め・目 4 はな・鼻 5 くち・口 6 体
7 あたま・頭 8 あし・足 9 て・手

한자 기초력 UP 127-128 쪽

1. 1 がんじつ 2 てがみ 3 そうしゃ 4 しゅ 5 くすり，しょくご，の
6 だいがくいん，ごう 7 した，にそく，か 8 あお，あさがお
9 もの，たいりょく，きりょく 10 まちあいしつ，すこ，ま
11 あさ，はなみず，で，あたま，さむけ 12 ふ，みみ，とお，ひと，こえ，き

2. 1 手足 2 体重 3 病弱 4 出口 5 薬学 6 頭上
7 新聞記者 8 耳鼻科，医院 9 声，家 10 合図 11 元気 12 首，長，待

한자 응용력 UP 129-130 쪽

1. 1 入 2 待 3 走 4 休 5 言 6 会

2. 1 歩道/ほどう 2 見本/みほん 3 出口/でぐち
4 読書/どくしょ 5 顔色/かおいろ 6 目薬/めぐすり

3. 1 生まれ 2 住んで 3 起き 4 行き 5 話し 6 合って
7 出た 8 入り 9 買い

〈Chapter 07〉

7-1 QUIZ 131 쪽

1 1 2번째 2 8번째 3 6번째 4 10번째

도전! 한자 QUIZ 132 쪽

1 A 2 B

한자 기초력 UP 136-137 쪽

1. ① さくぶん ② いっこ ③ しゅっしん ④ り ⑤ あ
⑥ こんど，なつ，くるま ⑦ すいでん，こめ，つく ⑦ こうこう，きゅうどう、まな
⑧ いちわ，はくちょう，みずうみ，はね，やす ⑨ にほんにんぎょう，め，かたち

2. ① 馬車 ② 文学 ③ 身長 ④ 白米 ⑤ 昔話 ⑥ 牛肉 ⑦ 山里
⑧ 丸，形 ⑨ 鳥，羽 ⑩ 当，食 ⑪ 一度，言

3. ① 上から下 ② 上から下 ③ 左から右 ④ 上から下

7-2 QUIZ 139 쪽

1 ① 牛 ② 力 ③ 見　　2 止

한자 정리 144 쪽

① 皿 VS 血　② 万 VS 方
③ 手 VS 毛　④ 王 VS 玉
⑤ 矢 VS 失　⑥ 季 VS 委
⑦ 鳥 VS 島　⑧ 弟 VS 第
⑨ 田 VS 由 VS 申　⑩ 用 VS 角
⑪ 水 VS 氷 VS 永　⑫ 人 VS 入
⑬ 同 VS 向 VS 何　⑭ 休 VS 体

한자 기초력 UP 145-146 쪽

1 ① どうじ ② ゆう ③ けいと ④ にほんとう ⑤ じょおう ⑥ ちゅうおう
⑦ ひょうてんか ⑧ ざら ⑨ しま，かい ⑩ なに，からだ，だいいち
⑪ や，ほうこう ⑫ こおり，みず ⑬ かど，あし，ち，で
⑭ きょう，よう，い，かい，やす

2 ① 自由 ② 弓矢 ③ 羊，毛 ④ 牛，角 ⑤ 玉 ⑥ 図書委
⑦ 私，申 ⑧ 同，帰 ⑨ 島，鳥 ⑩ 氷，作，方，教 ⑪ 昔，広大，王国

한자 응용력 UP 147 쪽

1. ① 1획째 ② 2획째 ③ 2획째 ④ 7 획째 ⑤ 4 획째 ⑥ 4획째
2. ① 歩 ② 美 ③ 向 ④ 数 ⑤ 委

3. 1 休 2 同 3 方 4 氷 5 牛 6 草 7 貝 8 昔 9 手 10 刀
11 矢 12 見

〈Chapter 08〉

8-1 QUIZ
149 쪽

1. ① 병원 ② 우체국 ③ 학교

2. 자유 응답

한자 기초력 UP
154-155 쪽

1. 1 すいぎん 2 てつどう 3 じ 4 きごう 5 にゅうじょう, えん
6 むすこ, しょうがっこう, こうりつ 7 てんしゃ, てっきょう 8 ふ, だいく
9 てら, じんじゃ 10 えきまえ, ひろば, ゆうじん, あ
11 ごかい, なつ, あつ 12 だいどころ, き, い, ばしょ
13 みなと, がいこく, ふね, で, はい

2. 1 住所 2 銀行 3 階 4 空港 5 会社
6 電話, 号 7 工場, 前, 公園 8 地下鉄, 駅, 出, 小, 橋

8-2 QUIZ
157 쪽

1. ① 北海道 ② 東京 ③ 愛知(名古屋) ④ 京都 ⑤ 大阪 ⑥ 福岡

2. 青森：あおもり, 山口：やまぐち, 石川：いしかわ, 広島：ひろしま

한자 기초력 UP
162-163 쪽

1. 1 むらびと 2 げしゅく 3 ふ 4 はら 5 えき, ひがしぐち, ま, あ
6 まち, おお、いちば 7 ほんじつ, つごう, やす
8 かんこく, しゅと, にほん, しゅと, とうきょう
9 かいしゃ, じゅうしょ, けん, し, にしく, ちょうめ, ち
10 きた, ほっかいどう, みなみ, きゅうしゅう, ぜんこく

2. 1 東北地方 2 都道府県 3 市町村 4 東西南北 5 全, 州
6 夏休, 家族, 海, 行 7 三年前, 春, 上京 8 合宿, 近, 高原

한자 응용력 UP
164-165 쪽

1. 1 場 2 神 3 工 4 原

2. ① しんじゅく ② はらじゅく ③ ろっぽんぎ ④ (お)だいば

3. ① 道 ② 府 ③ 1 ④ 2 ⑤ 43 ⑥ 47 ⑦ 東 ⑧ 京 ⑨ 大 ⑩ 地 ⑪ 町 ⑫ 村

〈Chapter 09〉

9-1 QUIZ 167 쪽

교양 · 문화 학교의 수강생 모집

한자 기초력 UP 172-173 쪽

1. ① とざん ② ちきゅう ③ とうばん ④ にほんしゅ ⑤ が ⑥ りゆう ⑦ れん ⑧ そ ⑨ おお, こえ, うた ⑩ なつやす, けいかく, た ⑪ なに, あたら, がっ, なら ⑫ うつ ⑬ まいにち, およ ⑭ りょうきん ⑮ かど, みぎ, ま ⑯ やがい, い, ま, くろ, たの ⑰ おと, き, やど

2. ① 音楽 ② 水泳 ③ 野球 ④ 画家 ⑤ 作曲 ⑥ 歌手 ⑦ 写真 ⑧ 山, 登 ⑨ 料理番組, 見, 練習

9-2 QUIZ 175 쪽

한국 여행(투어) 모집

한자 기초력 UP 180-181 쪽

1. ① じょうようしゃ ② はつおん ③ てんさい ④ きゃくしつ ⑤ こうばん, みち, き ⑥ はたけ, つち, はこ ⑦ じてんしゃ, こうこう, かよ ⑧ ゆうりょう ⑨ たいりょく, かい ⑩ じんせい, たび ⑪ せい, よ, なか ⑫ くうこう, しゅっぱつ, よんかい ⑦ せわ

2. ① 天気 ② 世界 ③ 運転手 ④ 交通 ⑤ 客船 ⑥ 海外旅行 ⑦ 船, 乗 ⑧ 有名, 発明家

한자 응용력 UP 182-185 쪽

1. 天才, 幸運, 有名

2. ① 泳ぎ ② 歌い ③ 習っ ④ 通り ⑤ 登り ⑥ 転び ⑦ 運び

3. ① 計画 (ずが/けいかく/がか) ② 旅人(りょかん/りょこう/たびびと)

3 発言 (はっぴょう/はつげん/はっけん)　4 真心 (しゃしん/まごころ/しんじつ)
5 酒屋 (しろざけ/あまざけ/さかや)　6 世紀 (せいき/せけん/しゅっせ)
7 登山 (とざん/とうじょう/とうこうび)　8 野原 (やちょう/やがい/のはら)

4. 1 楽し　2 乗り　3 多く　4 待った　5 入った　6 運び　7 交わ
8 立って　9 通って　10 転び

5.

乗	交	牛	有	天
客	室	内	漢	番
海	貝	外	国	船
京	寺	息	弓	旅
転	発	島	駅	人

〈Chapter 10〉

10-1 QUIZ
197 쪽

1 反　2 青　3 由　4 寺　5 相　6 主

한자 기초력 UP
191-192 쪽

1. 1 あぶらえ　2 しゅ　3 くだ, ざか　4 ごくしょ, そうぶん
5 あね, いちばん, そうだんあいて　6 ゆうめい, しじん　7 にんげん, どう
8 あいず, ふえ　9 おな, かえ, はん　10 みせ, ばん, き, いた, つく
11 そそ, あたら, ちゅうもん　12 こ, しん, はしら, まる, えんちゅう, かたち

2. 1 本箱　2 坂道　3 石油　4 理想　5 電柱
6 主人公　7 竹笛　8 黒板　9 交通, 反　10 手相, 見
11 返　12 注目, 曲, 詩　13 正三角形, 角, 等

10-2 QUIZ
193 쪽

1 柱　2 絵　3 白　4 公　5 女

도전! 한자 QUIZ
193 쪽

1 イ＋ヒ　2 木＋黄　3 立＋早 또는 立＋日＋一　4 女＋台 또는 女＋ム＋口

한자 기초력 UP 197-198 쪽

1. 1 かがく 2 しょう 3 どうぶんがく 4 おう, ほどう 5 からだ, ちょうし
   6 さんばんだしゃ 7 きって, か 8 ちゅうごく, じんこう, ばい
   9 しがつ, はじ, さんがつ, お 10 めざ, し 11 おんせん, はい, ぜんしん, あたた
   12 がっこう, こうしょう 13 こうえん, ひろ

2. 1 文章 2 終点 3 横顔 4 薬指 5 化 6 童話
   7 親切, 人 8 温, 飲 9 港, 場所, 地図, 調 10 正門, 前, 金, 拾
   11 先月, 兄, 新, 会社, 始 12 板, 太, 打

한자 응용력 UP 199-201 쪽

1. 1 調 2 横 3 章 4 笛 5 注 6 終
2. 1 理想 2 楽章 3 平等 4 石油 5 童話 6 温暖 7 黒板
3. 1 유/ユ 2 적 3 상/ソウ 4 상/ソウ 5 주/ジュウ 6 주/チュウ
   7 주/チュウ 8 반 9 ハン・パン 10 판/ハン・バン 11 시/ジ 12 지/ジ
   13 대/タイ

도전! 한자 QUIZ 201 쪽

1 (館) 집 관 2 (飯) 밥 반, (坂) 고개 판 3 (注) 물쏟을 주, (住) 살 주, (往) 갈 왕
4 (暑) 더위 서

〈Chapter 11〉

11-1 QUIZ 203 쪽

1. 1 たいよう 2 は 3 みずうみ 4 はし
2. 예 山, 川, 海, 花, 光 등

한자 기초력 UP 207-208 쪽

1 1 たいよう 2 かわぎし 3 こすい 4 じんぶつ 5 みどりいろ, か
  6 にわ, ちい, き, う 7 おも, もつ, ひとり, はこ 8 し, ことば, まな
  9 こんき 10 でんぱ, よわ 11 かんこく, すみび, にんき
  12 なつ, い, まめ, とう 13 い, ゆ

2. 1 海岸 2 植物 3 石炭 4 陽気 5 旅先，葉書，出
6 木，根元，切 7 湖，乗 8 畑，大豆，作
9 台風，後，波，高 10 湯気，立 11 寺，日本庭園，有名

11-2 QUIZ

209 쪽

1 さっきょく＝きょく(曲)，つくる(作る) 2 しゅけん＝しけん(試験)，うける(受ける)
3 じゅうしょ＝すんで(住んで)，ところ(所) 4 ばいばい＝うっ(売っ)，かっ(買っ)
5 きゅうし＝きゅう(急)，しぬ(死ぬ)

한자 기초력 UP

215-216 쪽

1. 1 つうこうど 2 しよう 3 そう
4 しょう 5 じゅ，せい
6 しゅうちゅうりょく 7 けっしん，なが，あいだ，かんが
8 かい，お，にゅういん 9 こ，ゆうえんち，あそ
10 かいかいしき，しゅ 11 たいせつ，そだ，こいぬ，し
12 きゅうよう，いそ，かえ 13 とうしゅ，な，しゅ
14 えき，つ，でんわ，あお，き 15 しょうぶ，ま，か，おも

2. 1 教育 2 急行 3 消 4 中止 5 助言
6 勝，負 7 死者，出 8 守 9 送 10 開
11 新聞，投書 12 手紙，着 13 考，決 14 大使館，受，取
15 妹，集，遊

도전! 한자 QUIZ

217 쪽

1 増える，増加する 2 出来る 3 知らせる，通知する 4 選出する
5 見つける，発見する 6 集まる 7 出る，出席する 8 治す
9 分ける，分割する 10 助ける，救助する 11 養育する
12 作る，作成する 13 変化する 14 止める，中止する

한자 응용력 UP 218-219 쪽

1. 1 どうぶつ× 2 けっしょう 3 じょしゅ× 4 こうてい× 5 しよう××
6 しゅうごう 7 きゅうこう 8 こすい×× 9 たいよう× 10 ししゅ××

2. 1 예 緑→葉→植物→花→咲く→春→光 ／ 緑→池→魚→泳→海→青→空 등

3. 1 遊ぶ 2 出 3 急ぎ 4 着いて 5 開い
6 落とし 7 来ました 8 拾って 9 送り

〈Chapter 12〉

12-1 QUIZ 221 쪽

1 いちがっき 2 かいしゃいん 3 にゅうがくしき 4 しょくじ
5 りゅうこう 6 せいり 7 かんどう

한자 기초력 UP 226-227 쪽

1. 1 そくど 2 たこく 3 やくいん 4 しゃこ 5 こうしき
6 やっきょく 7 へや 8 どくしょかんそうぶん 9 びょう, はし
10 かわ, さかな, はな 11 たんきかん, こうじ, お 12 れっしゃ, はい
13 ことば, ひ 14 かいしゃ, ないぶ, たいりつ, き 15 ととの, ま
16 かど, ちょっかく, なお 17 しんや, じ, ひとびと ふか, なか
18 じょうりゅう, かわ, なが, かん

2. 1 金庫 2 整列 3 形式 4 店員 5 深海
6 放送局 7 期待 8 星, 引力 9 一分, 六十秒 10 時, 流, 速
11 息子, 学校, 行事, 出 12 部下, 行動, 感心 13 他人, 対, 自分, 対, 正直

12-2 QUIZ 229 쪽

1 進(学), (学) 問 2 商 (品), 作 (品) 3 表 (面)

한자 정리 233 쪽

1 事 2 代 3 談 4 路 5 道 6 等

한자 기초력 UP 234-235 쪽

1. 1 ちゅうきゅう　2 まんねんひつ　3 じだい　4 ろせん
   5 ぐあい，わる，さき，かえ　6 じっこういいん，みの
   7 しゅしょう，たいだん，おもしろ，ばめん，み
   8 だいがく，しんがく，しょうぎょうこうこう，ます
   9 ひと，ことば，ひょうじょう，きも，あら

1. 1 商売　2 筆箱　3 代表　4 高速道路
   5 部長，面談　6 家，高級，家具　7 話，事実　8 人生，前，進

한자 응용력 UP 236-239 쪽

1. 1 水深・すいしん　2 古代・こだい　3 交流・こうりゅう
   4 水道局・すいどうきょく　5 時速・じそく　6 実力・じつりょく
2. 1 期　2 代　2 列　2 実
3. 1 예 学部→部長→長男→男女 ／ 学部→部首→首相→相手 등
   2 예 交流→流行→行事→事実 ／ 交流→流行→行動→動作 등
4. 1 速，局，直，楽，植，客，宿，曲　2 列，出　発，物
   3 員，引，真，銀，転，漢，運　4 用，整　放，動，長，形，央，向，羊
   5 立　6 ×

〈Chapter 13〉

13-1 QUIZ 241 쪽

1 けんきゅうじょ(研究所)　2 やきゅう(野球)，しあい(試合)，はんたい(反対)
3 よてい(予定)，しゃしん(写真)

한자 기초력 UP 247-248 쪽

1. 1 かかりいん　2 のうじょう　3 きゅう　4 よ
   5 いけん，どうい　6 とり，かな，こえ，な
   7 ぎょうぶ，れい，で　8 しゃいんしょくどう，ていしょく，わしょく，ようしょく
   9 たい，めん，ひら，ほう，うえ，ちゅうい　10 がくもん，ほん，と，もんだい
   11 ちょうみりょう，すこ，あじ，み，い　12 ふく，かんけい，ちゅうもく，あつ
   13 せいめい，がいしゃ，ちょう，へい，みょう，せかい，いちばん

2. 1 研究 2 意味 3 悲鳴 4 洋服 5 予定 6 命令 7 幸福, 一生, 送
8 平和, 守, 事, 考 9 地方, 農業, 中心 10 大学, 出, 旅行関係, 会社, 入

도전! 한자 QUIZ
249 쪽

① ししゅんき, 사춘기 ② ごうがい, 호외 ③ にせたい, 두세대 ④ じんめい, 인명
⑤ のうやく, 농약 ⑥ ゆうえい, 유영 ⑦ てんねん, 천연

13-2 QUIZ
251 쪽

1 白黒 (しろくろ) = 흑백 2 火の用心 (ひのようじん) = 불조심
3 立入禁止 (たちいりきんし) = 출입금지

한자 기초력 UP
255-256 쪽

1. 1 はいやく 2 しおく 3 てちょう 4 にぐるま 5 ようす, み, しんぱい
6 しなもの, ひんしつ 7 ぶんかさい, がっこう, まつ
8 ほんや, おくじょう, やすう, さ 9 くろう, くる

2. 1 王様 2 部屋 3 仕事 4 荷物 5 役目 6 作品 7 銀行, 通帳
8 苦, 薬 9 祭日, 新聞, 配 10 近代, 子, 労, 力

한자 응용력 UP
257-259 쪽

1. 1 幸運, 平和 2 命令, 反対, 関係, 予定, 研究 3 趣味, 問題, 方面

2. 1 訪問・ほうもん 2 安定・あんてい 3 究明・きゅうめい 4 反感・はんかん
5 税関・ぜいかん 6 平凡・へいぼん

3. 1 練習(いけん/けんしゅう/れんしゅう) 2 対談(しゅつだい/たいだん/だいいち)
3 名前(めいれい/ひめい/なまえ) 4 消化(しょうか/わだい/わしき)
5 地区(けんきゅう/ちく/やきゅう) 6 予定(ようもう/よてい/たいへいよう)
7 氷山(ひょうざん/びょうどう/いちびょう) 8 東北(こうふく/せいふく/とうほく)

4. 1 用事 2 題名 3 心配 4 荷物 5 役目 6 様子 7 天気 8 苦労

도전! 한자 QUIZ
260 쪽

[한자어] 예 草花(くさばな), 婚約(こんやく), 良妻賢母(りょうさいけんぼ) 등

[기타] 예 あっちこっち, 乗り換え, 生きるか死ぬか 등

〈Chapter 14〉

14-1 QUIZ
261 쪽

1 者　2 学　3 楽　4 青　5 写　6 真

한자 기초력 UP
263 쪽

1. 1 すうがく，べんきょう　2 むしば，はいしゃ，い　3 こうこう，かんぶん，なら
4 つよ，さけ，からだ，わる　5 かいしゃ，まいあさ，ちょうれい
6 かいしゃ，かね，あくよう　7 た，かぞ

2. 1 失礼　2 虫歯　3 漢字　4 点数　5 悪口

도전! 한자 QUIZ
264 쪽

1. 1 円　2 気　3 虫　4 学　5 糸

2. 1 読　2 国　3 万　4 海　5 図　6 社　7 画　8 歩　9 黒　10 来
11 広　12 楽　13 声　14 昼　15 数　16 麦　17 毎　18 会　19 売　20 点
2 黄　2 当　2 帰　2 体　2 絵　2 台

14-2 QUIZ
265 쪽

1 1 寺　2 子　3 波　4 出　5 館　6 野

도전! 한자 QUIZ
265 쪽

1 貝(7)　2 学(8)　3 糸(6)　4 火(4)　5 町(7)　6 生(5)　7 七(2)　8 力(2)
9 円(4)　10 花(7)　11 草(9)　12 子(3)　13 足(7)　14 虫(6)　15 名(6)

한자 기초력 UP
268-269 쪽

1. 1 きゅう　2 ついほう　3 しだい　4 やぬし　5 ひ，か，かよ
6 けがわ，か　7 まえ，くるま，お　8 くん，はなし，なが
9 ひる，く，ひと，おも，しゅふ

2. ① 皮肉　② 目次　③ 君主　④ 宮　⑤ 国外追放

도전! 한자 QUIZ
269 쪽

① 音(9)　② 九(2)　③ 村(7)　④ 夕(3)　⑤ 本(5)　⑥ 校(10)　⑦ 林(8)　⑧ 森(12)
⑨ 玉(5)　⑩ 年(6)　⑪ 車(7)　⑫ 青(8)　⑬ 文(4)　⑭ 金(8)　⑮ 空(8)

한자 응용력 UP
270-271 쪽

1 ① 皿　② 羽　③ 皮　④ 角　⑤ 君　⑥ 身

2 ① 齒, 歯　② 每, 毎　③ 醫, 医　④ 惡, 悪

3 ① 次, 목차, もくじ　② 血, 혈액, けつえき　③ 第, 제일, だいいち
④ 悲, 비극, ひげき　⑤ 形, 인형, にんぎょう　⑥ 央, 중앙, ちゅうおう
⑦ 主, 주부, しゅふ　⑧ 宮, 궁전, きゅうでん　⑨ 身, 심신, しんしん
⑩ 追, 추방, ついほう　⑪ 向, 경향, けいこう

도전! 한자 QUIZ
271 쪽

① 悪　② 駅　③ 温　④ 医　⑤ 横　⑥ 漢

들어가기 전에 **학습 한자** (001~016)

001	日 날 일	음	ニチ	毎日 매일 ジツ 平日 평일, 先日 며칠 전
		훈	ひ	月日 세월 주의 曜日 요일
			か	大会が行われる 대회가 행해지다
				주의 今日 오늘, 昨日/昨日 어제
002	本 근본 본	음	ホン	本 책, 本人 본인 주의 日本/日本 일본
003	犬 개 견	음	ケン	番犬 경찰견
		훈	いぬ	子犬 강아지, 小犬 작은 개
004	太 클 태	음	タイ	太陽 태양
		훈	ふと(い)	太い 굵다
			ふと(る)	3キロ太る 3킬로그램 살이 찌다
005	校 학교 교	음	コウ	小学校 초등학교
				中学校 중학교, 校長 교장
006	時 때 시	음	ジ	時間 시간, 何時 몇 시, 五時 5시
		훈	とき	時々 때때로, こどもの時 어렸을 때
				주의 時計 시계
007	韓 나라이름 한	음	カン	韓国 한국, 大韓民国 대한민국
008	大 큰 대	음	タイ	大使館 대사관
			ダイ	大学 대학, 大体 대체
		훈	おお	大雨 많은 비
			おお(きい)	大きい 크다
009	中 가운데 중	음	チュウ	中学校 중학교, 中国 중국
				주의 一日中 온종일
		훈	なか	海の中 바닷속, 夜中 한밤중
010	小 작을 소	음	ショウ	小学生 초등학생, 小説 소설
		훈	ちい(さい)	小さい 작다
			こ	小鳥 작은 새, 小包み 소포
			お	小川 작은 시내
011	少 적을 소	음	ショウ	少女 소녀
		훈	すく(ない)	少ない 적다
			すこ(し)	少し 조금
012	多 많을 다	음	タ	多少 다소
		훈	おお(い)	多い 많다
013	先 먼저 선	음	セン	先生 선생님, 先月 지난달
		훈	さき	行き先 행선지, 指先 손끝
014	生 날 생	음	セイ	学生 학생
			ショウ	一生懸命 열심히 함
		훈	い(きる)	人生を生きる 인생을 살다
			う(む)	子供を生む 아기를 낳다
			う(まれる)	ひよこが生まれる 병아리가 태어나다
			なま	生ビール 생맥주
015	学 배울 학	음	ガク	大学生 대학생 주의 学校 학교
				科学 과학, 入学 입학
		훈	まな(ぶ)	日本語を学ぶ 일본어를 배우다
016	国 나라 국	음	コク	韓国 한국, 国語 국어
				주의 中国 중국 주의 国家 국가
		훈	くに	日本の国 일본
				주의 雪国 설국

* 학습 한자 중 빈도수가 낮은 것은 제외

chapter 01 학습 한자 (017~045)

017	月 달 월	음	ゲツ	月曜日 월요일, 先月 지난달
			ガツ	2月 2월, 9月 9월 주의 生年月日 생년월일
		훈	つき	月日 세월, お月見 달구경
018	火 불 화	음	カ	火曜日 화요일, 火災 화재
		훈	ひ	火 불
019	水 물 수	음	スイ	水曜日 수요일, 水泳 수영
		훈	みず	水の音 물소리, 氷水 빙수
020	木 나무 목	음	ボク	大木 큰나무
		훈	モク	木曜日 목요일
			き	木 나무
021	金 쇠 금 / 성 김	음	キン	金曜日 금요일, 金メダル 금메달
		훈	かね	お金 돈, お金持ち 부자
022	土 흙 토	음	ド	土曜日 토요일 ト 土地 토지
		훈	つち	土 땅
023	何 어찌 하	훈	なに	何か 뭔가, 何も 아무것도
			なん	何日 며칠, 何人 몇 명
024	曜 요일 요	음	ヨウ	水曜日 수요일, 金曜日 금요일
025	年 해 년	음	ネン	1年 1년, 年月 년월
				毎年 매년
		훈	とし	年上 연상, 毎年 매년
026	週 돌 주	음	シュウ	1週間 일주간, 毎週 매주
				今週 금주, 先週 지난주
027	毎 매양 매	음	マイ	毎日 매일, 毎週 매주
				毎月 매월／毎月
				毎年 매년／毎年
028	今 이제 금	음	コン	今月 이번달, 今日 오늘날
		훈	いま	今すぐ 금방, 今まで 지금까지
				주의 今日 오늘, 今年 올해, 今朝 오늘 아침
029	明 밝을 명	음	メイ	説明 설명, 発明 발명
		훈	あか(るい)	明るい 밝다 주의 明日 내일
030	来 올 래	음	ライ	来月 다음달, 来週 다음 주
		훈	く(る)	友だちが来る 친구가 오다
031	去 갈 거	음	キョ	去年 작년 コ 過去 과거
		훈	さ(る)	故郷を去る 고향을 떠나다
032	図 그림 도	음	ズ	図形 도형, 地図 지도
			ト	図書館 도서관
		훈	はか(る)	
033	書 글 서	음	ショ	教科書 교과서
		훈	か(く)	ひらがなを書く 히라가나를 쓰다
034	館 집 관	음	カン	映画館 영화관, 旅館 여관
035	教 가르칠 교	음	キョウ	教会 교회, キリスト教 기독교
		훈	おし(える)	日本語を教える 일본어를 가르치다
036	室 집 실	음	シツ	教室 교실, 図書室 도서실
037	科 과목 과	음	カ	学科 학과, 科学 과학
038	語 말씀 어	음	ゴ	日本語 일본어, 英語 영어, 外国語 외국어
039	男 사내 남	음	ダン	男子 남자, 男女 남여
			ナン	長男 장남, 次男 차남
		훈	おとこ	男の子 남자아이
040	女 계집 녀	음	ジョ	女子 여자, 長女 장녀, 次女 차녀
		훈	おんな	女の子 여자아이
			め	女神 여신
041	子 아들 자	음	シ	弟子 제자, 利子 이자
			ス	様子 상태
		훈	こ	子供 아이, 親子 부모와 자식
042	立 설 립	음	リツ	私立 사립, 国立 국립
		훈	た(つ)	先頭に立つ 선두에 서다 주의 立場 입장
			た(てる)	組み立てる 조립하다
043	食 밥 식	음	ショク	食堂 식당, 食事 식사
		훈	た(べる)	パンを食べる 빵을 먹다
044	知 알 지	음	チ	知識 지식, 知恵 지혜
		훈	し(る)	知る 알다, お知らせ 알림
045	休 쉴 휴	음	キュウ	休日 휴일, 休学 휴학
		훈	やす(む)	アルバイトを休む 아르바이트를 쉬다
				夏休み 여름방학

chapter 02 학습 한자 (046~077)

046	一 한 일	음	イチ	一年生(いちねんせい) 일학년, 一月(いちがつ) 1월, 一日(いちにち)/一日(ついたち) 하루, 일일
			イッ	一本(いっぽん) 한 자루
		훈	ひと	一人(ひとり) 한 사람, 一月(ひとつき) 한달
			ひと(つ)	りんごが一つ(ひとつ) 사과가 한 개
047	二 두 이	음	ニ	二月(にがつ) 2월, 二本(にほん) 두 자루
		훈	ふた	二人(ふたり) 두 명, ふた(つ) りんごが二つ(ふたつ) 사과가 두 개
		주의		二日(ふつか) 2일, 二十日(はつか) 20일, 二十歳(はたち) 스무 살
048	三 석 삼	음	サン	三人(さんにん) 세 사람, 三本(さんぼん) 세 자루
		훈	みっ	三月三日(さんがつみっか) 3월 3일
			みっ(つ)	あめ三つ(みっつ) 사탕 세 개
049	四 넉 사	음	シ	四月(しがつ) 4월
		훈	よ	四人(よにん) 4명, 四年生(よねんせい) 4학년생　よっ 四日(よっか) 4일
			よっ(つ)	なしが四つ(よっつ) 배가 네 개　よん 四本(よんほん) 네 자루
050	五 다섯 오	음	ゴ	五本(ごほん) 다섯 자루, 五月(ごがつ) 5월
		훈	いつ	五月五日(ごがついつか)はこどもの日 5월 5일은 어린이날
			いつ(つ)	なしが五つ(いつつ) 배가 다섯 개
051	六 여섯 륙	음	ロク	六人(ろくにん) 6명
		훈	むっ(つ)	すいかが六つ(むっつ) 수박이 여섯 개　むい 六月六日(ろくがつむいか) 6월 6일
052	七 일곱 칠	음	シチ	七月(しちがつ) 7월
		훈	なな	ペンが七本(ななほん) 펜이 일곱 자루
			なな(つ)	すいかが七つ(ななつ) 수박이 일곱 개　なの 七日(なのか) 7일
053	八 여덟 팔	음	ハチ	八人(はちにん) 여덟 명　주의 八本(はっぽん) 여덟 개
		훈	やっ(つ)	みかんが八つ(やっつ) 귤이 여덟 개　よう 八月八日(はちがつようか) 8월 8일
054	九 아홉 구	음	キュウ	九人(きゅうにん) 아홉 명, 九十(きゅうじゅう) 90
			ク	九月(くがつ) 9월
		훈	ここの	九月九日(くがつここのか) 9월 9일
			ここの(つ)	みかんが九つ(ここのつ) 귤이 아홉 개
055	十 열 십	음	ジュウ	十人(じゅうにん) 열 명, 十円(じゅうえん) 십 엔
			ジッ	えんぴつ十本(じっぽん)/十本(じゅっぽん) 연필 열 자루
		훈	とお	十月十日(じゅうがつとおか) 10월 10일
056	百 일백 백	음	ヒャク	百円(ひゃくえん) 백 엔, 百点(ひゃくてん) 백점
057	千 일천 천	음	セン	千人(せんにん) 천 명, 千本(せんぼん) 천 자루
058	万 일만 만	음	マン	一万円(いちまんえん) 만 엔, 万一(まんいち) 만일
			バン	万国旗(ばんこっき)/万国旗(ばんこくき) 만국기
059	円 둥글 원	음	エン	一円(いちえん) 1엔, 円(えん)をかく 원을 그리다
		훈	まる(い)	円い(まるい) 둥글다
060	台 집 대	음	ダイ	テレビが一台(いちだい) TV가 한 대, 台形(だいけい) 사다리꼴
			タイ	台風(たいふう) 태풍
061	正 바를 정	음	セイ	正方形(せいほうけい) 정방형　ショウ お正月(しょうがつ) 정월, 설날
		훈	ただ(しい)	正しい(ただしい) 바르다
062	午 낮 오	음	ゴ	午前(ごぜん) 오전, 午後(ごご) 오후, 正午(しょうご) 정오
063	前 앞 전	음	ゼン	以前(いぜん) 이전
		훈	まえ	名前(なまえ) 이름, 目の前(めのまえ) 눈앞
064	後 뒤 후	음	ゴ	前後(ぜんご) 전후
			コウ	後半(こうはん) 후반, 後方(こうほう) 후방
		훈	うし(ろ)	後ろへ下がる(うしろへさがる) 뒤로 물러나다
			あと	後で電話します(あとででんわします) 나중에 전화하겠습니다
			のち	後ほど(のちほど) 나중에
065	朝 아침 조	음	チョウ	朝食(ちょうしょく) 조식
		훈	あさ	朝ごはん(あさごはん) 아침밥, 毎朝(まいあさ) 매일 아침
		주의		今朝(けさ) 오늘 아침
066	昼 낮 주	음	チュウ	昼食(ちゅうしょく) 중식
		훈	ひる	昼ごはん(ひるごはん) 점심밥, 昼休み(ひるやすみ) 점심시간
067	夜 밤 야	음	ヤ	今夜(こんや) 오늘 밤, 昨夜(さくや) 어젯밤
		훈	よ	夜中(よなか) 한밤중　よる 夜になる(よるになる) 밤이 되다
068	夕 저녁 석	훈	ゆう	夕日(ゆうひ) 석양　주의 七夕(たなばた) 칠석
069	半 반 반	음	ハン	半年(はんとし) 반년, 半日(はんにち) 한나절, 前半(ぜんはん) 전반
		훈	なか(ば)	四月半ば(しがつなかば) 4월 중순
070	分 나눌 분	음	ブン	自分(じぶん) 자기, 気分(きぶん) 기분
			フン	十二時十五分(じゅうにじじゅうごふん) 12시 15분　ブ 五分(ごぶ) 1/2, 절반
		훈	わ(ける)	半分に分ける(はんぶんにわける) 반으로 나누다
			わ(かれる)	二つに分かれる(ふたつにわかれる) 두 개로 나누어지다
			わ(かる)	分かる(わかる) 알다
071	間 사이 간	음	かん	夜間(やかん) 야간, 一時間目(いちじかんめ) 1교시째, 二日間(ふつかかん) 이틀간
			ケン	주의 人間(にんげん) 인간
		훈	あいだ	休みの間(やすみのあいだ) 방학 동안, 휴가 동안
			ま	昼間(ひるま) 점심때, 間に合う(まにあう) 시간에 대다
072	上 윗 상	음	ジョウ	上下(じょうげ) 상하, 上司(じょうし) 상사
		훈	うえ	つくえの上(うえ) 책상 위
			うわ	上着(うわぎ) 상의　かみ 川上(かわかみ) 상류
			あ(がる)	部屋に上がる(へやにあがる) 방으로 올라가다
073	下 아래 하	음	カ	地下鉄(ちかてつ) 지하철　ゲ 下品な人(げひんなひと) 천박한 사람
		훈	した	木の下(きのした) 나무 아래, 下着(したぎ) 속옷
			さ(がる)	温度が下がる(おんどがさがる) 온도가 내려가다
			くだ(る)	さかを下る(くだる) 언덕을 내려가다
074	左 왼 좌	음	サ	左右(さゆう) 좌우
		훈	ひだり	左足(ひだりあし) 왼발
075	右 오른 우	음	ウ	右折(うせつ) 우회전
		훈	みぎ	右手(みぎて) 오른손
076	内 안 내	음	ナイ	案内(あんない) 안내, 室内(しつない) 실내
		훈	うち	内と外(うちとそと) 안과 밖
077	外 바깥 외	음	ガイ	外国(がいこく) 외국, 内外(ないがい) 내외
		훈	そと	内と外(うちとそと) 안과 밖

chapter 03 학습 한자 (078~107)

078	山 뫼/메 산	음 サン 훈 やま	富士山 후지산 주의 火山 화산 山登り 등산
079	川 내 천	훈 かわ	川を渡る 강을 건너다
080	田 밭 전	음 デン 훈 た	水田 논 田畑 논밭
081	花 꽃 화	훈 はな	花 꽃, 花火 불꽃놀이 주의 火花 불똥, 生け花 꽃꽂이
082	石 돌 석	음 セキ 훈 いし	石油 석유, 宝石 보석 小石 작은 돌
083	空 빌 공	음 クウ 훈 そら あ(く)	空港 공항, 空気 공기 青い空 푸른 하늘 주의 青空 푸른 하늘 時間が空く 시간이 비다
084	雨 비 우	음 ウ 훈 あめ あま	雨天中止 우천 중지 雨が降る 비가 오다 雨水 빗방울, 雨雲 비구름
085	風 바람 풍	음 フウ 훈 かぜ かざ	台風 태풍 強い風 강한 바람 風車 팔랑개비
086	虫 벌레 충	음 チュウ 훈 むし	昆虫 곤충 虫 벌레, 虫歯 충치
087	光 빛 광	음 コウ 훈 ひかり ひか(る)	月光 월광, 光線 광선, 観光旅行 관광 여행 月の光 달빛 夜空に星が光る 밤하늘에 별이 반짝이다
088	鳥 새 조	음 チョウ 훈 とり	白鳥 백조 小鳥 작은 새
089	魚 고기잡을 어	음 ギョ 훈 うお さかな	金魚 금붕어, 人魚姫 인어공주 魚市場 어시장 魚屋 생선가게
090	牛 소 우	음 ギュウ 훈 うし	牛乳 우유, 牛肉 쇠고기 牛 소
091	羊 양 양	음 ヨウ 훈 ひつじ	羊毛 양모 羊の肉 양고기
092	麦 보리 맥	훈 むぎ	麦茶 보리차, 小麦粉 밀가루
093	春 봄 춘	음 シュン 훈 はる	青春時代 청춘 시대 春休み 봄방학, 春風 봄바람
094	夏 여름 하	음 カ 훈 なつ	春夏秋冬 춘하추동 夏休み 여름 방학
095	秋 가을 추	음 シュウ 훈 あき	秋分の日 추분의 날 スポーツの秋 스포츠의 가을
096	冬 겨울 동	음 トウ 훈 ふゆ	冬季オリンピック 동계올림픽 冬休み 겨울 방학, 真冬 한겨울
097	林 수풀 림	음 リン 훈 はやし	山林 산림 주의 雑木林 잡목림
098	森 수풀 삼	음 シン 훈 もり	森林 삼림, 숲 森 숲
099	岩 바위 암	음 ガン 훈 いわ	岩石 암석, 火山岩 화산암 岩 바위
100	谷 골 곡	음 コク 훈 たに	渓谷 계곡 谷川 골짜기로 흐르는 시내
101	星 별 성	음 セイ 훈 ほし	星座 성좌 星空 별이 총총한 하늘, 星占い 별점
102	雪 눈 설	음 ゆき	雪国 설국, 雪だるま 눈사람, 大雪 대설
103	畑 밭 전	훈 はた はたけ	田畑 논밭, 畑作 밭농작 畑仕事 밭일 주의 花畑 꽃밭, 麦畑 보리밭
104	美 아름다울 미	음 ビ 훈 うつく(しい)	美女 미녀, 美人 미인 美術館 미술관, 美容院 미용실 美しい 아름답다
105	早 일찍 조	음 ソウ サッ 훈 はや(い)	早朝 조조, 이른 아침 早速 즉시 早い 빠르다, 이르다, 早口 말이 빠름
106	古 옛 고	음 コ 훈 ふる(い)	中古 중고, 古代 고대 古い 낡다, 오래되다, 古本 고서
107	暗 어두울 암	음 アン 훈 くら(い)	暗記 암기, 明暗 명암 暗い 어둡다

108	人 사람 인	음	ジン	外国人 외국인, ご主人 남편
			ニン	人間 사람, 인간, 人気 인기, 二人前 2인분
		훈	ひと	女の人 여자, 男の人 남자
109	作 지을 작	음	サク	作文 작문, 作品 작품 주의 作曲家 작곡가
			サ	動作 동작
		훈	つく(る)	ケーキを作る 케이크를 만들다
110	汽 김 기	음	キ	汽車 기차
111	池 못 지	음	チ	電池 전지
		훈	いけ	池の魚 못에 있는 물고기
112	活 살 활	음	カツ	活動 활동, 生活 생활
				주의 活火山 활화산
113	言 말씀 언	음	ゲン	言語 언어, 方言 방언
			ゴン	伝言 전언
		훈	い(う)	ジョークを言う 농담을 하다
			こと	一言 한마디, 言葉 말
114	計 셀 계	음	ケイ	計算 계산, 時計 시계
		훈	はか(る)	時間を計る 시간을 재다
115	記 적을 기	음	キ	日記 일기, 記事 기사, 記号 기호
		훈	しる(す)	氏名を記す 성명을 적다
116	糸 실 사	훈	いと	毛糸 털실
117	絵 그림 회	음	カイ	絵画 회화
		훈	エ	絵を描く 그림을 그리다, 絵本 그림책
118	紙 종이 지	음	シ	用紙 용지, 新聞紙 신문지
		훈	かみ	紙コップ 종이컵
119	線 줄 선	음	セン	電線 전선, 直線 직선
				線をひく 선을 긋다
120	力 힘 력	음	リョク	努力 노력, 水力 수력 リキ 力作 역작
		훈	ちから	力いっぱい 힘껏
121	動 움직일 동	음	ドウ	動力 동력, 活動 활동, 動物園 동물원, 運動 운동
		훈	うご(く)	電車が動く 전철이 움직이다
			うご(かす)	つくえを動かす 책상을 움직이다
122	勉 힘쓸 면	음	べん	勉強 공부
123	晴 갤 청	음	セイ	快晴 쾌청
		훈	は(れる)	明日は晴れるでしょう 내일은 맑겠습니다
				晴れの天気 맑은 날씨, 晴れ着 나들이옷
				주의 秋晴れ 맑게 갠 가을 날씨
124	竹 대 죽	음	チク	竹林 죽림, 竹馬の友 죽마고우
		훈	たけ	竹 대나무, 竹の子 죽순, 竹林 죽림
125	算 셈할 산	음	サン	計算 계산, 주의 暗算 암산
126	答 대답할 답	음	トウ	答案用紙 답안용지
		훈	こた(える)	問題に答える 문제에 답하다
			こた(え)	答えを書く 답을 쓰다
127	雲 구름 운	훈	くも	雲 구름, 주의 雨雲 비구름
128	電 전기 전	음	デン	電線 전선, 電気 전기, 電話 전화
129	心 마음 심	음	シン	本心 본심, 安心 안심, 中心 중심
		훈	こころ	やさしい心 상냥한 마음
130	思 생각할 사	음	シ	思案 사안
		훈	おも(う)	日本語はやさしいと思う 일본어는 쉽다고 생각한다
				思い出 추억
131	点 점 점	음	テン	点線 점선, 100点をとる 100점을 맞다
132	黒 검을 흑	음	コク	黒板 흑판
		훈	くろ(い)	黒い 검다
133	広 넓은 광	음	コウ	広大 광대, 넓고 큼
		훈	ひろ(い)	広い 넓다
134	店 점포 점	음	テン	店員 점원, 書店 서점
		훈	みせ	小さい店 작은 가게
135	道 길 도	음	ドウ	道具 도구, 道路 도로
		훈	みち	大きい道 큰길
136	近 가까울 근	음	キン	近所 근처, 이웃
		훈	ちか(い)	近い 가깝다 주의 身近な人 가까운 사람
137	回 돌아올 회	음	カイ	三回 3회, 回転 회전
		훈	まわ(る)	目が回るほど忙しい 눈이 빙빙 돌 정도로 바쁘다
138	園 동산 원	음	エン	公園 공원, 動物園 동물원
		훈	その	주의 花園 화원
139	門 문 문	음	モン	名門 명문, 校門 교문
140	聞 들을 문	음	ブン	新聞 신문
		훈	き(く)	話を聞く 이야기를 듣다
			き(こえる)	足音が聞こえる 발소리가 들리다
141	草 풀 초	음	ソウ	雑草 잡초
		훈	くさ	草花 들꽃, 草木 초목
142	茶 차 다	음	チャ	紅茶 홍차, お茶を入れる 차를 끓이다
			サ	茶道 다도

chapter 05 학습 한자 (143~178)

143	父 아비 부	음 フ 훈 ちち	父母 부모, 祖父 조부, 할아버지 父親 부친, 父の日 아버지의 날 주의 お父さん 아버지
144	母 어머니 모	음 ボ 훈 はは	母校 모교, 祖母 조모, 할머니 母親 모친, 母の日 어머니의 날 주의 お母さん 어머니
145	兄 만 형	음 キョウ 훈 あに	兄弟 형제 　ケイ 父兄 부형 兄と弟 형과 남동생 주의 お兄さん 형님, 오빠
146	弟 동생 제	음 ダイ 훈 おとうと	兄弟 형제 　テイ 子弟 자제 　デ 弟子 제자 兄と弟 형과 남동생
147	姉 누이 자	음 シ 훈 あね	姉妹 자매 姉と兄 언니(누나)와 오빠(형), 주의 お姉さん 누나, 언니
148	妹 여동생 매	음 マイ 훈 いもうと	三人姉妹 세자매 妹と弟 여동생과 남동생
149	両 두 량	음 リョウ	両親 양친, 両手 양손 両立 양립, 両替する 환전하다
150	親 친할 친	음 シン 훈 おや した(しい) した(しむ)	両親 양친, 親友 친우 父親 부친, 母親 모친, 親子 친자, 부모와 자식 親しい友達 친한 친구 親しむ 친해지다
151	息 쉴 식	음 ソク 훈 いき	休息 휴식, 利息 이자, 消息 소식 ため息をつく 한숨을 쉬다 　주의 息子 아들
152	家 집 가	음 カ 훈 いえ	家族 가족, 音楽家 음악가 家 집 　や 大家 집주인
153	族 겨레 족	음 ゾク	家族 가족, 親族 친족, 水族館 수족관
154	私 사사 사	음 シ 훈 わたし	私立大学 사립대학교 私 저
155	自 스스로 자	음 ジ シ	自動車 자동차, 自分 자기 自然 자연
156	友 벗 우	음 ユウ 훈 とも	親友 친우, 友人 친구 友達 친구
157	名 이름 명	음 メイ ミョウ 훈 な	有名 유명, 氏名 이름, 人名 인명, 地名 지명 名字 성씨 名前 이름, 名札 명찰
158	字 글자 자	음 ジ	漢字 한자, 数字 숫자, ローマ字 로마자
159	才 재주 재	음 サイ	天才少年 천재소년, 百才 백세
160	新 새로울 신	음 シン 훈 あたら(しい)	新入生 신입생, 新年 새해 新しい 새롭다

161	遠 멀 원	음 エン 훈 とお(い)	遠足 소풍 遠い 멀다
162	強 강할 강	음 キョウ ゴウ 훈 つよ(い)	勉強 공부, 強力 강력 強情 고집이 셈 強い 강하다 　주의 力強い 힘세다
163	弱 약할 약	음 ジャク 훈 よわ(い)	強弱 강약 弱い 약하다, 弱虫 겁쟁이 寒さに弱い 추위에 약하다
164	長 길 장	음 チョウ 훈 なが(い)	校長 교장, 長時間 장시간 長い 길다, 長さ 길이
165	短 짧을 단	음 タン 훈 みじか(い)	短大 전문대, 短所 단점 短い 짧다
166	高 높을 고	음 コウ 훈 たか(い)	高校生 고등학생, 高速道路 고속도로 高い山 높은 산, 高い店 비싼 가게
167	安 편안 안	음 アン 훈 やす(い)	安心 안심, 不安 불안 安い 싸다
168	細 가늘 세	음 サイ 훈 ほそ(い) こま(かい)	細心 세심, 細工 세공 細い糸 가는 실 細かい字 자잘한 글씨
169	寒 찰 한	음 カン 훈 さむ(い)	寒波 한파 寒い 춥다
170	暑 더위 서	음 ショ 훈 あつ(い)	残暑 잔서, 남은 더위 暑い 덥다
171	軽 가벼울 경	음 ケイ 훈 かる(い)	軽油 경유, 軽食 간단한 식사 軽い 가볍다
172	重 무거울 중	음 ジュウ 훈 おも(い) かさ(なる)	体重 체중, 重要 중요 　チョウ 貴重品 귀중품 重い 무겁다, 重さ 무게 スケジュールが重なる 스케줄이 겹치다
173	丸 알 환	훈 まる まる(い)	日の丸 일장기 丸い 둥글다
174	白 흰 백	음 ハク 훈 しろ しろ(い)	白紙 백지, 白鳥 백조 真っ白な 새하얀 白い 희다
175	赤 붉을 적	음 セキ 훈 あか あか(い)	赤道 적도 赤ちゃん 갓난아기 赤い 붉다
176	青 푸를 청	음 セイ 훈 あお	青少年 청소년, 青春 청춘 青空 푸른 하늘 　あお(い) 青い 푸르다
177	黄 누를 황	음 オウ 훈 き	黄金 황금 　コウ 黄砂 황사 黄色 노란색
178	色 색 색	음 ショク 훈 いろ	十二色 12색 色紙 색지, 青色 파란색

179	行 다닐 행	음 훈	コウ い(く) おこな(う)	旅行 여행, 銀行 은행 東京へ行く 도쿄에 가다 大会が行われる 대회가 행해지다
180	帰 돌아올 귀	음 훈	キ かえ(る)	帰国 귀국 家に帰る 집으로 돌아가다
181	出 나갈 출	음 훈	シュツ で(る) だ(す)	주의 出発 출발, 出席 출석 出入り口 출입구, 思い出 추억 スピードを出す 스피드를 내다, 思い出す 생각나다
182	入 들 입	음 훈	ニュウ い(る) い(れる) はい(る)	入学式 입학식, 入院 입원 気に入る 마음에 들다 水に手を入れる 물에 손을 넣다 小学校に入る 초등학교에 들어가다
183	見 볼 견/ 뵈올 현	음 훈	ケン み(る) み(える) み(せる)	意見 의견, 発見 발견 映画を見る 영화를 보다, 見本 견본 山が見える 산이 보이다 顔を見せる 얼굴을 보이다
184	飲 마실 음	음 훈	イン の(む)	飲食店 음식점 薬を飲む 약을 먹다, 飲み水 마실 물
185	読 읽을 독	음 훈	ドク よ(む)	読書 독서, 音読 음독 本を読む 책을 읽다, 読み書き 읽고 쓰기
186	話 이야기 화	음 훈	ワ はなし はな(す)	話題 화제, 会話 회화 話を聞く 이야기를 듣다 주의 立ち話 서서 하는 이야기 電話で話す 전화로 이야기하다
187	住 머무를 주	음 훈	ジュウ す(む) す(まう)	住宅 주택, 住所 주소 みんなで住む 모두 함께 살다 住まい 주거지
188	歩 걸음 보	음 훈	ホ ある(く)	歩道 보도 주의 散歩 산책 道を歩く 길을 걷다
189	走 달릴 주	음 훈	ソウ はし(る)	力走 역주, 走者 주자 全力で走る 전력으로 달리다
190	会 모을 회	음 훈	カイ あ(う)	会話 회화, 教会 교회 友達に会う 친구를 만나다
191	持 가질 지	음 훈	ジ も(つ)	所持品 소지품 かばんを持つ 가방을 들다 お金持ち 부자, 気持ち 기분
192	売 팔 매	음 훈	バイ う(る)	売店 매점, 商売 장사 家を売る 집을 팔다, 売り切れ 매진
193	買 살 매	음 훈	バイ か(う)	売買 매매 おもちゃを買う 장난감을 사다, 買い物に行く 장보러 가다
194	起 일어날 기	음 훈	キ お(きる)	起点 기점, 起立 기립 早起きをする 일찍 일어나다
195	目 눈 목	음 훈	モク め	科目 과목, 目標 목표 目薬 눈약, 目ざまし時計 자명종 시계 ～時間目 ~시간째, ~교시
196	口 입 구	음 훈	コウ くち	人口 인구 口 입 주의 出口 출구 / 入り口 입구

197	耳 귀 이	음 훈	ジ みみ	耳鼻科 이비인후과 耳 귀, 初耳 처음 들음
198	鼻 코 비	음 훈	ビ はな	耳鼻科 이비인후과 鼻水 콧물, 鼻声 콧소리
199	手 손 수	음 훈	シュ て	歌手 가수 右手 오른손, 左手 왼손, 手紙 편지
200	足 발 족	음 훈	ソク あし た(りる)	遠足 소풍, 一足 한 켤레 手足 손발, 左足 왼발 力が足りない 힘이 부족하다
201	頭 머리 두	음 훈	トウ ズ あたま	十頭のライオン 열 마리의 사자 頭上 두상, 頭痛 두통 頭 머리
202	顔 얼굴 안	음 훈	ガン かお	洗顔 세안 顔色 안색 주의 朝顔 나팔꽃
203	首 머리 수	음 훈	シュ くび	首相 수상, 元首 원수 首 목
204	声 소리 성	음 훈	セイ こえ	声楽 성악 大きな声 주의 歌声 노랫소리
205	体 몸 체	음 훈	タイ からだ	体力 체력, 体重 체중 体 몸
206	病 병들 병	음	ビョウ	病人 병자, 病室 병실, 病弱 병약
207	院 집 원	음	イン	病院 병원, 医院 의원, 大学院 대학원, 院長 원장
208	医 의원 의	음	イ	医者 의사, 医院 의원, 医学 의학
209	者 놈 자	음 훈	シャ もの	学者 학자, 記者 기자, 作者 저자, 医者 의사 주의 患者 환자 若者 젊은이
210	元 으뜸 원	음 훈	ゲン もと	元気 원기, 기력, 건강 ガン 元日 설날 火の元 불씨
211	気 기운 기	음	キ	病気 병, 気持ち 기분, 電気 전기 気をつける 주의하다, 조심하다 ケ 寒気 한기
212	薬 약 약	음 훈	ヤク くすり	薬学 약학, 薬品 약품 주의 薬局 약국 薬屋 약국 주의 目薬 안약
213	待 기다릴 대	음 훈	タイ ま(つ)	期待 기대 ともだちを待つ 친구를 기다리다 주의 待合室 대기실
214	合 합할 합	음 훈	ゴウ あ(う)	合計 합계, 合格 합격 주의 合図 어떤 내용을 알림 또는 그 신호

번호	한자	구분	읽기	예
215	文 글월 문	음	ブン	作文 작문, 文学 문학, 文化 문화
			モン	天文台 천문대, 文字/文字 문자, 注文 주문
		훈	ふみ	文を書く 글을 쓰다
216	車 수레 차/수레 거	음	シャ	自動車 자동차, 電車 전철, 自転車 자전거
		훈	くるま	車に乗る 차를 타다 주의 風車 바람개비, 팔랑개비
217	当 마땅할 당	음	トウ	当番 당번, 弁当 도시락
		훈	あ(たる)	日が当たる 햇볕이 들다
218	米 쌀 미	음	ベイ	欧米 유럽과 미국
			マイ	白米 백미, 新米 햅쌀
		훈	こめ	米作り 쌀 농작
219	弓 활 궁	음	キュウ	弓道 궁도
		훈	ゆみ	弓形 궁형, 활 모양, 弓をひく 활을 쏘다
220	里 마을 리	음	リ	郷里 향리
		훈	さと	里芋 토란 주의 山里 산속 마을, 村里 시골 마을
221	昔 옛 석	훈	むかし	昔話 옛이야기, 大昔 먼 옛날
222	馬 말 마	음	バ	馬車 마차, 馬力 마력
		훈	うま	子馬 어린 말
223	度 법도 도/헤아릴 탁	음	ド	一度 한번, 今度 이번, 다음 번
				温度 온도, 年度 연도
224	身 몸 신	음	シン	身長 신장, 身体 신체,
				心身 심신, 出身地 출신지
		훈	み	身元 신원, 身なり 차림새
225	羽 날개 우	훈	は	주의 白鳥が一羽 백조가 한 마리
				주의 三羽 세 마리, 十羽 열 마리
			はね	白い羽 흰 날개
226	肉 고기 육	훈	ニク	牛肉 소고기, 肉屋 정육점
227	形 형상 형	음	ケイ	図形 도형, 三角形 삼각형
			ギョウ	人形 인형
		훈	かたち	顔の形 얼굴형
228	戸 지게 호	음	コ	一戸建て 단독주택
		훈	と	戸をしめる 문을 닫다
				주의 雨戸 비를 막기 위해 만든 덧문
229	刀 칼 도	음	トウ	日本刀 일본도
		훈	かたな	刀をぬく 칼을 빼다 주의 小刀 소도, 주머니칼
230	貝 조개 패	훈	かい	貝殻 패각, 조가비 주의 二枚貝 이매류, 쌍각류
231	毛 털 모	음	モウ	毛布 모포
		훈	け	髪の毛 머리카락, 毛皮 모피 毛糸のてぶくろ 털장갑
232	方 모 방	음	ホウ	地方 지방, 正方形 정방형, 右の方 오른쪽
		훈	かた	話し方がうまい 화술이 좋다
233	同 같을 동	음	ドウ	同時 동시, 合同 합동
		훈	おな(じ)	同じクラス 같은 클래스, 같은 반
234	申 납 신	음	シン	税の申告 세금 신고
		훈	もう(す)	私はキムと申します 저는 김이라고 합니다
				申し込み 신청, 申し出る 자청하다, 申しわけない 죄송하다
235	由 말미암을 유	음	ユウ	自由 자유, 理由 이유
			ユ	経由 경유
236	王 임금 왕	음	オウ	王国 왕국, 女王 여왕
				王女 왕녀, 공주, 王朝 왕조
237	玉 구슬 옥	음	ギョク	玉石 옥석
		훈	たま	水の玉 물방울 주의 しゃぼん玉 비눗방울
238	氷 얼음 빙	음	ヒョウ	氷山 빙산, 氷点下 빙점하, 流氷 유빙
		훈	こおり	氷がとける 얼음이 녹다 주의 かき氷 빙설
239	矢 살 시	훈	や	弓と矢 활과 화살, 矢印 화살표시
240	島 섬 도	음	トウ	半島 반도, 列島 열도
		훈	しま	島 섬 주의 小島 작은 섬
241	角 뿔 각	음	カク	四角 사각
			カド	町角の交番 길모퉁이의 파출소
		훈	つの	牛の角 소의 뿔
242	用 쓸 용	음	ヨウ	用事 해야 할 일, 用意 준비,
				費用 비용, 火の用心 불조심
243	央 가운데 앙	음	オウ	中央 중앙, 中央口 중앙구
244	委 맡길 위	음	イ	委員会 위원회, 委任状 위임장
245	第 차례 제	음	ダイ	第一 제일, 次第に明るくなる 차츰 밝아오다
246	向 향할 향	음	コウ	方向 방향, 傾向 경향
		훈	む(く)	子供向きの本 어린이에 적합한 책, 南向き 남향
247	皿 그릇 명	훈	さら	皿 접시 주의 灰皿 재떨이, 小皿 작은 접시
248	血 피 혈	음	ケツ	血液 혈액, 内出血 내출혈 주의 血管 혈관
		훈	ち	血が出る 피가 나오다

249	所 바 소	음 ショ	住所 주소, 場所 장소 주의 洗面所 화장실, 停留所 정류장
		훈 ところ	주의 台所 부엌
250	階 층계 계	음 カイ	階段 계단, 段階 단계 주의 ビルの三階 빌딩의 3층
251	号 부르짖을 호	음 ゴウ	信号 신호, 番号 번호, 年号 연호, 記号 기호
252	工 장인 공	음 コウ	工作 공작, 工場 공장 町工場 시내에 있는 작은 공장
		ク	工夫 궁리, 大工 목수
253	場 마당 장	음 ジョウ	野球場 야구장, 会場 회장, 入場 입장
		훈 ば	市場 시장, 場所 장소, 広場 광장
254	公 공평할 공	음 コウ	公園 공원, 公立 공립 不公平をなくす 불공평을 없애다
255	社 단체 사	음 シャ	社会科 사회과, 社長 사장, 会社 회사 주의 神社 신사
		훈 やしろ	社 신사
256	駅 역마 역	음 エキ	駅員 역무원, 駅前 역 앞 始発駅 출발역, 終着駅 종착역
257	地 땅 지	음 チ	地図 지도, 地下 지하, 地球 지구, 地方 지방
		ジ	地面 지면
258	鉄 쇠 철	음 テツ	地下鉄 지하철, 鉄道 철도, 私鉄 사철 주의 鉄板 철판
259	銀 은 은	음 ギン	銀行 은행, 水銀 수은, 銀河 은하
260	橋 다리 교	음 キョウ	鉄橋 철교, 陸橋 육교
		훈 はし	橋をわたる 다리를 건너다 주의 石橋 돌다리
261	船 배 선	음 セン	船長 선장, 客船 객선, 船員 선원
		훈 ふね	船に乗る 배를 타다
		ふな	船着場 선착장, 船乗り 배타기, 선원
262	港 항구 항	음 コウ	出港 출항, 空港 공항
		훈 みなと	港町 항구도시
263	寺 절 사	음 ジ	寺社 절과 신사
		훈 てら	お寺参り 절에 가는 것 주의 山寺 산사
264	神 귀신 신	음 シン	神話 신화, 神父 신부 ジン 神社 신사
		훈 かみ	神様 신 주의 女神 여신
265	都 도읍 도	음 ト	都庁 도청, 都市 도시, 首都 수도
		ツ	都合により 경우에 따라
		훈 みやこ	京の都 교토, 수도
266	府 마을 부	음 フ	京都府 교토부, 大阪府 오사카부, 政府 정부
267	県 고을 현	음 ケン	～県 ~현, 県庁 현청 県民 현민, 都道府県 도도부현
268	市 시가 시	음 シ	市長 시장, 市内 시내
		훈 いち	朝市 아침 시장
269	町 밭두둑 정	음 チョウ	町長 町의 장
		훈 まち	町外れ 도시의 변두리, 下町 도시의 상업지구
270	村 마을 촌	음 ソン	農村 농촌, 山村 산촌, 市町村 시, 정, 촌
		훈 むら	村人 마을사람, 村祭り 마을 축제
271	区 구역 구	음 ク	区分 구분, 区別 구별, 地区 지구
272	京 서울 경	음 キョウ	京都 교토, 東京 도쿄, 上京 상경
273	海 바다 해	음 カイ	海水浴 해수욕, 海岸 해안, 海草 수초
		훈 うみ	海へ行く 바다에 가다, 海辺 해변
274	州 고을 주	음 シュウ	本州 혼슈, 九州 규슈, アリゾナ州 아리조나주
275	全 온전 전	음 ゼン	全体 전체, 全部 전부, 全員 전원, 全国 전국
		훈 まった(く)	全く 전혀
276	丁 고무래 정	음 チョウ	包丁 부엌칼 一丁目一番地 1쪼메 1번지(행정구획 단위)
277	東 동녘 동	음 トウ	東京 도쿄, 東洋 동양
		훈 ひがし	東口 동쪽 출구
278	西 서녘 서	음 セイ	西洋 서양
		サイ	関西地方 관서지방 주의 東西 동서
		훈 にし	東と西 동과 서, 西側 서쪽
279	南 남녘 남	음 ナン	南国 남국
		훈 みなみ	南の島 남쪽 섬
280	北 북녘 북	음 ホク	東北 동북 주의 南北 남북, 北海道 홋카이도
		훈 きた	北風 북풍
281	原 근본 원	음 ゲン	草原 초원, 高原 고원, 原因 원인
		훈 はら	野原 들판
282	宿 잘 숙/ 별이름 수	음 シュク	合宿 합숙, 下宿 하숙, 宿題 숙제
		훈 やど	宿屋 여관

번호	한자	구분	읽기	예
283	音 소리 음	음	オン	音楽 음악
		훈	おと	雨の音 빗소리
			ね	音色 음색
284	楽 즐거울 락	음	ガク	音楽 음악 주의 楽器 악기
			ラク	気楽にする 편하게 하다
		훈	たの(しい)	楽しい 즐겁다
			たの(しむ)	音楽を楽しむ 음악을 즐기다
285	歌 노래 가	음	カ	歌手 가수
		훈	うた	歌 노래
			うた(う)	歌を歌う 노래를 부르다
286	曲 굽을 곡	음	キョク	名曲 명곡, 作曲 작곡
		훈	ま(がる)	右に曲がる 오른쪽으로 돌다
287	画 그림 화	음	ガ	画家 화가, 図画 도화, 映画 영화
			カク	計画 계획
288	写 베낄 사	음	シャ	写真 사진
		훈	うつ(す)	記念写真を写す 기념 사진을 찍다
			うつ(る)	写る 찍히다
289	真 참 진	음	シン	真実 진실, 写真 사진
		훈	ま	真心 진심, 真夏日 한여름 날
				주의 真っ黒な 깜깜한, 새까만, 真ん中 한가운데
290	泳 헤엄칠 영	음	エイ	水泳 수영
		훈	およ(ぐ)	海で泳ぐ 바다에서 헤엄치다, 平泳ぎ 평영
291	野 들 야	음	ヤ	野外 야외, 野鳥 야조, 野菜 채소
		훈	の	野原 들판
292	球 공 구	음	キュウ	野球 야구, 地球 지구, 気球 기구
293	登 오를 등	음	トウ	登校日 등교일, 登場 등장
			ト	登山 등산
		훈	のぼ(る)	山に登る 산에 오르다
294	練 익힐 련	음	レン	練習 연습, 訓練 훈련
295	習 익힐 습	음	シュウ	学習 학습, 予習 예습
		훈	なら(う)	英語を習う 영어를 배우다
296	料 헤아릴 료	음	リョウ	料金 요금, 料理 요리
				食料 식료, 原料 원료
297	理 다스릴 리	음	リ	理由 이유, 理解 이해, 整理 정리

번호	한자	구분	읽기	예
298	酒 술 주	음	シュ	日本酒 일본술
		훈	さけ	お酒 술 주의 白酒 백주, 甘酒 감주
			さか	酒屋 술집
299	番 번 번	음	バン	当番 당번, 交番 파출소
				番号 번호
300	組 짤 조	음	ソ	組織 조직
		훈	くみ	주의 テレビの番組 텔레비전 프로그램
			く(む)	腕を組む 팔짱을 끼다
301	旅 나그네 려	음	リョ	旅行 여행, 旅館 여관, 旅客 여객
		훈	たび	船旅 배 여행, 旅人 여행자, 旅する 여행하다
302	世 인간 세	음	セイ	二十一世紀 21세기
			セ	世界 세계, 世間 세상
				出世 출세, 世話をする 돌보다
		훈	よ	世の中 세상
303	界 지경 계	음	カイ	世界 세계, 限界 한계
304	有 있을 유	음	ユウ	有名 유명, 有力 유력, 有利 유리, 有料 유료
305	発 필 발	음	ハツ	発明 발명, 発電所 발전소
				発言 발언, 発音 발음
				주의 発表 발표, 発見 발견 주의 出発 출발
306	交 사귈 교	음	コウ	交通 교통, 交番 파출소
		훈	まじ(わる)	2線の交わる点 두 선의 교차점
				朱に交われば赤くなる 나쁜 친구와 사귀면 물든다
307	通 통할 통	음	ツウ	交通 교통, 通学路 통학로
		훈	とお(る)	銀行の前を通る 은행 앞을 지나가다
				주의 大通り 대로, 큰 길
			かよ(う)	学校に通う 학교에 다니다
308	運 운전할 운	음	ウン	運転 운전, 運命 운명
				幸運 행운, 不運 불운
		훈	はこ(ぶ)	土を運ぶ 흙을 운반하다
309	転 구를 전	음	テン	自転車 자전거, 運転手 운전수
		훈	ころ(がる)	ボールが転がる 볼이 굴러가다
			ころ(ぶ)	自分で転ぶ 스스로 구르다
310	乗 탈 승	음	ジョウ	乗用車 승용차, 乗客 승객
		훈	の(る)	地下鉄に乗る 지하철을 타다
				乗り換える 갈아타다
311	客 손 객	음	キャク	客室 객실, 客船 객선, 乗客 승객
312	天 하늘 천	음	テン	天気 날씨, 天才 천재
				天候 기후, 天井 천정

313	油 기름 유	음 훈	ユ あぶら	石油 석유, 油田 유전, 油断する 방심하다 てんぷら油 튀김 기름, 油絵 유화
314	笛 피리 적	음 훈	テキ ふえ	汽笛 기적 笛をふく 피리를 불다 주의 竹笛 대나무 피리
315	相 서로 상	음 훈	ソウ ショウ あい	相互 상호, 手相 손금 首相 수상 相談相手になる 상담 상대가 되다
316	想 생각 상	음	ソウ	感想 감상, 理想 이상 思想 사상, 想像 상상
317	箱 상자 상	음	ハコ	箱 상자 주의 本箱 책장, 筆箱 필통, お弁当箱 도시락통
318	反 돌이킬 반	음	ハン	反対 반대, 反省 반성 交通違反 교통위반, 反する 반하다
319	坂 고개 판	훈	さか	坂道 언덕길 주의 上り坂 오름길, 下り坂 내림길
320	板 널 판	음 훈	ハン バン いた	주의 鉄板 철판, 船の甲板 배의 갑판 黒板 흑판, 看板 간판, 掲示板 게시판 木の板 나무판, まな板 도마
321	返 돌아올 반	음 훈	ヘン かえ(す) かえ(る)	返事する 답하다 本を返す 책을 돌려주다, くり返す 반복하다 주의 裏返す 뒤집다 原点に返る 원점으로 되돌아가(오)다
322	詩 글 시	음	シ	詩人 시인, 詩集 시집
323	等 무리 등	음 훈	トウ ひと(しい)	同等 동등, 対等 대등 주의 平等 평등 等しい数 동등한 수
324	主 임금 주	음 훈	シュ ぬし おも	主人 주인, 主婦 주부 家主 집주인 主に 주로
325	注 물쏟을 주	음 훈	チュウ そそ(ぐ)	注意 주의, 注文 주문, 注射 주사, 注目 주목 海に注ぐ川 바다로 흘러 들어가는 강
326	柱 기둥 주	음 훈	チュウ はしら	電柱 전주, 円柱 원기둥 柱時計 벽시계 주의 大黒柱 집 한가운데 있는 굵은 기둥, 한 집안의 기둥
327	化 될 화	음 훈	カ ば(ける)	文化 문화, 強化 강화, 変化 변화, 化学 화학 化け物 도깨비,귀신, お化け 귀신, 유령
328	倍 갑절 배	음	バイ	倍数 배수, 何百倍 몇 백배
329	童 아이 동	음	ドウ	童話 동화, 児童 아동
330	章 글 장	음	ショウ	文章 문장, 校章 교장
331	昭 밝을 소/빛날 조	음	ショウ	昭和 일본 연호(1926. 12. 25 – 1989. 1. 7)
332	温 따뜻할 온	음 훈	オン あたた(かい) あたた(める)	体温 체온, 温室 온실, 気温 기온, 温度 온도 温暖 온난, 温泉 온천 温かいスープ 따뜻한 수프 体を温める 몸을 녹이다
333	指 손가락 지	음 훈	シ ゆび さ(す)	指紋 지문, 指導 지도 指先 손끝, 親指 엄지손가락, 人差し指 검지 中指 중지, 薬指 약지, 小指 새끼손가락 指差す 손가락으로 가리키다 주의 目指す 지향하다
334	打 칠 타	음 훈	ダ う(つ)	強打 강타, 打者 타자, 打算的 타산적 くぎを打つ 못을 박다
335	拾 주울 습/열 십	훈	ひろ(う)	ごみを拾う 쓰레기를 줍다, 拾いもの 주운 물건
336	横 가로 횡	음 훈	オウ よこ	横断歩道 횡단보도 横顔 옆얼굴, 横向き 옆으로 향함
337	切 끊을 절/온통 체	음 훈	セツ き(る)	大切な話 중요한 이야기, 親切 친절 二つに切る 2개로 자르다 주의 切手 우표, 切符 표
338	始 비로소 시	음 훈	シ はじ(める) はじ(まる)	始業式 시업식 勉強を始める 공부를 시작하다 学校が始まる 학교가 시작되다
339	終 마칠 종	음 훈	シュウ お(わる) お(える)	終日 종일, 終点 종점 学校が終わる 학교가 끝나다 一生を終える 일생을 마치다
340	調 고를 조	음 훈	チョウ しら(べる)	調査 조사, 調整 조정 調子がいい 상태가 좋다 地図で調べる 지도로 찾다 原因を調べる 원인을 조사하다

chapter 11 학습 한자 (341~374)

번호	한자	구분	읽기	예
341	陽 볕 양	음	ヨウ	太陽 태양, 陽気な人 쾌활한 사람
342	緑 푸를 록	음	リョク	新緑 신록, 緑茶 녹차
		훈	みどり	緑色 녹색
343	葉 입사귀 엽	음	ヨウ	紅葉 단풍
		훈	は	葉書 엽서, 葉っぱ 잎, かれ葉 시든 잎
				木の葉 나뭇잎 주의 青葉 푸른 잎, 言葉 말
344	根 뿌리 근	음	コン	根気が要る仕事 끈기가 필요한 일
		훈	ね	根元 뿌리
345	植 심을 식	음	ショク	植物 식물, 植民地 식민지
		훈	う(える)	田植え 모내기, 木を植える 나무를 심다
346	物 만물 물	음	ブツ	動物 동물, 見物 구경, 人物 인물, 植物 식물
			モツ	食物 식물, 荷物 짐, 書物 서적
		훈	もの	飲み物 마실 것, 着物 옷, 物語 이야기, 果物 과일
347	庭 뜰 정	음	テイ	校庭 교정, 家庭 가정
		훈	にわ	庭木 정원나무
348	豆 콩 두	음	トウ	豆腐 두부
			ズ	大豆 콩
		훈	まめ	えだ豆 강낭콩
349	炭 숯 탄	음	タン	木炭 목탄, 石炭 석탄
		훈	すみ	炭火 탄화, 숯불
350	岸 언덕 안	음	ガン	海岸 해안
		훈	きし	岸辺 물가, 강가 주의 川岸 냇가, 강변
351	波 물결 파	음	ハ	防波堤 방파제
				주의 電波 전파, 音波 음파
		훈	なみ	大波 큰 파도, 津波 해일
352	湖 호수 호	음	コ	びわ湖 비와호, 湖水 호수
		훈	みずうみ	白鳥の湖 백조의 호수
353	湯 끓일 탕	음	トウ	名湯 명탕
		훈	ゆ	お湯 뜨거운 물, 湯気 김, お湯に入る 탕에 들어가다
354	開 열 개	음	カイ	開会式 개회식, 開始 개시, 開放 개방
		훈	ひら(く)	花が開く 꽃이 피다 = 開花 개화
			あ(ける)	とびらを開ける 문을 열다
355	決 결단할 결	음	ケツ	決意 결의 주의 決心 결심, 決定 결정
		훈	き(める)	方針を決める 방침을 결정하다
356	考 상고할 고	음	コウ	参考書 참고서
		훈	かんが(える)	考える人 생각하는 사람
357	急 급할 급	음	キュウ	急行 급행, 急用 급한 일, 至急 지급, 急速 급속
		훈	いそ(ぐ)	帰りを急ぐ 갈 길을 서두르다

번호	한자	구분	읽기	예
358	落 떨어질 락	음	ラク	落第 낙제, 落石 낙석 주의 落下する 낙하하다
		훈	お(ちる)	木から落ちる 나무에서 떨어지다
			お(とす)	コップを落とす 컵을 떨어뜨리다
359	負 질 부	음	フ	負担 부담, 주의 勝負 승부
		훈	ま(ける)	試合に負ける 시합에 지다
360	使 부릴 사	음	シ	使用 사용, 大使館 대사관
		훈	つか(う)	使い方 사용법, お使いに行く 심부름 가다
				주의 人使いがあらい 사람 부리는 방법이 거칠다
361	死 죽을 사	음	シ	急死 급사, 死者 죽은 자
		훈	し(ぬ)	病気で死ぬ 병으로 죽다
362	消 사라질 소	음	ショウ	消火 소화, 消化 소화, 消防署 소방서
		훈	き(える)	火が消える 불이 꺼지다
			け(す)	火を消す 불을 끄다, 消しゴム 지우개
363	送 보낼 송	음	ソウ	放送局 방송국, 送金 송금
		훈	おく(る)	荷物を送る 짐을 부치다
364	守 지킬 수	음	シュ	死守 사수, 守備 수비
			ス	留守 부재, 留守番 부재 시 집 지키는 사람
		훈	まも(る)	約束を守る 약속을 지키다, お守り 부적
365	受 받을 수	음	ジュ	受験 수험
		훈	う(ける)	受付 접수, 試験を受ける 시험을 치루다
			う(かる)	試験に受かる 시험에 합격하다
366	勝 이길 승	음	ショウ	勝負 승부, 決勝戦 결승전
		훈	か(つ)	勝ち負け 이기고 짐 주의 勝手に 제멋대로
367	遊 놀 유	음	ユウ	遊園地 유원지
		훈	あそ(ぶ)	友達と遊ぶ 친구와 놀다
368	育 기를 육	음	イク	育児 육아, 教育 교육
		훈	そだ(つ)	子供が育つ 아이가 자라다
			そだ(てる)	子供を育てる 아이를 기르다
369	助 도울 조	음	ジョ	助手 조교, 助言 조언
		훈	たす(ける)	助けて! だれか来て! 살려 줘요! 누구 없어요!
				주의 手助け 도움
			たす(かる)	助かる 살아나다, 도움이 되다
370	止 그칠 지	음	シ	中止 중지, 停止 정지
		훈	と(める)	주의 通行止め 통행금지
371	集 모을 집	음	シュウ	集会 집회, 集中 집중
		훈	あつ(まる)	みんなが集まる 모두가 모이다
			あつ(める)	切手を集める 우표를 모으다
372	着 붙일 착	음	チャク	一着のスーツ 슈트 한 벌, 到着 도착 ジャク
		훈	き(る)	コートを着る 코트를 입다, 着物 옷
				주의 上着 상의, 下着 속옷
			つ(く)	手紙が着く 편지가 도착하다
373	取 취할 취	음	シュ	取材 취재
		훈	と(る)	荷物を受け取る 짐을 건네 받다, 取りあつかい 취급
				書き取り 받아쓰기 주의 横取り 가로챔
374	投 던질 투	음	トウ	投手 투수, 投書 투서, 投資 투자
		훈	な(げる)	ボールを投げる 공을 던지다

375	感 느낄 감	음 カン	感心 감탄, 感動 감동, 感情 감정, 感想 감상
376	庫 곳집 고	음 コ	金庫 금고, 車庫 차고, 冷蔵庫 냉장고
377	局 판 국	음 キョク	電話局 전화국, 薬局 약국 放送局 방송국, 結局 결국
378	期 기약할 기	음 キ	期日 기일, 期間 기간, 期待 기대 新学期 신학기, 短期 단기, 時期 시기
379	対 대할 대	음 タイ	対立 대립, 対決 대결, 対話 대화, 対象 대상
380	放 놓을 방	음 ホウ	放送局 방송국, 追放 추방
		훈 はな(す)	手を放す 손을 놓다 魚を川に放す 물고기를 강에 놓아주다
381	部 나눌 부	음 ブ	内部 내부, 部下 부하, 学部 학부, 部長 부장 部首 부수 주의 部屋 방
382	事 일 사	음 ジ	火事 화재, 事件 사건, 工事 공사 行事 행사, 事実 사실
		훈 こと	明白な事 명백한 일 주의 仕事 일, 出来事 사건
383	速 빠를 속	음 ソク	速度 속도, 高速 고속 주의 速記 속기
		훈 はや(い)	速い 빠르다
384	式 법 식	음 シキ	入学式 입학식, 形式 형식, 正式 정식 公式 공식, 洋式 양식, 和式 일본식
385	深 깊을 심	음 シン	深海 심해, 深夜 심야
		훈 ふか(い)	深い 깊다 주의 注意深い 주의 깊다
386	列 벌일 열	음 レツ	行列 행렬, 整列 정렬 주의 列車 열차, 列島 열도
387	員 인원 원	음 イン	会社員 회사원, 店員 점원 役員 임원, 満員 만원
388	流 흐를 류	음 リュウ	流行 유행, 上流 상류, 流通 유통
		훈 なが(れる)	川が流れる 강이 흐르다
389	引 당길 인	음 イン	引用 인용, 引力 인력
		훈 ひ(く)	くじを引く 제비를 뽑다, 引き算 뺄셈
390	整 고를 정	음 セイ	整理 정리, 整列 정렬
		훈 ととの(える)	夕食を整える 저녁을 준비하다 コンディションを整える 컨디션을 조절하다
391	直 곧을 직	음 チョク	直線 직선, 直立 직립 주의 直角 직각
		ジキ	正直な人 정직한 사람
		훈 なお(す)	くせを直す 버릇을 고치다
392	秒 초침 초	음 ビョウ	六十秒 60초, 秒針 초침
393	他 다를 타	음 タ	他国 타국, 他人 타인
394	級 등급 급	음 キュウ	高級 고급, 初級 초급, 中級 중급, 上級 상급
395	具 갖출 구	음 グ	家具 가구, 道具 도구, 雨具 우비 文房具 문방구, 具合 상태, 형편
396	談 말씀 담	음 ダン	面談 면담, 対談 대담, 冗談 농담, 談話 담화
397	代 대신 대	음 ダイ	代表 대표, 代金 대금, 時代 시대, 現代 현대
		タイ	交代 교대
		훈 か(わる)	代わりに 대신에 주의 身代わり 대신, 대역
398	路 길 로	음 ロ	道路 도로, 路線バス 노선버스
399	面 낯 면	음 メン	水面 수면, 場面 장면, 表面 표면, 方面 방면
		훈 おも	面白い 재미있다
400	商 장사 상	음 ショウ	商売 장사, 商品 상품, 商業高校 상업고(교)
401	実 열매 실	음 ジツ	事実 사실, 果実 과실 주의 実行 실행, 実家 친정
		훈 みの(る)	りんごが実る 사과가 열매를 맺다 努力が実る 노력이 열매를 맺다
402	進 나아갈 진	음 シン	進行 진행, 進学 진학
		훈 すす(む)	前に進む 앞으로 나아가다
		すす(める)	話を進める 이야기를 진행시키다
403	表 겉 표	음 ヒョウ	表現 표현, 表紙 표지, 表面 표면, 表情 표정 주의 年表 연표
		훈 おもて	表通り 큰길, 裏表 겉과 속
		あらわ(す)	考えを言葉で表す 생각을 말로 나타내다
404	筆 붓 필	음 ヒツ	万年筆 만년필 주의 鉛筆 연필, 筆者 필자
		훈 ふで	絵筆 그림붓, 筆箱 필통

405	意 뜻 의	음 イ	意味(いみ) 의미, 注意(ちゅうい) 주의 同意(どうい) 동의, 意見(いけん) 의견
406	味 맛 미	음 ミ 훈 あじ	意味(いみ) 의미, 趣味(しゅみ) 취미, 調味料(ちょうみりょう) 조미료 塩味(しおあじ) 소금맛, 味見(あじみ)をする 맛을 보다
407	平 평평할 평	음 ヘイ 훈 たい(ら) ひら	平和(へいわ) 평화, 平日(へいじつ) 평일　ビョウ 平等(びょうどう) 평등 平(たい)らな道(みち) 평평한 길 平(ひら)たい 평평하다
408	和 화할 화	음 ワ	平和(へいわ) 평화, 和式(わしき) 일본식, 和食(わしょく) 일식 和室(わしつ) 일본식 방, 和気(わき)あいあい 화기애애
409	研 갈 연	음 ケン	研究(けんきゅう) 연구, 研修会(けんしゅうかい) 연수회
410	究 연구할 구	음 キュウ	研究所(けんきゅうじょ) 연구소, 追究(ついきゅう) 추구
411	予 미리 예	음 ヨ	予定(よてい) 예정, 予約(よやく) 예약 予習(よしゅう) 예습, 予算(よさん) 예산
412	定 정할 정	음 テイ 훈 さだ(める)	定食(ていしょく) 정식, 仮定(かてい) 가정, 確定(かくてい) 확정, 定価(ていか) 정가 法律(ほうりつ)を定(さだ)める 법률을 정하다
413	幸 다행할 행	음 コウ 훈 さいわ(い) しあわ(せ) さち	幸運(こううん) 행운, 不幸(ふこう) 불행 幸(さいわ)いにもケガがない 다행스럽게도 상처가 없다 幸(しあわ)せな時間(じかん) 행복한 시간 海(うみ)の幸(さち) 山(やま)の幸(さち) 바다와 산에서 나는 것
414	福 복 복	음 フク	幸福(こうふく) 행복, 福祉(ふくし) 복지
415	洋 큰바다 양	음 ヨウ	洋服(ようふく) 양복, 太平洋(たいへいよう) 태평양, 洋食(ようしょく) 양식 洋室(ようしつ) 양실, 東洋(とうよう)と西洋(せいよう) 동양과 서양
416	服 옷 복	음 フク	衣服(いふく) 의복, 制服(せいふく) 제복, 和服(わふく) 일본 옷 薬(くすり)を服用(ふくよう)する 약을 복용하다
417	農 농사 농	음 ノウ	農業(のうぎょう) 농업, 農村(のうそん) 농촌, 農家(のうか) 농가, 農場(のうじょう) 농장
418	業 업 업	음 ギョウ	工業(こうぎょう) 공업, 産業(さんぎょう) 산업, 事業(じぎょう) 사업, 授業(じゅぎょう) 수업 企業(きぎょう) 기업, 営業(えいぎょう) 영업
419	命 목숨 명	음 メイ ミョウ 훈 いのち	生命(せいめい) 생명, 運命(うんめい) 운명 寿命(じゅみょう) 수명 命(いのち)を大切(たいせつ)にする 생명을 소중히 하다
420	令 하여금 령	음 レイ	命令(めいれい) 명령, 辞令(じれい) 사령
421	問 물을 문	음 モン 훈 と(う) と(い) とん	学問(がくもん) 학문, 質問(しつもん) 질문 責任(せきにん)を問(と)う 책임을 묻다, 추궁하다 年齢(ねんれい), 職業(しょくぎょう)は問(と)いません 나이 직업은 묻지 않습니다 問(と)い合(あ)わせる 문의하다, 조회하다 問屋(とんや) 도매상
422	題 제목 제	음 ダイ	問題(もんだい) 문제, 出題(しゅつだい) 출제, 話題(わだい) 화제, 題名(だいめい) 제목 宿題(しゅくだい) 숙제
423	悲 슬플 비	음 ヒ 훈 かな(しい)	悲鳴(ひめい) 비명, 悲劇(ひげき) 비극 悲(かな)しい 슬프다
424	鳴 울 명	음 メイ 훈 な(く) な(る)	悲鳴(ひめい) 비명 鳥(とり)が鳴(な)く 새가 울다 ベルが鳴(な)る 벨이 울리다
425	関 빗장 관	음 カン	関係(かんけい) 관계, 機関(きかん) 기관 関西地方(かんさいちほう) 간사이 지방
426	係 맬 계	음 ケイ 훈 かかり	関係(かんけい) 관계 係員(かかりいん) 과의 구성원　주의 図書係(としょがかり) 도서계
427	仕 벼슬 사	음 シ	仕事(しごと) 일, 仕組(しく)み 짜임새 仕方(しかた)がない 어찌할 도리가 없다 仕送(しおく)りをする 돈을 부치다
428	品 품수 품	음 ヒン 훈 しな	作品(さくひん) 작품, 商品(しょうひん) 상품, 品質(ひんしつ) 품질, 食料品(しょくりょうひん) 식료품 品物(しなもの) 물건
429	屋 집 옥	음 オク 훈 や	屋内(おくない) 옥내, 屋上(おくじょう) 옥상 本屋(ほんや) 책방, 部屋(へや) 방, 屋根(やね) 지붕
430	祭 제사 제	음 サイ 훈 まつ(り)	祭日(さいじつ) 제삿날, 文化祭(ぶんかさい) 문화제 お祭(まつ)り 축제, 秋祭(あきまつ)り 가을 축제
431	荷 짐 하	음 ニ	荷物(にもつ) 짐, 荷車(にぐるま) 짐수레
432	帳 휘장 장	음 チョウ	手帳(てちょう) 수첩, 通帳(つうちょう) 통장
433	配 짝 배	음 ハイ 훈 くば(る)	配達(はいたつ) 배달, 宅配(たくはい) 택배　주의 心配(しんぱい) 걱정 新聞(しんぶん)を配(くば)る 신문을 배달하다 資料(しりょう)を配(くば)る 자료를 나누어 주다, 배포하다
434	苦 괴로울 고	음 ク 훈 くる(しい) くる(しむ) くる(しめる) にが(い)	苦労(くろう) 고생, 苦心(くしん) 고심, 苦痛(くつう) 고통, 苦情(くじょう) 불만 苦(くる)しい仕事(しごと) 고통스러운 일 病(やまい)に苦(くる)しむ 병에 시달리다 人(ひと)を苦(くる)しめる 남을 괴롭히다 苦(にが)い薬(くすり) 쓴 약
435	労 일할 로	음 ロウ	労働(ろうどう) 노동, 苦労(くろう) 고생
436	役 부릴 역	음 ヤク	主役(しゅやく) 주역, 配役(はいやく) 배역, 役目(やくめ) 임무, 役者(やくしゃ) 배우 クラスの役員(やくいん) 클래스 임원, 役所(やくしょ) 관청
437	様 모양 양	음 ヨウ 훈 さま	同様(どうよう) 마찬가지, 模様(もよう) 모양 あたりの様子(ようす) 주변의 상황 王様(おうさま) 임금님, 神様(かみさま) 하느님, 皆様(みなさま) 여러분 ○○様(さま) 귀하　주의 様々(さまざま)な 다양한

chapter 14 학습 한자 (438~447)

438 礼 예도 례	음 レイ	朝礼 조례, 失礼 실례 お礼の手紙 답례편지
439 悪 악할 악/ 미워할 오	음 あく 훈 わる(い)	悪人 악인, 悪用 악용 悪い人 나쁜 사람, 悪口 욕
440 漢 한나라 한	음 カン	漢字 한자, 漢語 한자어 漢文 한문, 漢方薬 한방약
441 数 셈할 수	음 スウ 훈 かず/かぞ(える)	数学 수학, 点数 점수 数字 숫자, 算数 산수, 주의 人数 인원수 数を数える 수를 세다
442 歯 이 치	음 シ 훈 は	歯科医 치과의 歯医者 치과의사, 歯磨き 이닦기 주의 虫歯 충치, 入れ歯 틀니
443 宮 궁궐 궁	음 キュウ 훈 みや	宮殿 궁전 お宮 신사, お宮参り 아기가 태어났을 때 기념으로 産土神에 참배함
444 君 임금 군	음 クン 훈 きみ	諸君 제군, ～君 ~군 君たち 자네들
445 次 버금 차	음 ジ シ 훈 つぎ	次男 차남, 次女 차녀, 目次 목차, 次回 다음 번 次第に 점차로 次の回 다음 번
446 追 쫓을 추	음 ツイ 훈 お(う)	追加 추가, 追放 추방 追い抜く 추월하다, 追いつく 따라잡다
447 皮 가죽 피	음 ヒ 훈 かわ	皮膚科 피부과, 皮肉を言う 빈정거리다 주의 脱皮 탈피 皮製品 가죽 제품 주의 毛皮のコート 털가죽 코트

약자

1 약자(略字) 표기 1

초등학교 1학년 대상의 교육한자 80字 중 '상용한자표'에 표기되어 있는 약자는 다음의 5字이다. '상용한자표'에는 개개 한자의 자체(字体)를 明朝体活字 중 한 예를 사용하여 표기하고 있다. 활자의 설계상 표현의 차이, 즉 디자인의 차이를 字体 上에서 문제 삼을 필요는 없다고 한다.

약자		약자	
円	둥글 원(圓)	学	배울 학(學)
気	기운 기(氣)	糸	실 사(絲)
虫	벌레 충(蟲)		

2 약자(略字) 표기 2

초등학교 2학년 대상의 교육한자 160字 중 '상용한자표'에 표기되어 있는 약자는 다음과 같다.

약자		약자	
読	읽을 독(讀)	昼	낮 주(晝)
国	나라 국(國)	数	헤아릴 수(數)
万	일만 만(萬)	麦	보리 맥(麥)
海	바다 해(海)	毎	매양 매(每)
図	그림 도(圖)	会	모을 회(會)
社	모일 사(社)	売	팔 매(賣)
画	그림 화(畫)	点	점 점(點)
歩	걸음 보(步)	黄	누를 황(黃)
黒	검을 흑(黑)	当	마땅할 당(當)
来	올 래(來)	帰	돌아갈 귀(歸)
広	넓을 광(廣)	体	몸 체(體)
楽	풍류 악(樂)	絵	그림 회(繪)
声	소리 성(聲)	台	집 대(臺)

3 약자(略字) 표기 3

초등학교 3학년 대상 교육한자 200字 중 '상용한자표'에 표기되어 있는 약자는 다음과 같다.

약자		약자	
悪	악할 악(惡)	医	의원 의(醫)
駅	역마 역(驛)	横	가로 횡(橫)
温	따뜻할 온(溫)	漢	한나라 한(漢)
区	구역 구(區)	軽	가벼울 경(輕)
研	갈 연(硏)	県	고을 현(縣)
号	부르짖을 호(號)	歯	이 치(齒)
実	열매 실(實)	写	쓸 사(寫)
者	놈 자(者)	署	거위 서(署)
乗	탈 승(乘)	神	귀신 신(神)
真	참 진(眞)	対	대할 대(對)
鉄	쇠 철(鐵)	転	구를 전(轉)
都	도읍 도(都)	発	필 발(發)
福	복 복(福)	勉	힘쓸 면(勉)
薬	약 약(藥)	予	미리 예(豫)
様	모양 양(樣)	両	두 량(兩)
緑	푸를 록(綠)	礼	예도 례(禮)
練	익힐 련(練)		

www.dongyangbooks.com (웹사이트)
m.dongyangbooks.com (모바일)

일본어뱅크 테마 별로 배우는

New 스타일 일본어 한자 1

본 책 + 정답 노트 포함 값 14,500원

ISBN 978-89-98914-44-8
ISBN 978-89-98914-43-1 (세트)